中国电力行业年度发展报告

2016

中国电力企业联合会

中国市场出版社
· 北京 ·

图书在版编目（CIP）数据

中国电力行业年度发展报告．2016／中国电力企业联合会编著．—北京：中国市场出版社，2016.9

ISBN 978-7-5092-1521-0

Ⅰ．①中… Ⅱ．①中… Ⅲ．①电力工业-研究报告-中国-2016 Ⅳ．①F426.61

中国版本图书馆 CIP 数据核字（2016）第 216953 号

中国电力行业年度发展报告 2016

ZHONGGUO DIANLI HANGYE NIANDU FAZHAN BAOGAO 2016

作　　者　中国电力企业联合会

责任编辑　许　慧（xu_hui1985@126.com）

出版发行　中国市场出版社

社　　址　北京市西城区月坛北小街 2 号院 3 号楼　　**邮政编码**　100837

电　　话　**编辑部**（010）68012468　**读者服务部**（010）68022950

发行部（010）68021338　68020340　68053489

68024335　68033577　68033539

总编室（盗版举报）（010）68020336

经　　销　新华书店

印　　刷　河北鑫宏源印刷包装有限责任公司

规　　格　210mm×285mm　16 开本　　**版　　次**　2016 年 9 月第 1 版

印　　张　18.25　　**印　　次**　2016 年 9 月第 1 次印刷

字　　数　310 千字　　**定　　价**　398.00 元

《中国电力行业年度发展报告2016》
编 委 会

主　　编　刘振亚

常务副主编　杨　昆

副 主 编　于崇德　魏昭峰　王志轩

编　　委　**（以姓氏笔画为序）**

于崇德	王志轩	尤　京	孙玉才
江宇峰	刘振亚	安洪光	许松林
米建华	李　斌	吴添荣	沈维春
张天文	张志锋	杨　昆	郭　玮
黄成刚	潘　荔	薛　静	魏昭峰

序　言

《中国电力行业年度发展报告》是中国电力企业联合会（以下简称“中电联”）编撰的综合反映电力行业年度发展情况的正式出版物，自2006年首次出版以来，受到电力行业企业和社会各界的高度关注。

《中国电力行业年度发展报告2016》（以下简称“《报告2016》”），以国家和电力行业年度统计数据及电力企业提供的资料为依据，从电力行业发展与改革的视角出发，在对上年度数据、资料全面认真分析的基础上，力求全面、精炼、客观地反映2015年中国电力工业发展改革全貌（不含香港、澳门和台湾地区的相关情况）。《报告2016》共计12章，重点描述电力发展改革的法规政策和标准、电力改革与电价、电力行业管理与服务、电力生产与建设、电力安全与可靠性、电力消费与供需、电力环境保护与资源节约、电力科技与信息化、电力企业发展与经营、电力国际合作与落实“一带一路”等方面的主要情况与成果。同时，《报告2016》附件中列出了2015年电力行业大事记以及相关数据。

我们真诚地希望，《报告2016》能够成为电力从业人员和所有关心电力事业的读者了解中国电力发展情况的一部权威性、实用性文献。

编委会

2016年8月

目 录 CONTENTS

第一章

综 述

2015 年，面对错综复杂的国际形势和艰巨繁重的国内改革发展稳定任务，党中央、国务院保持战略定力，统筹谋划国际国内两个大局，坚持稳中求进工作总基调，主动适应引领新常态，以新理念指导新实践，以新战略谋求新发展，不断创新宏观调控，深入推进结构性改革，经济社会发展呈现总体平稳、稳中有进、稳中有好的发展态势，改革开放和社会主义现代化建设取得新的重大成就。电力行业按照党中央、国务院的统一部署，坚持“节约、清洁、安全”的能源战略方针，主动适应经济发展新常态，积极转变发展理念，着力践行能源转型升级，持续节能减排，推进电力改革试点，加大国际合作和“走出去”步伐，保障了电力系统安全稳定运行和电力可靠供应，为我国宏观经济的稳定发展和全社会能源利用提质增效做出了积极贡献。

电力供应能力进一步增强。

电力投资较快增长。2015 年，全国电力工程建设完成投资[1] 8 576 亿元，比上年增长 9. 87%。其中，电源工程建设完成投资 3 936 亿元，比上年增长 6. 78%，占全国电力工程建设完成投资总额的 45. 90%；电网工程建设完成投资 4 640 亿元，比上年增长 12. 64%，其中特高压交直流工程完成投资 464 亿元，占电网工程建设完成投资的比重为 10%。在电源工程建设投资中，全国核电、并网风电及并网太阳能发电完成投资分别比上年增长 6. 07%、31. 10% 和 45. 21%；水电受近几年大规模集中投产的影响，仅完成投资 789 亿元，比上年下降 16. 28%；常规煤电完成投资 1 061 亿元，比上年增长 11. 83%；非化石能源发电投资占电源总投资的比重为 70. 45%，比上年提高 1. 49 个百分点。

加快城镇配电网建设改造。贯彻落实《关于加快配电网建设改造的指导意见》和《配电网建设改造行动计划（2015—2020 年）》，2015 年全国安排城网建设改造专项建设基金 130 亿元，带动新增投资 1 140 亿元；安排农网改造资金 1 628 亿元，

[1] 本报告的投资数据均为主要电力企业投资数据；报告中的电力行业数据摘自中电联《2015 年电力工业统计资料汇编》。

其中中央预算内资金 282 亿元。

电力工程建设平均造价同比总体回落。2015 年，因原材料价格下降，燃煤发电、水电、太阳能发电以及电网工程单位平均造价同比小幅回落，回落幅度分布在 1.5% ~5% 区间内。风电工程单位造价小幅回升了 1.57%。

新增电源规模创历年新高。2015 年，全国基建新增发电生产能力 13 184 万千瓦，是历年新投产发电装机规模最多的一年。其中，水电新增 1 375 万千瓦，新增规模比上年减少 805 万千瓦，新投产大型水电站项目主要有四川大渡河大岗山水电站 4 台机组合计 260 万千瓦、云南金沙江观音岩水电站 3 台机组合计 180 万千瓦和云南金沙江梨园水电站 1 台 60 万千瓦机组，投产的抽水蓄能电站包括内蒙古呼和浩特和广东清远 3 台机组合计 92 万千瓦；火电新增 6 678 万千瓦（其中燃气 695 万千瓦、常规煤电 5 402 万千瓦），新增规模较上年增加 1 887 万千瓦，全年新投产百万千瓦级机组 16 台；核电新投产 6 台机组合计 612 万千瓦，分别为辽宁红沿河一期、浙江秦山一期、福建宁德一期、福建福清一期、海南昌江一期以及广东阳江各 1 台机组；新增并网风电、并网太阳能发电分别为 3 139 万千瓦和 1 380 万千瓦，均创年度新增新高。在全年新增发电装机容量中，非化石能源发电占比为 49.73%。

截至 2015 年年底，全国主要电力企业在建电源规模 1.82 亿千瓦，同比增长 25.35%。

电源规模持续快速增长。截至 2015 年年底，全国全口径发电装机容量[1] 152 527 万千瓦，比上年增长 10.62%，增速比上年提高 1.67 个百分点。其中，水电 31 954 万千瓦（其中抽水蓄能 2 303 万千瓦），比上年增长 4.82%；火电 100 554 万千瓦，比上年增长 7.85%，其中煤电 90 009 万千瓦、增长 7.02%，燃气 6 603 万千瓦、增长 15.91%；核电 2 717 万千瓦，比上年增长 35.31%；并网风电 13 075 万千瓦，比上年增长 35.40%；并网太阳能发电 4 218 万千瓦，比上年增长 69.66%。截至 2015 年年底，全国人均装机规模 1.11 千瓦，比上年增加 0.11 千瓦。

全年退役、关停火电机组容量 1 091 万千瓦，较上年增加 182 万千瓦。

新增电网规模同比下降。全国新增交流 110 千伏及以上输电线路长度和变电设备容量分别为 57 110 千米和 29 432 万千伏安，分别比上年下降 4.50% 和 4.61%，但是新增 750 千伏输电线路长度和变电容量分别比上年增长 24.78% 和 440.91%。

[1] 本报告中的发电装机容量、发电量和用电量等数据均为包含山东魏桥的数据，同期数相应调整。

电网跨省区输送能力进一步提升。截至2015年年底，全国电网220千伏及以上输电线路回路长度60.91万千米，比上年增长5.46%；220千伏及以上变电设备容量33.66亿千伏安，比上年增长8.86%。辽宁绥中电厂改接华北电网500千伏工程投运，使东北电网向华北电网的跨区送电能力达到500万千瓦，国家电网公司（以下简称“国家电网”）跨区输电能力超过6 900万千瓦；糯扎渡水电站送广东±800千伏特高压直流工程全部建成投运，中国南方电网有限责任公司（以下简称“南方电网”）“西电东送”形成“八交八直”输电大通道，送电规模达到3 650万千瓦。随着我国最长的特高压交流工程——榆横—潍坊1 000千伏特高压交流输变电工程正式开工，列入我国大气污染防治行动计划的4条特高压交流工程已经全部开工，全国特高压输电工程进入大面积提速、大规模建设的新阶段。

全面解决了无电人口用电问题。2015年12月，随着青海省最后3.98万无电人口通电，国家能源局制定的《全面解决无电人口用电问题三年行动计划（2013—2015年)》得到落实，我国全面解决了无电人口用电问题。

电源结构继续优化。

2015年，受核电、风电、太阳能发电新投产规模创年度新高的拉动作用影响，电源结构继续优化。截至2015年年底，全国水电、核电、并网风电、并网太阳能发电等非化石能源装机容量占全国发电装机容量的比重为34.83%，比上年提高1.73个百分点；火电装机容量占全国发电装机容量的比重为65.92%，比上年降低1.69个百分点，其中煤电装机容量占全国发电装机容量的比重为59.01%，比上年降低1.73个百分点。2015年对全国97 033万千瓦火电机组统计调查显示：全国火电机组平均单机容量为12.89万千瓦，比上年增加0.4万千瓦；火电大容量高参数高效机组比重继续提高，全国百万千瓦容量等级机组已达86台，60万千瓦及以上火电机组容量所占比重达到42.91%，比上年提高1.4个百分点。

非化石能源发电量持续快速增长。

非化石能源发电量高速增长，火电发电量负增长。2015年，全国全口径发电量57 399亿千瓦时，比上年增长1.05%。其中，水电11 127亿千瓦时，比上年增长4.96%；火电42 307亿千瓦时，比上年下降1.68%，是自改革开放以来首次年度负增长；核电1 714亿千瓦时，比上年增长28.64%；并网风电1 856亿千瓦时，比上年增长16.17%；并网太阳能发电395亿千瓦时，比上年增长67.92%。2015年，水电、核电、并网风电和并网太阳能发电等非化石能源发电量合计比上年增长

10.24%，非化石能源发电量占全口径发电量的比重为27.23%，比上年提高2.18个百分点。

火电设备利用小时大幅下降。2015年，全国6 000千瓦及以上电厂发电设备利用小时3 988小时，比上年降低360小时。其中，水电3 590小时，比上年降低79小时；火电4 364小时，比上年降低414小时，为1969年以来的年度最低值；核电7 403小时，比上年降低384小时；风电1 724小时，比上年降低176小时，是"十二五"期间年度下降幅度最大的一年。

电力生产运行安全可靠。

2015年，在电网结构日趋复杂，地震、台风、泥石流等各类自然灾害频发情况下，电力行业深入贯彻落实新《安全生产法》，始终坚持"安全第一"的方针，电力安全生产责任进一步落实，电力安全生产法规体系进一步完善，电力安全生产监督检查进一步深入，电力突发事件应对和重大活动保电能力进一步提高。全年没有发生重大以上电力人身伤亡事故，没有发生重大电力安全事故，没有发生较大电力设备事故，没有发生电力系统水电站大坝垮坝、漫坝以及对社会造成重大影响的事件。

电力设备运行可靠性指标保持较高水平。2015年，全国发电设备、输变电设施、直流输电系统、用户供电可靠性运行情况平稳。10万千瓦及以上燃煤发电机组等效可用系数为92.57%，比上年提高0.73个百分点；4万千瓦及以上水电机组等效可用系数为92.05%，比上年降低0.55个百分点；架空线路、变压器、断路器三类主要设施的可用系数分别为99.600%、99.887%、99.953%，比上年分别提高0.108、0.030和0.027个百分点。全国10（6、20）千伏供电系统用户平均供电可靠率99.880%，比上年降低0.060个百分点；用户年平均停电时间10.50小时，比上年增加5.28小时。

电力供需进一步宽松。

用电量低速增长，用电结构持续改善。2015年，全国全社会用电量56 933亿千瓦时，比上年仅增长0.96%，增速比上年降低3.18个百分点。其中，第一、三产业和城乡居民生活用电量增速均高于上年；而第二产业用电量增速大幅回落，自本世纪以来首度出现负增长，是全社会用电低速增长的主要原因。具体来看，第一产业用电量1 040亿千瓦时，比上年增长2.55%；第二产业用电量41 442亿千瓦时，比上年下降0.79%，低于全社会用电量增速1.75个百分点，对全社会用电量增长

的贡献率为 -60.71%，其中黑色金属冶炼及压延加工业、有色金属冶炼及压延加工业、非金属矿物制品业和化学原料及化学制品业四大高耗能行业合计用电量同比下降 1.89%，增速同比回落 6.70 个百分点，四大高耗能行业用电快速回落导致第二产业乃至全社会用电增速明显放缓，四大高耗能行业对电力消费增速放缓产生的影响明显超过其对国内生产总值和工业增加值波动的影响，这也是全社会用电量增速回落幅度大于经济增速回落幅度的主要原因；第三产业用电量 7 166 亿千瓦时，比上年增长 7.42%，对全社会用电量增长的贡献率为 91.64%，第三产业中，以互联网、大数据、云计算等新一代信息技术为主要代表的信息传输计算机服务和软件业用电增长 14.8%，延续高速增长势头，反映出国家转方式、调结构取得了积极进展；城乡居民生活用电量 7 285 亿千瓦时，比上年增长 5.01%，随着我国城镇化以及家庭电气化水平的逐步提高，呈现出居民生活用电量稳步增长的态势。2015 年，全国人均电力消费 4 142 千瓦时。

电力供应能力总体充足，部分地区电力供应富余。2015 年，受电煤供应持续宽松、主要水电生产地区来水情况总体偏好、冬夏季各地气温总体平和没有出现极端天气、重工业用电需求疲软等因素影响，全国电力供需形势进一步宽松、部分地区电力富余较多，仅局部地区在部分时段有少量错峰。分区域看，华北区域电力供需总体平衡略显宽松，其中，山东电网夏季出现错峰；华东、华中、南方区域电力供需总体宽松，其中海南 8 月前电力供应偏紧；东北、西北区域电力供应能力富余较多。

电力装备和科技水平进一步提升。

电力科技创新在特高压、智能电网、大容量高参数低能耗火电机组、高效洁净燃煤发电、第三代核电工程设计和设备制造、可再生能源发电等技术领域不断取得重大突破，对转变电力发展方式起到巨大的推动作用。

在特高压输电技术领域，高压直流断路器关键技术、大电网规划与运行控制技术深化研究重大专项等方面取得新的进展。高压大容量多端柔性直流输电关键技术开发、装备研制及工程应用有了新的进展，世界首次采用大容量柔性直流与常规直流组合模式的背靠背直流工程——鲁西背靠背直流工程正式开工建设，世界上首个采用真双极接线 ±320 千伏柔性直流输电科技示范工程在厦门正式投运，标志着我国全面掌握和具备了高压大容量柔性直流输电关键技术和工程成套能力。

我国二次再热发电技术获重大突破。随着世界首台 66 万千瓦超超临界二次再热燃煤机组——中国华能集团公司（以下简称“华能集团”）江西安源电厂1号机组和世界首台100万千瓦超超临界二次再热燃煤发电机组——中国国电集团公司（以下简称“国电集团”）泰州电厂二期工程3号机组相继投运，标志着二次再热发电技术在国内得到推广应用；世界首台最大容量等级的四川白马60万千瓦超临界循环流化床示范电站体现了我国已经完全掌握了循环流化床锅炉的核心技术，并在循环流化床燃烧大型化、高参数等方面达到了世界领先水平，随着2015年世界首台35万千瓦超临界循环流化床机组——山西国金电力公司1号机组投运，全国共有5台35万千瓦超临界循环流化床机组投入商业运行。我国自主三代核电技术“华龙一号”示范工程——中国核工业集团公司（以下简称“中核集团”）福清5号核电机组正式开工建设，使我国成为继美国、法国、俄罗斯之后第四个具有自主三代核电技术的国家，我国已正式迈入世界先进核电技术国家阵营。

我国首个700℃关键部件验证试验平台在华能南京电厂成功投运并实现700℃稳定运行，验证平台建设取得圆满成功，标志着我国新一代先进发电技术——700℃超超临界燃煤发电技术的研究开发工作取得了重要阶段性成果。

节能减排成效显著。

能耗指标继续下降。2015年，全国6 000千瓦及以上火电厂机组每千瓦时供电标准煤耗315克，比上年降低4克，煤电机组供电煤耗继续保持世界先进水平；全国线路损失率为6.64%，与上年持平。

污染物排放大幅减少。据中电联初步分析，2015年，全国电力烟尘排放量约为40万吨，比上年下降59.2%，每千瓦时火电发电量烟尘排放量为0.09克，比上年下降0.14克；全国电力二氧化硫排放约200万吨，比上年下降约67.7%，每千瓦时火电发电量二氧化硫排放量约为0.47克，比上年下降1克；电力氮氧化物排放约180万吨，比上年下降约71.0%，每千瓦时火电发电量氮氧化物排放量约为0.43克，比上年下降1.04克。截至2015年年底，全国已投运火电厂烟气脱硫机组容量约8.2亿千瓦，占全国煤电机组容量的91.20%；已投运火电厂烟气脱硝机组容量约8.5亿千瓦，占全国煤电机组容量的94.54%。全国火电厂每千瓦时发电量耗水量为1.4千克，比上年降低0.2千克；每千瓦时发电量废水排放量为0.07千克，比上年降低0.01千克。

电力需求侧节能有成效。在保障电力安全可靠、协调发展的大前提下，政府、行业、企业共同推进电力需求侧管理。确立了北京、苏州、唐山、佛山市电力需求侧管理城市综合试点和上海需求侧响应试点；建立并不断完善需求侧响应体系，加大移峰填谷能力建设，引导用户优化用电负荷，促进清洁能源消纳，确立19家工业领域电力需求侧管理评价机构，共有15个省份2 000余家工业企业实施了需求侧管理工作；国家电网和南方电网超额完成年度电力需求侧管理目标任务，共节约电量142.7亿千瓦时，节约电力327.3万千瓦，为促进经济发展方式转变和经济结构调整发挥了重要作用。

新一轮电力改革拉开序幕。

2015年3月，中共中央印发了《关于进一步深化电力体制改革的若干意见》（中发〔2015〕9号）文件，开启新一轮电力体制改革的序幕。2015年11月底，为配合9号文件落实、有序推进电力改革工作，国家发展改革委、国家能源局会同有关部门制定并发布《关于推进输配电价改革的实施意见》、《关于推进电力市场建设的实施意见》、《关于电力市场交易机构组建和规范运行的实施意见》、《关于有序放开发用电计划的实施意见》、《关于推进售电侧改革的实施意见》、《关于加强和规范燃煤自备电厂监督管理的指导意见》6个电力体制改革配套文件，分别从电价、电力市场架构、电力交易机制、发用电计划、售电侧、电网公平接入等电力市场化建设相关领域以及相应的电力监管角度明确和细化电力改革的政策措施。各省市积极行动，启动了电力改革试点工作。国家发展改革委先后批复在云南、贵州省进行电力改革综合试点，在深圳输配电改革试点基础上，扩大到内蒙古西部、安徽、湖北、宁夏、云南、贵州进行输配电价改革试点，在重庆、广东进行省级售电侧改革试点。电力行业企业也积极投入电力改革与市场交易试点，发电企业适应市场需要，积极开展与大用户直接交易、跨省区交易、发电权交易、辅助服务交易等多种市场交易模式的探索，一些央企、地方电力企业和民营企业陆续投资成立了售电公司，积极参与直接交易试点活动，为进一步加快电力市场化建设、完善相关政策法规积累经验。

2015年，全国共有24个省份相继开展了大用户直接交易（仅有北京、天津、河北、上海、海南、青海、西藏等7个省份尚未开展），直接交易电量超过4 000亿千瓦时，比2014年的1 540亿千瓦时增长近2倍。其中11个省份交易规模超过100亿千瓦时。

积极发挥电价调控作用。进一步完善煤电价格联动机制，以中国电煤价格指数作为煤电联动的价格基础，进行电价调整；全年煤炭供应充足，价格走低，导致燃煤发电全国平均上网电价两次下调并相应降低工商业用电价格，助力我国经济供应侧改革；加大环境保护与治理力度，对燃煤电厂超低排放改造实行电价支持政策；为合理引导新能源投资，促进陆上风电、光伏发电等新能源产业健康有序发展，调整新建陆上风电和光伏发电上网标杆电价，实行上网标杆电价随陆上风电和光伏发电发展规模逐步降低的价格政策，鼓励各地通过招标等市场竞争方式确定陆上风电、光伏发电等新能源项目业主和上网电价；明确了跨省、跨区域送电价格调整标准，遵循市场定价原则，参考送、受电地区电价调整情况，由供需双方协商确定。

行业管理与服务不断创新。

2015 年，国家能源局积极推进简政放权，共取消、下放 21 项、34 子项行政审批事项，全部取消非行政审批事项。持续加强大气污染治理力度，印发《煤电节能减排监督管理暂行办法》、《2015 年中央发电企业煤电节能减排升级改造目标任务书》，全年共安排节能改造容量 1.8 亿千瓦、超低排放改造容量 7 847 万千瓦。合理布局清洁能源发展，全年核准开工核电机组 8 台合计 880 万千瓦，AP1000 主泵通过评审出厂，核电重大专项——CAP1400 示范工程启动核准前评估。风电开发布局进一步优化，下达光伏发电建设规模 2 410 万千瓦，启动太阳能热发电示范项目建设。开展电力标准化管理工作，立项合计 318 项，加强标委会的组织管理和协调。建立健全电力工程质量监督工作机制，进一步确立完善的“总站—中心站—项目站”管理体系，开发完成全国在建电力工程项目统计系统，开展在建项目专项督查。统筹谋划推动能源领域“一带一路”合作，与重点国家、地区合作建设能源项目，能源装备和核电“走出去”取得阶段性成果。积极参与全球能源治理，我国正式与国际能源署（IEA）建立了联盟关系；加强了与能源宪章组织的合作，并由该组织的受邀观察员国变为签约观察员国。

行业服务水平不断提高。2015 年，中电联认真把握“立足行业，服务企业，联系政府，沟通社会”的定位，健全行业服务网络，突出工作重点，不断提升服务质量。紧密围绕电力体制改革，积极建言献策；开展行业重大问题研究，促进行业科学发展；积极有效反映行业诉求，创造良好的政策环境；适应经济新常态，做好电力行业统计和供需分析预测工作；开展首届中国电力创新奖评奖工作，推进行业科技和管理创新；创新服务方式，积极开展行业宣传和信息服务，大力推进行业国际化服务，加强重点领域的行业标准管理及体系建设，继续开展电力行业职业技能鉴定，积极推进电力行业信息化建设，切实加强电力行业市场诚信体系建设，指导工业领域电力需求侧管理工作，进一步完善电力工程质量监督工作体系，加强电力可靠性监督管理，为社会及电力行业提供司法鉴定服务，稳步提升各项专业服务质量，深入开拓专业服务领域及品牌业务。

2015 年年底，中电联成功召开第六次全国会员代表大会暨第六届理事会第一次会议，选举产生了新一届理事会理事单位、常务理事单位及理事会领导班子。

电力企业经营状况较好。

据国家统计局数据，2015 年，受煤炭价格大幅下降的影响，全国规模以上[1]电力企业利润总额 4 680 亿元，比上年增长 13.57%。其中，电力供应企业利润总额 1 213 亿元，比上年增长 13.02%；发电企业利润总额 3 467 亿元，比上年增长 13.77%。在发电企业中，火电、水电、核电、风电和太阳能发电企业利润总额分别为 2 266 亿元、735 亿元、183 亿元、182 亿元和 59 亿元，分别比上年增长 13.32%、10.44%、21.62%、11.14% 和 69.69%。但是受上网电价连续多次下调、市场化交易电量比重扩大及其交易电价大幅度下降、以及发电设备利用率下降等多重不利因素影响，未来电力企业尤其是火电企业经营形势将面临严峻挑战。

国际合作取得新进展。

电力企业积极参与国际合作与“走出去”。2015 年，电力企业分别与美国、俄罗斯、英国、法国、德国、西班牙、比利时、葡萄牙、罗马尼亚、立陶宛、哈萨克斯坦、秘鲁、厄瓜多尔、南非、埃塞俄比亚、肯尼亚、津巴布韦、韩国、巴基斯坦、马来西亚、印度尼西亚、蒙古国、老挝等 20 多个国家的地方政府、企业、大学签署合作协议和备忘录，共同开展战略合作。其中，国网中国电力技术装备有限公司与埃塞俄比亚国家电力公司和肯尼亚输电公司签署合同，承建东非地区第一条超高压直流输电线路“埃塞—肯尼亚 500 千伏直流输电线路”；中国广核集团有限公司（以下简称“中广核”）与法国电力集团签订英国新建核电项目的投资协议，其中巴拉德维尔 B 核电项目拟采用“华龙一号”技术，这是我国核电“走出去”的里程碑式项目，也标志着该技术得到欧洲发达国家的认可；中国长江三峡集团公司（以下简称“三峡集团”）与俄罗斯水电公司签署《关于双方成立合资公司开发俄罗斯下布列亚水电项目的合作意向协议》。根据中电联对 11 家主要电力企业的统计调查，11 家主要电力企业实际完成对外投资总额 28.98 亿美元，同比下降 75.3%；对外承包工程

[1] 本报告中“规模以上”是指年产值 2 000 万元以上。

在建项目合同额累计1 547.71亿美元，同比增长17.3%；新签合同额合计472.05亿美元，同比增长8.8%；电力设备和技术出口总额为136.59亿美元，同比增加153%。

展望“十三五”，电力行业改革发展面临更加严峻的形势和诸多挑战。一是电力需求增速放缓，电力供应能力过剩势头逐步显现。随着我国经济发展进入新常态，能源电力需求特别是重化工业用电增速放缓，部分地区电力供应将显现过剩格局，发电设备利用小时特别是煤电机组设备利用小时快速下降，煤电企业效益将大幅度下降，面临的挑战加剧。二是可再生能源协调发展难度加大。西南地区弃水、“三北”地区弃风和弃光现象加剧，就地消纳市场空间不足，跨区送出线路建设滞后，调峰能力严重不足，电力系统整体运行效率有待提高。三是电力清洁替代任务艰巨。实施电力替代终端煤炭、生物质消费，加快提高电力在终端能源消费的比重，是实现节能减排、大气污染治理的重要途径，但是实施的进程与成效受电力价格和电力基础设施等因素的制约。四是电力市场化改革任重道远。中央9号文件精神为我国深化电力市场化改革奠定了重要基础。但是目前在市场体系建设、交易规则设计、市场主体培育、政府有效监管、诚信体系建立等方面都面临着诸多的问题，需要在进一步扩大试点范围并认真总结经验的基础上，不断完善市场规则，循序渐进。五是电力企业“走出去”面临严峻挑战。我国的电力装备产业已经具备在国际市场上竞争的实力，但是企业在风险控制、国际化管理、环境治理、企业文化与当地风俗文化的融合等方面经验不足。面对上述问题和挑战，电力行业必须深入贯彻落实科学发展观，遵循能源发展“四个革命、一个合作”的战略思想，全面把握经济发展和电力发展规律，加快推进电力供给侧结构性改革，推动电力发展方式转变，在发展中化解和解决面临的各种矛盾和问题，在新的发展环境下实现电力行业绿色可持续发展，努力为“十三五”发展打下良好开局。

第二章

法规政策和标准

一、法规政策

2015 年，根据十八届四中全会全面推进依法治国的精神，我国法制建设进一步加强，立法工作步伐加快，质量不断提高。全国人大、国务院和地方各级政府在加强法治建设、促进电力行业健康可持续发展方面做了很多卓有成效的工作。人大常委会公布、修改《中华人民共和国电力法》、《中华人民共和国大气污染防治法》等四部与电力行业相关的法律；中共中央国务院下发《关于进一步深化电力体制改革的若干意见》（中发〔2015〕9 号文），全面启动新一轮电力体制改革；国务院印发《深化标准化工作改革方案》（国发〔2015〕13 号），启动标准化工作改革。国家发展改革委等部委颁布了《电力安全生产监督管理办法》、《水电站大坝运行安全监督管理规定》、《电力建设工程施工安全监督管理办法》等多项规章制度，有力促进了电力行业的安全生产和规范健康发展。

（一）法律

2015 年公布、修改的与电力行业有关的法律有：

（1）《全国人民代表大会常务委员会关于修改〈中华人民共和国电力法〉等六部法律的决定》。由中华人民共和国第十二届全国人民代表大会常务委员会第十四次会议于 2015 年 4 月 24 日通过，自公布之日起施行。

（2）《中华人民共和国国家安全法》。由中华人民共和国第十二届全国人民代表大会常务委员会第十五次会议于 2015 年 7 月 1 日通过，中华人民共和国主席令第 29 号公布，自 2015 年 7 月 1 日起施行。

（3）《中华人民共和国大气污染防治法》。由中华人民共和国第十二届全国人民代表大会常务委员会第十六次会议于 2015 年 8 月 29 日修订通过，中华人民共和国主席令第 31 号公布，自 2016 年 1 月 1 日起施行。

（4）《全国人民代表大会常务委员会关于修改〈中华人民共和国促进科技成果

转化法〉的决定》。由中华人民共和国第十二届全国人民代表大会常务委员会第十六次会议于2015年8月29日通过，中华人民共和国主席令第32号通过，自2015年10月1日起施行。

（二）行政法规及规范性文件

2015年颁布、修改的与电力行业有关的行政法规及规范性文件有：

（1）《中华人民共和国政府采购法实施条例》。由2014年12月31日国务院第75次常务会议通过，国务院令第658号公布，自2015年3月1日起施行。

（2）《国务院关于修改〈建设工程勘察设计管理条例〉的决定》。由国务院令第662号公布，自2015年6月12日起施行。

（3）2015年3月，中共中央国务院下发《关于进一步深化电力体制改革的若干意见》（中发〔2015〕9号文），全面启动新一轮电力体制改革。

（4）2015年3月11日，国务院印发《深化标准化工作改革方案》（国发〔2015〕13号），全面部署标准化工作深化改革。

（三）国务院部门规章

2015年颁布、修改的与电力行业直接相关的国务院部门规章有：

（1）《电力安全生产监督管理办法》（国家发展改革委令第21号）。2015年2月17日公布，自2015年3月1日起施行。

（2）《水电站大坝运行安全监督管理规定》（国家发展改革委令第23号）。2015年4月1日公布，自公布之日起施行。

（3）《电力建设工程施工安全监督管理办法》（国家发展改革委令第28号）。2015年8月18日公布，自2015年10月1日起施行。原电监会发布的《电力建设安全生产监督管理办法》（电监安全〔2007〕38号）同时废止。

（四）地方性法规

2015年颁布、修改的与电力行业直接相关的地方性法规有：

（1）《北京市建设工程质量条例》。由北京市第十四届人民代表大会常务委员会第21次会议于2015年9月25日通过，自2016年1月1日起施行。

（2）《天津市大气污染防治条例》。由天津市第十六届人民代表大会第3次会议于2015年1月30日通过，自2015年3月1日起正式实施。

（3）《黑龙江省建设工程勘察设计条例》、《黑龙江省城市供热条例》、《黑龙江省水利工程管理条例》、《黑龙江省环境保护条例》、《黑龙江省矿产资源管理条例》、《黑龙江省建筑市场管理条例》、《黑龙江省农村可再生能源开发利用条例》、《黑龙江省电力设施建设与保护条例》。根据2015年4月17日黑龙江省第十二届人民代表大会常务委员会第19次会议《关于废止和修改〈黑龙江省文化市场管理条例〉等五十部地方性法规的决定》修正。

（4）《黑龙江省河道管理条例》、《黑龙江省燃气管理条例》。根据2015年4月17日黑龙江省第十二届人民代表大会常务委员会第19次会议《关于废止和修改〈黑龙江省文化市场管理条例〉等五十部地方性法规的决定》第二次修正。

（5）《上海市供用电条例》。由上海市第十四届人民代表大会常务委员会第26次会议于2015年12月30日通过，自2016年6月1日起施行。

（6）《江苏省大气污染防治条例》。由江苏省第十二届人民代表大会第3次会议于2015年2月1日通过，自2015年3月1日起施行。

（7）《安徽省大气污染防治条例》。由安徽省第十二届人民代表大会第4次会议于2015年1月31日通过，自2015年3月1日起施行。

（8）《福建省电力设施建设保护和供用电秩序维护条例》。由福建省第十二届人民代表大会常务委员会第17次会议于2015年9月25日通过，自2015年12月1日起施行。

（9）《海南省人民代表大会常务委员会关于修改〈海南省电力建设与保护条例〉的决定》，由海南省第五届人民代表大会常务委员会第17次会议于2015年9月25日通过，自2015年11月1日起施行。

（五）地方政府规章

2015年颁布、修改的与电力行业直接相关的地方政府规章有：

（1）《内蒙古自治区气候资源开发利用和保护办法》。由内蒙古自治区人民政府第47次常务会议于2015年6月17日审议通过，自2015年8月1日起施行。

（2）《浙江省环境污染监督管理办法》。根据2014年3月13日浙江省人民政府令第321号公布的《浙江省人民政府关于修改〈浙江省林地管理办法〉等9件规章的决定》第三次修正。

(3)《安徽省生产安全事故隐患排查治理办法》。由安徽省人民政府第45次常务会议于2015年2月27日通过，自2015年5月1日起施行。

(4)《福建省建设工程造价管理办法》。由福建省人民政府第42次常务会议于2015年6月17日通过，自2015年8月1日起施行。

(5)《山东省安全生产行政责任制规定》。由山东省人民政府第65次常务会议于2015年11月2日通过，自2015年11月5日起施行。

(6)《重庆市建设工程安全生产管理办法》。由重庆市人民政府第79次常务会议于2015年1月29日通过，自2015年5月1日起施行。

(7)《四川省灰霾污染防治办法》。由四川省人民政府第77次常务会议于2015年2月25日审议通过，自2015年5月1日起施行。

(8)《青海省建设工程勘察设计管理办法》。由青海省人民政府第48次常务会议于2015年7月22日审议通过，自2015年10月1日起施行。

二、电力发展政策

（一）十二届全国人大三次会议《政府工作报告》中的有关内容

2015年3月5日十二届全国人大三次会议批准的《政府工作报告》指出，2015年我国经济下行压力还在加大，发展中深层次矛盾凸显，2015年面临的困难可能比2014年还要大。我国经济发展进入新常态，正处在爬坡过坎的关口，体制机制弊端和结构性矛盾是“拦路虎”，不深化改革和调整经济结构，就难以实现平稳健康发展。同时，全球经济复苏艰难曲折，主要经济体走势分化，世界经济正处于深度调整之中，复苏动力不足，地缘政治影响加重，不确定因素增多，推动增长、增加就业、调整结构成为国际社会共识。必须毫不动摇坚持以经济建设为中心，切实抓好发展这个执政兴国第一要务。必须坚持不懈依靠改革推动科学发展，加快转变经济发展方式，实现有质量、有效益、可持续的发展。

能源生产和消费革命，关乎发展与民生。要大力发展风电、光伏发电、生物质能，积极发展水电，安全发展核电，开发利用页岩气、煤层气。控制能源消费总量，加强工业、交通、建筑等重点领域节能。

扩大输配电价改革试点，推进农业水价改革，健全节能环保价格政策。完善资源性产品价格，全面实行居民阶梯价格制度。同时必须加强价格监管，规范市场秩序，确保低收入群众基本生活。

多渠道解决企业办社会负担和历史遗留问题，保障职工合法权益。完善现代企业制度，改革和健全企业经营者激励约束机制。要加强国有资产监管，防止国有资产流失，切实提高国有企业的经营效益。

增加公共产品有效投资，确保完成“十二五”规划重点建设任务，启动实施一批新的重大工程项目。主要是：棚户区和危房改造、城市地下管网等民生项目，中西部铁路和公路、内河航道等重大交通项目，水利、高标准农田等农业项目，信息、电力、油气等重大网络项目，清洁能源及油气矿产资源保障项目，传统产业技术改造等项目，节能环保和生态建设项目。

加快实施走出去战略。鼓励企业参与境外基础设施建设和产能合作，推动铁路、电力、通信、工程机械以及汽车、飞机、电子等中国装备走向世界，促进冶金、建材等产业对外投资。

要实施高端装备、信息网络、集成电路、新能源、新材料、生物医药、航空发动机、燃气轮机等重大项目，把一批新兴产业培育成主导产业。制定“互联网 +”行动计划。

深入实施大气污染防治行动计划，实行区域联防联控，推动燃煤电厂超低排放改造，促进重点区域煤炭消费零增长。

新农村建设要惠及广大农民。突出加强水和路的建设，今年再解决 6 000 万农村人口饮水安全问题，新建改建农村公路 20 万千米，全面完成西部边远山区溜索改桥任务。力争让最后 20 多万无电人口都能用上电。以垃圾、污水为重点加强环境治理，建设美丽宜居乡村。

（二）国务院常务会议有关内容

2015 年国务院常务会议共召开 41 次，其中 12 次会议研究决定的事项涉及电力行业或与电力行业相关。

（1）1 月 28 日，国务院常务会议决定部署加快铁路、核电、建材生产线等中国装备“走出去”，推进国际产能合作，提升合作层次。会议确定，大力开拓核电等重大装备国际市场，整合行业资源，创新对外合作模式，探索采取合资、公私合营等投资运营方式，为有需求的国家提供工程设计咨询、施工建设、装备供应、运营维护等全方位服务，并通过国际合作开拓第三方市场。通过对外工程承包、对外投资等，巩固电力等成套设备出口。支持企业境外并购、建立海外研发中心等，提高跨国经营能力。用好外经贸发展专项资金等现有政策，立足长远支持一批重大项目。把我国优势产能和装备打造成国家新“名片”。

（2）2月11日，国务院常务会议确定推进标准化工作改革措施、促进经济提质增效升级，研究加强土地管理和保护、更加有效支撑经济发展。提出要鼓励学会、协会、商会和产业技术联盟等制定发布满足市场和创新需要的团体标准。会议指出，推动中国经济迈向中高端水平，提高产品和服务标准是关键。必须深化改革，优化标准体系，完善标准管理，着力改变目前一些方面存在的标准管理“软”、标准体系“乱”和标准水平“低”的状况，促进提升产品和服务竞争力，激发市场活力，推进经济提质增效升级。会议确定：一是完善标准化法规制度，开展标准实施效果评价，让标准成为对质量的“硬约束”；二是全面清理和修订现行国家、行业、地方标准，整合现行各级强制性标准；三是鼓励学会、协会、商会和产业技术联盟等制定发布满足市场和创新需要的团体标准，选择部分领域开展试点；允许企业自主制定实施产品和服务标准，建立企业标准自我声明公开制度；四是提高标准国际化水平。进一步放宽外资企业参与中国标准制定工作，以有效的市场竞争促进标准上水平。

（3）3月25日，国务院常务会议部署加快推进实施“中国制造2025”，实现制造业升级。会议强调，要顺应“互联网+”的发展趋势，以信息化与工业化深度融合为主线，重点发展新一代信息技术、节能与新能源汽车、电力装备等十大领域，强化工业基础能力，提高工艺水平和产品质量，推进智能制造、绿色制造。促进生产性服务业与制造业融合发展，提升制造业层次和核心竞争力。

（4）4月8日，国务院常务会议决定下调燃煤发电上网电价和工商业用电价格，多措并举支持实体经济发展。会议决定，为降低企业成本、稳定市场预期、促进经济增长、有扶有控调整产业结构，适当下调燃煤发电上网电价和工商业用电价格。具体为：一是按照煤电价格联动机制，下调全国燃煤发电上网电价平均每千瓦时约2分钱。二是实行商业用电与工业用电同价，将全国工商业用电价格平均每千瓦时下调约1.8分钱，减轻企业电费负担。继续对高耗能产业采取差别电价，并明确目录，加大惩罚性电价执行力度。三是利用降价空间，适当疏导天然气发电价格以及脱硝、除尘、超低排放等环保电价的突出结构性矛盾，促进节能减排和大气污染防治。

（5）4月15日，国务院常务会议决定核准建设“华龙一号”三代核电技术示范机组，在调整能源结构中促进稳增长。会议指出，“华龙一号”是以我国20多年核电建设运营成熟经验为基础，汲取世界先进设计理念的三代核电自主创新成果。会议决定，按照核电中长期发展规划，在沿海地区核准开工建设“华龙一号”示范机组。通过实施示范工程，采取国际最高安全标准，完善应急预案和应急响应措施，确保工程建设和运营安全，形成拥有自主知识产权的关键装备与核心技术，为核电装备“走出去”开展第三方合作创造有利条件。让高效、清洁、安全的绿色能源改善人民生活品质，为经济社会持续健康发展提供新动力。

（6）4月21日，国务院常务会议通过《基础设施和公用事业特许经营管理办法》。用制度创新激发民间投资活力，以促改革、调结构，保持经济稳定增长。会议通过《基础设施和公用事业特许经营管理办法》。在能源等基础设施和公用事业领域开展特许经营。境内外法人或其他组织均可通过公开竞争，在一定期限和范围内参与投资、建设和运营基础设施和公用事业并获得收益。完善特许经营价格或收费机制。允许对特许经营项目开展预期收益质押贷款。严格履约监督，保障特许经营者的合法权益。

（7）6月17日，国务院常务会议部署加大重点领域有效投资，发挥稳增长、调结构、惠民生的多重作用。会议决定：一是通过调整结构、盘活存量，增加安排中央投资，重点投向农村电网升级改造等，带动更多地方和社会投资；二是在加快推进水利等7类重大工程包建设的基础上，积极筹划新兴产业、增强制造业核心竞争力、现代物流、城市轨道交通4类新的工程包；三是引导金融机构建立快速通道，加快重大工程、PPP项目等贷款审批，促进有效投资持续增长。

（8）8月19日，国务院常务会议通过《关于促进大数据发展的行动纲要》。提升创业创新活力和社会治理水平。会议强调：一要推动政府信息系统和公共数据互联共享，优先推动交通、医疗、就业、社保等民生领域政府数据向社会开放，在城市建设、社会救助、质量安全、社区服务等方面开展大数据应用示范，提高社会治理水平；二要顺应潮流引导支持大数据产业发展，以企业为主体，以市场为导向，深化大数据在各行业的创新应用，催生新业态、新模式，形成与需求紧密结合的大数据产品体系，使开放的大数据成为促进创业创新的新动力；三要强化信息安全保障，完善产业标准体系，让各类主体公平分享大数据带来的技术、制度和创新红利。

（9）9月23日，国务院常务会议决定压减中央定价目录，以改革举措推动市场发挥更大作用；部署加快电动汽车充电基础设施和城市停车场建设，补公共服务短板促进扩内需惠民生。会议确定，在近年来陆续放开部分电信、药品、交通运输等价格的基础上，通过修订中央定价目录，将实行政府指导价、政府定价的商品和服务，从13个种（类）精简为天然气、电力等7个种（类），具体定价项目从约100项减至20项，同时对保留的项目也要改进定价方法，规范定价行为，根据价格领域简政放权、放管结合等改革进展，定期修订定价目录。对阶梯电价等涉及民生的价格，政府将继续合理监管，保障困难群众生活，让市场有稳定预期，给群众吃定心丸。会议确定，建设电动汽车充电基础设施，是发展新能源汽车产业的重要保障。一是把城市合理规划布局和建设停车场结合起来，加快配建充电桩、城市充换电站、城际快充站等设施。新建住宅停车位建设或预留安装充电设施的比例应达到100%，大型公共建筑物、公共停车场不低于10%。二是放宽准入，鼓励民间资本以独资、PPP等方式参与。企业和个人均可投资建设公共停车场，原则上不对泊位数量做下限要求。鼓励个人在自有停车库（位）、各单位和居住区在既有停车泊位安装充电设施。三是加大财税、金融、用地、价格等政策扶持，通过企业债券、专项基金等方式支持充电设施和停车场建设，制定相关收费办法，放开社会投资新建停车场收费，允许充电服务企业向用户收费。鼓励地方采取基金注资、投资补助等，拓宽企业融资渠道。四是完善相关标准规范，支持移动充电、智能停车等推广应用，通过“互联网+”盘活资源。为群众提供良好公共服务。

（10）12月2日，国务院常务会议决定全面实施燃煤电厂超低排放和节能改造，大幅降低发电煤耗和污染排放。会议指出，按照绿色发展要求，落实国务院大气污染防治行动计划，通过加快燃煤电厂升级改造，在全国全面推广超低排放和世界一流水平的能耗标准，是推进化石能源清洁化、改善大气质量、缓解资源约束的重要举措。会议决定，在2020年前，对燃煤机组全面实施超低排放和节能改造，使所有现役电厂每千瓦时平均煤耗低于310克、新建电厂平均煤耗低于300克，对落后产能和不符合相关强制性标准要求的坚决淘汰关停，东、中部地区要提前至2017年和2018年达标。改造完成后，每年可节约原煤约1亿吨、减少二氧化碳排放1.8亿吨，电力行业主要污染物排放总量可降低60%左右。会议要求，对超低排放和节能改造要加大政策激励，改造投入以企业为主，中央和地方予以政策扶持，并加大优惠信贷、发债等融资支持。中央财政大气污染防治专项资金向节能减排效果好的省份适度倾斜。同时，要结合“十三五”规划推出所有煤电机组均须达到的单位能耗底限标准。

(11) 12 月 16 日，国务院常务会议核准一批水电核电等清洁能源重大项目，以绿色发展促结构调整民生改善。会议认为，加快建设水电、核电等清洁能源基础设施，是稳定经济增长、优化能源结构、改善民生的绿色发展重要举措，对促进节能减排和污染防治，增加公共产品供给和有效投资需求，推动提升中国装备品质和竞争力，具有重要意义。会议决定，对已列入国家相关规划、具备建设条件的金沙江乌东德水电站、广西防城港红沙核电二期工程“华龙一号”三代核电技术示范机组和江苏连云港田湾核电站扩建工程项目予以核准。会议强调，要加强项目投资、建设质量和运营管理，对核电项目要坚持高标准、严要求确保安全，对水电项目要深入做好生态保护、水污染治理和移民安置等工作，实现经济、社会和生态效益的统一。

(12) 12 月 23 日，国务院常务会议决定下调全国燃煤发电上网电价，减轻企业负担促进结构优化。会议决定，通过疏导电价矛盾，促进减轻企业负担、节能减排和工业结构调整。根据发电成本变化情况，从 2016 年 1 月 1 日起下调燃煤发电上网电价，全国平均每千瓦时降低约 3 分钱，降价金额重点用于同幅度降低一般工商业销售电价、支持燃煤电厂超低排放改造和可再生能源发展，并设立工业企业结构调整专项资金，支持地方在淘汰煤炭、钢铁行业落后产能中安置下岗失业人员等。同时，完善煤电价格联动机制，对高耗能行业继续实施差别、惩罚性和阶梯电价，推动产业升级。

(三) 相关文件

2015 年国务院及国务院办公厅、国家发展改革委和国家能源局及其办公厅、财政部和国家税务总局、环境保护部等部委发布的涉及电力及其相关领域的文件共 102 项，发布单位、文件名称、文号分别见附件 2 ~6。

三、电力标准

2015 年经有关部门批准发布的电力标准共 201 项，包含国家标准 39 项，其中，国家标准化管理委员会发布的国家标准 36 项（见附件 7），住房和城乡建设部发布的电力工程建设国家标准 3 项（见附件 8）；国家能源局发布的行业标准 162 项（见附件 9）。在 201 项电力标准中，包括《电力行业统计编码规范》等综合通用类标准

6 项，《高压电力用户用电安全》等输变电标准 109 项，《电力基本建设热力设备化学监督导则》等火电标准 57 项，《水电仿真机技术规范》等水电标准 10 项，《海上风电场运行维护规程》等风电、光伏发电、核电等新能源标准 19 项。

2015 年发布的电动汽车充电接口标准是电动汽车和充电设施的基础标准，其中，GB/T 18487.1《电动车辆传导充电系统 一般要求》规定了电动汽车充电系统的基础性、通用性、安全性要求；GB/T 20234《电动汽车传导充电用连接装置》第 1 ~3 部分三项标准主要规定了连接装置的定义、要求、试验方法和检验规则，明确了交流、直流充电接口的物理尺寸和电气性能；GB/T 27930《电动汽车非车载传导式充电机与电池管理系统之间的通信协议》规定了直流充电机与电动汽车的充电控制通信协议。同时开展了充电互操作性测试活动，解决充电兼容性问题。截至 2015 年年底，电动汽车充电设施已颁标准共 29 项，其中，国家标准 13 项，能源行业标准 16 项；在编计划 31 项，为国务院《关于加快电动汽车充电基础设施建设的指导意见》(国办发〔2015〕73 号) 的落实提供了重要保障。

为加快配电网建设改造，完成了《配电网规划设计技术导则》、《配电网改造技术导则》、《配电网自动化技术导则》等三项标准的制修订工作。《配电网规划设计技术导则》适用于 110 (66) 千伏、35 千伏及以下电压等级的配电网规划设计；《中低压配电网改造技术导则》适用于城市及农村地区 10 千伏及以下中低压配电网的改造工作；《县域配电自动化技术导则》适用于县级供电企业中压配电网配电自动化规划、设计、建设和改造。

DL 5027—2015《电力设备典型消防规程》是在 1993 年发布的《电力设备典型消防规程》基础上修订完成的。新版消防规程主要规定了消防安全责任制、消防安全管理、动火管理、发电厂和变电站一般消防、发电厂热机部分和水力部分消防、发电厂燃料系统消防、新能源发电消防、发电厂和变电站电气部分消防、调度室控制室计算机室消防、发电厂和变电站其他部分消防、消防设施、消防器材等方面的要求，新增了新能源发电内容。

GB/T 31366—2015《光伏发电站监控系统技术要求》，为光伏发电站监控系统设备的监控功能、有功功率控制、无功电压控制、功率预测系统信息交互、继电保护故障信息管理系统信息交互、辅助系统信息交互、通信、系统可用性、测控装置模拟量测量误差、系统实时性、系统资源、气象监测数据采集器性能指标、系统对时精度、场地和环境、防雷与接地、电源系统，以及对光伏发电站监控系统的结构及配置、系统功能、性能指标、工作环境条件作了规定。GB/T 31365—2015《光伏发电站接入电网检测规程》，对光伏发电站并网检测的检测装置、有功功率输出特性、有功功率变化、有功功率控制能力、无功功率输出特性、无功功率控制能力、电压适应性、频率适应性、电能质量适应性、检测准备、空载测试、负载测试、判定方法、电网条件、三相不平衡度、三相电压不平衡度、闪变、谐波、间谐波、检测文件内容、检测报告格式进行了规定。

GB 51096—2015《风力发电场设计规范》，涵盖了风力施工、建设的基本资料、风能资源、风电场年上网电量计算、场址选择、风电场场区布置、风电场变电站布置、场区标识、系统一次部分、系统二次部分、电力系统对风电场的要求、风力发电机组选型、电气主接线、变压器、配电装置、无功补偿装置、站用电系统、直流系统及交流不间断电源、控制室、监控和二次接线、继电保护和自动装置、过电压保护及接地、电气照明、电缆选择与敷设、集电线路、抗震设计、地基与基础、建筑物、架构及其他构筑物、建筑物采暖通风及空调、施工总布置、环境保护、水土保持、防火和防爆、防电伤、防机械伤害及防坠落伤害、防噪声及防振动、防暑、防寒及防潮、防有毒气体、防车辆伤害、防电磁辐射、消防设计、海洋水文气象、风能资源、电气设计、建筑与结构、消防与安全、施工组织设计、风电场信息系统的总体规划、风电场监控信息系统、管理信息系统、视频监视系统、视频会议系统、信息安全等内容。GB/T 51121—2015《风力发电工程施工与验收规范》，涵盖了风力发电工程的技术准备、现场准备、进场道路和场内交通、设备运输、重力基础、混凝土预制桩基础、钻孔灌注桩基础、岩石锚杆基础、升压站、中控楼及场内集电线路工程、风力发电机组安装、电气设备安装、电气设备调试、风力发电机组调试、风力发电工程试运行、职业健康与安全管理、环境保护与水土保持、单位工程验收、启动验收、移交生产验收、竣工验收等内容。这两项标准，贯穿风力发电整个工程建设流程。

DL/T 904—2015《火力发电厂技术经济指标计算方法》，涵盖了燃料技术经济指标、锅炉技术经济指标、锅炉主蒸汽流量、压力、温度、锅炉入口空气温度、排烟温度、排烟热损失、气体未完全燃烧热损失、固体未完全燃烧热损失、锅炉辅助设备技术经济指标、密封风机单耗、给煤机单耗、脱硫系统耗电率、汽轮机技术经济指标、汽轮机辅助设备技术经济指标、凝结水泵耗电率、冷却塔、燃气轮机运行技术经济指标、联合循环汽轮机技术经济指标和综合技术经济指标等内容。

GB/T 51106—2015《火力发电厂节能设计规范》，涵盖了火力发电厂主要设备及系统的节能技术规范，包括锅炉设备及系统、汽轮机设备及系统、除灰渣系统、烟气脱硫脱硝系统、热电联产仪表与控制、建筑围护结构和供暖通风空调等内容。

DL/T 1429—2015《电站煤粉锅炉技术条件》，涵盖了锅炉技术规范、技术规格及图纸、配备的专用机具和备品配件、材料与焊接、锅炉锅筒、安全阀、燃烧室、过热器和再热器调温装置、锅炉各组合件技术文件和图纸、检查、试验和验收等内容，为火力发电厂锅炉选型、监造、保管、验收等提供了技术依据，为锅炉安全稳定运行提供了重要保障。DL/T 715—2015《火力发电厂金属材料选用导则》，涵盖了选材和材料质量控制原则，温蒸汽管道、高温联箱及高温管件选钢原则，锅炉受热面管选钢原则，锅炉受热面固定件及吹灰器选钢原则，汽轮机转子体、轮盘和叶轮选钢原则，汽轮机叶片用金属材料、汽轮机、锅炉铸钢件选钢原则，压力容器用钢、凝汽器选材原则等内容。

GB/T 31960《电力能效监测系统技术规范》第1~6部分和第8部分于2015年发布，该系列标准是在国内电力需求侧管理技术标准研究成果及现有的智能电网建设标准研究成果的基础上编制完成的，规定了电力能效监测系统的主站功能规范、通信协议（包括主（子）站与电力能效信息集中与交互终端、电力能效信息集中与交互终端和电力能效监测终端间的通信协议）、子站功能设计规范、主站设计导则、信息集中与交互终端的技术条件和安全防护要求。

DL/T 5715—2015《电力光纤到户组网技术规程》、DL/T 5716—2015《电力光纤到户施工及验收规范》两项标准从系统架构、组网设计原则、线缆及设备技术要求、施工及验收等方面提出规定及要求，指导了电力光纤到户的规划、设计、建设等工作。

第三章

电力改革与电价

一、电力改革与市场化建设

2015 年 3 月 15 日，中共中央、国务院印发《关于进一步深化电力体制改革的若干意见》（中发〔2015〕9 号）（以下简称“9 号文件”），全面启动新一轮电力深化改革。9 号文件的核心内容是“三放开、一独立、三加强”。“三放开”是指：有序放开输配以外的竞争性环节电价；有序向社会资本放开配售电业务；有序放开公益性和调节性以外的发用电计划。“一独立”是指：建立相对独立的电力交易机构，电力交易机构主要负责市场交易平台建设、运营和管理；原有的电网企业不再以上网和销售电价价差作为主要收入来源，而按照政府核定的输配电价收取过网费。“三加强”是指：强化政府监管；强化电力统筹规划；强化和提升电力安全高效运行和可靠性供应。

为配合落实 9 号文件，有序推进电力改革工作，2015 年相关主管部门分两个阶段印发了系列电改配套文件。这些配套文件重点围绕 9 号文件提出的“近期推进电力体制改革的重点任务”，分别从电价、电力市场架构、电力交易机制、发用电计划、售电侧、电网公平接入等电力市场化建设相关领域以及相应的电力监管角度明确和细化电力改革的政策措施。

与此同时，国家发展改革委还先后批复了云南、贵州省的电力改革综合试点，深圳市和内蒙古西部、云南、贵州、安徽、宁夏、湖北的省级输配电价改革试点，以及重庆、广东的省级售电侧改革试点。通过积极开展试点，积累经验，为全面推动电力市场建设工作打好基础。

（一）电力改革相关政策文件

1.《关于改善电力运行调节促进清洁能源多发满发的指导意见》

2015 年 3 月，国家发展改革委印发《关于改善电力运行调节促进清洁能源多发满发的指导意见》（发改运行〔2015〕518 号），核心内容是：统筹年度电力电量平衡，积极促进清洁能源消纳；加强日常运行调节，充分运用利益补偿机制为清洁能源开拓市场空间；加强电力需求侧管理，通过移峰填谷为清洁能源多发满发创造有利条件；加强相互配合和监督管理，确保清洁能源多发满发政策落到实处。

同时，《意见》强调了促进清洁能源高效利用以及节能减排的重要性，反映了我国清洁能源发展的阶段性、渐进性，符合促进节能减排、提高用电效率、促进集中式和分布式清洁能源发电等方向。

2. 《关于完善电力应急机制做好电力需求侧管理城市综合试点工作的通知》

2015 年 4 月，国家发展改革委、财政部联合印发《关于完善电力应急机制做好电力需求侧管理城市综合试点工作的通知》（发改运行〔2015〕703 号）。

《通知》明确了电力需求侧管理工作的发展方向，强调在前期北京市、苏州市、唐山市、佛山市电力需求侧管理城市综合试点，以及上海市需求响应试点工作基础上，进一步突出特色，以改革与创新方式建立长效机制，吸引用户主动减少高峰用电负荷，以市场化的方式保障电力供需平衡。要加强电力需求侧管理平台建设，引导、鼓励用户实现用电在线监测，推广电能服务，为提高运行管理水平和增强应急响应能力建立技术支撑。同时，试点城市及所在省份要创新试点资金使用方式。试点资金除支持项目实施、平台建设和能力建设外，还可支持投融资服务、政府和社会资本合作项目（PPP）的融资、建设和运行维护，以及电力需求侧管理平台的升级改造和运行维护等。

3. 《关于加快推进输配电价改革的通知》

2015 年 4 月，国家发展改革委印发《关于贯彻中发〔2015〕9 号文件精神加快推进输配电价改革的通知》（发改价格〔2015〕742 号），部署扩大输配电价改革试点范围，加快推进输配电价改革。通知明确，在深圳市、内蒙古西部率先开展输配电价改革试点的基础上，将安徽、湖北、宁夏、云南省（区）列入先期输配电价改革试点范围，按“准许成本加合理收益”原则单独核定输配电价。鼓励具备条件的其他地区也要同步开展输配电价摸底测算工作，全面调查摸清电网输配电资产、成本和企业效益情况，初步测算输配电价水平，研究提出推进输配电价改革的工作思路。

4. 《关于完善跨省跨区电能交易价格形成机制有关问题的通知》

2015 年 5 月，国家发展改革委印发《关于完善跨省跨区电能交易价格形成机制有关问题的通知》（发改价格〔2015〕962 号），通知明确，跨省跨区送电由送电、受电市场主体双方按照“风险共担、利益共享”原则协商或通过市场化交易方式确定送受电量、价格，并建立相应的价格调整机制。

《通知》指出，国家鼓励通过招标等竞争方式确定新建跨省跨区送电项目业主和电价；鼓励送受电双方建立长期、稳定的电量交易和价格调整机制，并以中长期合同形式予以明确。国家已核定的跨省跨区电能交易送电价格，送受电双方可重新协商并按照协商确定的价格执行，协商结果报送国家发展改革委和国家能源局。送受电双方经协商后确实无法达成一致意见的，可由国家发展改革委、国家能源局协调。国家发展改革委和国家能源局将组织对跨省跨区送电专项输电工程进行成本监审，并根据成本监审结果重新核定输电价格。输电价格调整后，同样按照“利益共享、风险共担”的原则将调整幅度在送电方、受电方之间按照 1∶1 比例分摊。

5.《关于印发输配电定价成本监审办法（试行）的通知》

2015 年 6 月，国家发展改革委印发《关于印发输配电定价成本监审办法（试行）的通知》（发改价格〔2015〕1347 号）。《通知》明确了输配电定价成本构成、归集办法以及主要指标核定标准，并体现了以下原则：一是合理归集。明确电网资产应与输配电业务相关，成本费用按电压等级、服务和用户类别合理归集，为分电压等级、分用户类别核定输配电价及测算电价交叉补贴提供依据。二是从严核定。所有成本费用都要剔除不合理因素，明确八项费用不得列入定价成本，管理性质费用从严核定，高于行业平均水平较多的费用要适当核减。三是新老分开。区分存量和增量资产，增量部分核定标准严于存量部分，积极稳妥推进改革。四是共同监管。在资产和部分成本费用的审核方面，充分发挥各部门合力，共同加强对电网企业成本的监管。

6.《关于印发电力体制改革配套文件的通知》

2015 年 11 月，国家发展改革委、国家能源局印发《关于印发电力体制改革配套文件的通知》（发改经体〔2015〕2752 号），并一并印发《关于推进输配电价改革的实施意见》、《关于推进电力市场建设的实施意见》、《关于电力交易机构组建和规范运行的实施意见》、《关于有序放开发用电计划的实施意见》、《关于推进售电侧改革的实施意见》、《关于加强和规范燃煤自备电厂监督管理的指导意见》等 6 个电力改革配套文件。

（1）《关于推进输配电价改革的实施意见》。明确电价改革总体目标为：建立规则明晰、水平合理、监管有力、科学透明的独立输配电价体系。还原电力商品属性，按照“准许成本加合理收益”原则，核定电网企业准许总收入和分电压等级输配电价，明确政府性基金和交叉补贴，并向社会公布，接受社会监督。

《意见》提出了实施的主要措施：一是逐步扩大输配电价改革试点范围。在深圳市、内蒙古西部率先开展输配电价改革试点的基础上，将安徽、湖北、宁夏、云南、贵州省（区）列入先期输配电价改革试点范围。二是认真开展输配电价测算工作。对试点地区，国家发展改革委统一组织成本监审，按照已出台的《输配电定价成本监审办法》，严格核减不相关、不合理的投资和成本费用；对非试点地区，在开展成本调查的基础上，以有效资产为基础测算电网准许总收入和分电压等级输配电价。三是分类推进交叉补贴改革。结合电价改革进程，配套改革不同种类电价之间的交叉补贴，逐步减少工商业内部交叉补贴，妥善处理居民、农业用户交叉补贴。四是明确过渡时期电力直接交易的输配电价政策。已制定输配电价的地区，电力直接交易按照核定的输配电价执行；暂未单独核定输配电价的地区，可采取保持电网购销差价不变的方式，即发电企业上网电价调整多少，销售电价调整多少，差价不变。

（2）《关于推进电力市场建设的实施意见》。主要内容包括：一是总体要求和实施路径，要求在全国范围内逐步形成竞争充分、开放有序、健康发展的市场体系，通过开展试点、总结完善、扩大试点，逐步实现。二是建设目标，明确主要市场类型和交易品种、主要市场模式、电力市场体系。三是主要任务，提出了组建相对独立的交易机构，完善技术支持系统，建立中长期和现货交易机制等。四是市场主体，明确了市场主体的范围、类型及其基本条件。五是市场运行，规定交易组织实施、双边交易、合同执行、交易结算等内容。六是信用体系建设，要求建立市场主体信用评价制度、守信激励和失信惩戒机制。七是组织实施，按照市场筹建、规范完善、推广融合分阶段推进市场建设。

《意见》着重突出九个主要特点：一是明确了市场建设“在具备条件的地区逐步建立以中长期交易为主、现货交易为补充的市场化电力电量平衡机制”的初期目标。二是强调有序放开发用电计划、竞争性环节电价，与扩大直接交易主体范围、市场规模以及市场化跨省跨区交易机制协同推进。三是提出分散式和集中式两类市场模式和一系列市场交易品种；对区域和省（区、市）电力市场范围和功能进行了界定。四是明确规划内可再生能源在优先发电的基础上，优先发电合同可转让，解决当前大规模可再生能源消纳与系统调峰容量不足、以及跨省区消纳与受电省发电企业利益冲突的问题。五是将各类发电企业纳入市场主体范围，以促进公平竞争和市场效率；将电力用户纳入市场主体范围，可充分利用市场机制促进电力供需平衡。六是建立了与电力供需相对应的实时价格机制，可以更好地保障电力系统的实时平衡，从而彻底解决直接交易只考虑电量平衡、不考虑电力平衡的弊端。七是允许试点地区结合本地区输电网架结构的实际情况，选择采用区域电价或节点边际电价。八是针对市场化后系统发生紧急事故、重大自然灾害、突发事件等情况，明确了应急处置原则。九是对市场信用体系制度建设提出了具体要求。

(3)《关于电力交易机构组建和规范运行的实施意见》。主要内容包括：一是总体要求，明确了交易机构组建和规范运行须遵循的指导思想和基本原则。二是交易机构的组建，明确了交易机构的职能定位和组织形式、交易机构框架体系、交易机构人员来源及收入、交易机构与调度机构的关系以及电力市场管理委员会组成及运作等。三是交易机构具体职责，包括拟定交易规则、交易平台建设运维、交易组织实施、交易结算等。四是交易机构的监管，包括市场监管、外部审计、业务稽核等。五是交易机构组建工作的组织实施。

《意见》要求坚持市场化改革方向，适应电力工业发展客观要求，以构建统一开放、竞争有序的电力市场体系为目标，组建相对独立的电力交易机构，搭建公开透明、功能完善的电力交易平台，依法依规提供规范、可靠、高效、优质的电力交易服务，形成公平公正、有效竞争的市场格局，促进市场在能源资源优化配置中发挥决定性作用和更好发挥政府作用。

《意见》还提出要组建相对独立的交易机构。交易机构不以营利为目的，在政府监管下为市场主体提供规范公开透明的电力交易服务。交易机构主要负责市场交易平台的建设、运营和管理：负责市场交易组织，提供结算依据和相关服务，汇总电力用户与发电企业自主签订的双边合同；负责市场主体注册和相应管理，披露和发布市场信息等。有序组建相对独立的区域和省（区、市）交易机构，区域交易机构包括北京电力交易中心（依托国家电网公司组建）、广州电力交易中心（依托南方电网公司组建）和其他服务于有关区域电力市场的交易机构。

(4)《关于有序放开发用电计划的实施意见》。总体思路是：通过建立优先购电制度保障无议价能力的用户用电，通过建立优先发电制度保障清洁能源发电、调节性电源发电优先上网，通过直接交易、电力市场等市场化交易方式，逐步放开其他的发用电计划。在保证电力供需平衡、保障社会秩序的前提下，实现电力电量平衡从以计划手段为主平稳过渡到以市场手段为主，并促进节能减排。

第一，在用电侧建立优先购电制度，按照政府定价优先满足一产、三产中的重要公用事业、公益性服务业行业以及居民生活用电需求，这一措施保障了电力基本公共服务供给，实现电力普遍服务功能。

第二，在发电侧建立优先发电制度，保障以下电量的优先出售：一是纳入规划风能、太阳能、生物质能等可再生能源；二是调峰调频电量；三是热电联产；四是跨省跨区送受电中的国家计划、地方政府协议送电量；五是水电、核电、余热余压余气、超低排放燃煤机组优先发电。

第三，优先购电和优先发电制度仍然保留了部分计划发电，除去这部分优先的发用电计划，剩余部分可以逐步由市场来进行配置。《意见》提出，在未实行电力市场试点的地区，主要的市场配置路径是通过用电方和售电方直接交易，逐步建立、规范和完善直接交易机制；在具备条件的地区，试点电力现货市场，在此基础上积累经验、完善规则，进而向全国范围推广。

第四，在推进电力供需双方直接交易方面，《意见》明确了市场准入门槛，绝大多数的发电厂可以进入市场直接交易，用电方工商业用户从高电压等级到低电压等级逐步开放，售电公司、地方电网和趸售县、产业园区和经济技术开发区整体可以参与直接交易。但特别强调了也要从国家产业政策、能耗、环保等方面完善市场准入条件，不符合国家产业政策、能耗及环保不达标的企业、违规违法企业不允许参与直接交易。

第五，采取多种措施保障电力系统安全运行和供需平衡。《意见》在发电侧要求充分预留发电空间，优先保证调峰调频电力，在用电侧加强电力需求管理，推广电力响应制度，制定有序用电方案，既保证日常电力电量平衡，也关注到重大自然灾害和突发事件时候的应急保障机制。

(5)《关于推进售电侧改革的实施意见》。确定了售电侧改革的发展方向：一是市场化方向，明确提出逐步向社会资本开放售电业务，多途径培育售电侧市场主体，充分发挥市场在资源配置中的决定性作用，建立规范的购售电市场化交易机制。二是安全高效清洁低碳方向，发挥市场导向作用。一方面明确提出优先开放能效高、排放低、节水型的发电企业，以及单位能耗、环保排放符合国家标准、产业政策的用户参与交易；另一方面要求电网企业在保证电网安全运行的前提下，按照有关规定收购分布式电源发电，拥有分布式电源的用户可从事市场化售电业务。鼓励支持分布式电源发展，支持新能源、可再生能源和节能低耗机组上网。三是技术和管理机制创新方向。一方面加大能源互联网、分布式能源、智能电网、储能、需求侧管理等新兴技术创新，加强新技术与售电侧市场的融合，形成供需互动、互通互联的良好氛围；另一方面加大管理机制改革创新，进一步减少行政审批手续，构建有效的市场准入和退出机制，建立信息披露、信用评价机制，强化风险防范和市场监管。

《意见》明确了售电侧市场主体责任及相关业务范围。市场主体主要包括电网企业、售电公司和用户。一是明确了电网公司的市场定位。电网企业拥有输电网、配电网运营权，承担其供电营业区保底供电服务，按规定向交易主体收取输配电费用，承担市场主体的电费结算责任。电网企业可以成立售电公司参与售电侧市场竞争，但同时也要保障其公立和公平性，保障电网公平无歧视开放，向市场主体公平提供输配电服务，公开输配电网络的信息，在保障电网安全的前提下，按照有关规定收购分布式能源发电。二是培育多元化售电主体。《意见》鼓励社会资本成立售电公司，多渠道培育售电主力，增强电力市场竞争性。拥有分布式电源的用户，供水、供气、供热等公共服务行业，节能服务公司等均可从事市场化售电业务。《意见》同时鼓励以混合所有制方式发展配电业务，向符合条件的市场主体放开增量配电投资业务。三是放开符合条件的电力用户直接参与交易。四是保障电力普遍服务。电网企业承担其供电营业区保底供电服务，确保居民、农业、重要公用事业和公益性服务等的用电。

(6)《关于加强和规范燃煤自备电厂监督管理的指导意见》。对燃煤自备电厂建设提出以下七方面要求：一是要强化规划指导，科学规范建设，新（扩）建燃煤自备电厂项目（除背压机组和余热、余压、余气利用机组外）要统筹纳入国家依据总量控制制定的火电建设规划，严禁未批先建、批建不符及以余热、余压、余气名义建设常规燃煤机组等违规行为；二是加强运行管理，参与辅助服务；三是承担社会责任，缴纳国家重大水利工程建设基金、农网还贷资金、可再生能源发展基金、大中型水库移民后期扶持基金、城市公用事业附加、备用费以及政策性交叉补贴等各项费用；四是加强综合利用，推动燃煤电厂减排，鼓励对外供热供电；五是推进升级改造，淘汰落后机组；六是确定市场主体，有序参与市场交易，平等参与购电；七是落实责任主体，加强监督管理，国家能源局将会同有关部门开展专项监管和现场检查。各省需认真落实国家相关要求，组织好燃煤自备电厂项目的实施和管理。

拥有自备电厂的企业成为合格的发电市场主体后，有序推进其自发自用以外电量按交易规则与售电主体、电力用户直接交易，或通过交易机构进行交易。

（二）电力改革试点

1. 蒙西电网输配电价改革试点及电力市场建设

2015 年 6 月，国家发展改革委印发《关于内蒙古西部电网输配电价改革试点方案的批复》（发改价格〔2015〕1344 号），决定在内蒙古西部开展输配电价改革。由此，蒙西电网成为首个省级电网输配电价改革试点。蒙西试点方案基本思路是“管住中间、放开两头”。对电网企业的准许收入、成本、收益都做了界定，结合以往电力市场经验设立平衡账户，以确保总体进度平稳，建立电网企业奖惩机制、政府价格部门分析评估机制，并为逐步取消交叉补贴留有余地。监管周期为 2015 年 1 月 1 日至 2017 年 12 月 31 日。

2015 年 9 月，国家发展改革委批复了蒙西电网输配电价改革试点首个监管周期输配电准许收入和输配电价，新电价机制自 2015 年 10 月 1 日起实行。明确了改革后的蒙西电网不同电压等级、不同用户的输配电价，电力用户要按照接入的电网电压等级支付含交叉补贴的输配电价。此次输配电价改革降价空间主要用于降低大工业电价，将大工业电价每千瓦时降低 2. 65 分。

2015 年 7 月中旬，内蒙古华电与北方联合电力有限责任公司签署《发起设立华能内蒙古电力热力销售有限公司出资协议书》。华能内蒙古电力热力销售有限公司是上市发电企业成立的首家售电公司，也是首家由五大发电集团上市公司控股的公司。

2015 年 8 月，内蒙古银河电力销售公司完成工商登记，成为内蒙古首家成立的民营售电公司。

截至 2015 年年底，内蒙古已成立国家电力投资集团公司（以下简称“国家电投”）霍白配售电有限公司、华能内蒙古电力热力销售有限公司等多家售电公司。

2. 宁夏电网输配电价改革试点

2015 年 9 月，国家发展改革委印发《关于宁夏电网输配电价改革试点方案的批复》（发改价格〔2015〕2012 号），决定在宁夏开展输配电价改革，这是国家电网经营区内获批的首个试点方案。

宁夏输配电价试点改革方案规定：输配电价实行事前监管，包括总收入监管与价格水平监管，按照“准许成本加合理收益”原则对电网企业实行总收入监管，监管周期为三年，价格水平分电压等级核定，以各电压等级输配电的合理成本为基础。第一个监管周期为 2016 年 1 月 1 日至 2018 年 12 月 31 日。

2015年8月，宁夏能源铝业获取由宁夏回族自治区银川市高新技术产业开发区工商行政管理局颁发的国家电投宁夏电能配售电有限公司营业执照。

截至2015年年底，宁夏已成立宁夏售电有限公司、宁夏华韵售电有限公司、宁夏科宇售电有限公司等多家售电公司。

3. 云南电力体制改革综合试点

2014年12月22日，云南省以《关于下发2015年云南电力市场化工作方案和实施细则的通知》（云工信电力〔2014〕941号）印发《2015年云南电力市场化工作方案》、《2015年云南电力市场化交易实施细则》和《2015年云南电力市场交易电厂基数电量方案》，以这三个文件为标志，启动了电力改革试点工作，并自主探索出“三个主体，一个中心，三个市场，四种模式”的“3134”云南电力市场模式。

2015年10月，国家发展改革委印发《关于云南电网输配电价改革试点方案的批复》（发改价格〔2015〕2260号），决定在云南省开展输配电价改革。监管周期为2016年1月1日至2018年12月31日。

2015年11月，国家发展改革委、国家能源局批复同意云南省开展电力体制改革综合试点。

截至2015年年底，云南省已成立云南恒华售电有限公司、镇雄博凯售电有限公司、会泽以礼河售电有限公司等多家售电公司。

4. 贵州电力体制改革综合试点

2015年10月11日，国家发展改革委印发《关于贵州电网输配电价改革试点方案的批复》（发改价格〔2015〕2311号），批准在贵州省开展输配电价改革，监管周期为2016年1月1日至2018年12月31日。

2015年11月9日，国家发展改革委、国家能源局批复同意贵州省开展电力体制改革综合试点。试点内容主要有四项：输配电价改革、电力市场建设、售电侧改革、建立跨省跨区电力交易机制。其中，在输配电价改革方面，贵州将按照“准许成本加合理收益”的原则，核定电网企业准许收入和输配电价水平，设立平衡账户主要用于平衡输配电价结构等。售电侧改革中，将先期选取贵安新区、兴义地方电力开展售电侧改革，培育配售电业务主体，逐步放开增量配电投资业务，形成售电侧竞争市场。

截至2015年年底，贵州省已成立贵州中财售电有限公司、贵州贵通缘售电有限公司、贵州国源售电股份有限公司等多家售电公司。

5. 重庆市、广东省售电侧改革试点

2015 年 11 月，国家发展改革委、国家能源局综合司批复《关于同意重庆市广东省开展售电侧改革试点的复函》（发改办经体〔2015〕3117 号），同意重庆市、广东省开展售电侧改革试点，并要求进一步细化试点方案。

截至 2015 年年底，重庆已成立重庆能投售电有限公司、重庆正鼎售电有限公司、重庆市明浩售电有限公司等 6 家售电公司。

2015 年 11 月，国家发展改革委、国家能源局综合司批复《关于同意重庆市广东省开展售电侧改革试点的复函》，同时建议广东省将“拥有分布式能源电源或微网的用户可以委托售电公司代理购售电业务”内容纳入试点方案。

截至 2015 年年底，广东省已成立华能广东能源销售有限责任公司、深电能售电公司、华润电力（广东）销售有限公司、中电投（深圳）电力销售有限公司等 29 家售电公司。

（三）供需直接交易

2015 年，在经济新常态、重启“电改”等各种背景交织下，全国各地供需直接交易继续蓬勃发展。

据统计，2015 年，全国有 24 个省份相继开展了供需直接交易，仅有北京、天津、河北、上海、海南、青海、西藏等 7 个省份尚未开展，直接交易电量超过 4 000 亿千瓦时，比 2014 年的 1 540 亿千瓦时增长近 2 倍，其中 11 个省份交易规模超过 100 亿千瓦时。

各省份开展供需直接交易的规则各异，主要体现在：一是开展周期不同。云南省按月组织开展，陕西、安徽等省半年组织开展一次，大多数省份按年组织开展。二是交易方式不同。大多数省份基本采取双边协商、集中撮合两种方式，云南省还采用了挂牌交易方式。三是新投产发电机组政策不同。新投产机组电量计划分配政策不同，部分省份新投产机组无基数电量，电量全部进入市场交易。四是直接交易发电机组容量剔除不同。江苏、浙江、安徽、福建、江西、河南、湖北、内蒙古、重庆 9 个省份是剔除容量的，即对参与直接交易电量的机组不再安排参与基数交易、临时交易及外送电交易，其他 15 个省份则不剔除容量。五是价格传导不同。山西、辽宁、黑龙江、江苏、浙江、安徽、福建、江西、河南、湖北、湖南、四川、贵州、新疆、内蒙古、重庆等 16 个省份执行按照“准许成本加合理收益”原则分电压等级核定的输配电价，其他8个省份按电厂侧价差等额传导至电力用户。

“以价换量”成为许多发电企业应对2015年直接交易的基本策略，甘肃、云南、山西等省份供需直接交易竞争呈现白热化，每千瓦时成交价格比标杆上网电价最多低10分钱以上。

二、电价政策与电价水平

2015年，政府有关部门相继出台了一系列文件，进一步发挥电价调控政策在推进电力改革、调整产业结构、促进节能减排中的重要作用。

（一）电价政策

1. 降低燃煤发电上网电价、工商业用电价格

2015年，我国两次较大幅度降低电价。4月13日，国家发展改革委印发《关于降低燃煤发电上网电价和工商业用电价格的通知》（发改价格〔2015〕748号），明确了全国燃煤发电上网电价每千瓦时平均下调约2分钱，全国工商业用电价格每千瓦时平均下调约1.8分钱，自2015年4月20日起执行。12月27日，国家发展改革委印发《关于降低燃煤发电上网电价和一般工商业用电价格的通知》（发改价格〔2015〕3105号），明确了全国燃煤发电上网电价每千瓦时平均下调约3分钱，全国一般工商业销售电价每千瓦时平均下调约3分钱，大工业用电价格不作调整，自2016年1月1日起执行。

2. 实行燃煤电厂超低排放电价支持政策

2015年12月2日，国家发展改革委、环境保护部、国家能源局联合印发《关于实行燃煤电厂超低排放电价支持政策有关问题的通知》（发改价格〔2015〕2835号），决定对燃煤电厂超低排放实行电价支持政策，自2016年1月1日起执行。

《通知》明确对符合超低限值（即在基准含氧量6%条件下，烟尘、二氧化硫、氮氧化物排放浓度分别不高于10mg/Nm3、35mg/Nm3、50mg/Nm3）要求的燃煤发电企业给予适当的上网电价支持。对2016年1月1日以前已经并网运行的现役机组，对其统购上网电量每千瓦时加价1分钱（含税）；对2016年1月1日之后并网运行的新建机组，对其统购上网电量每千瓦时加价0.5分钱（含税）。

3. 调整新建陆上风电和光伏发电上网标杆电价政策

为落实国务院办公厅《能源发展战略行动计划（2014—2020）》目标要求，合理引导新能源投资，促进陆上风电、光伏发电等新能源产业健康有序发展，推动各地新能源平衡发展，提高可再生能源电价附加资金补贴效率，2015 年 12 月 22 日，国家发展改革委印发《关于完善陆上风电光伏发电上网标杆电价政策的通知》（发改价格〔2015〕3044 号）。

《通知》明确实行上网标杆电价随陆上风电和光伏发电发展规模逐步降低的价格政策，确定了 2016—2018 年陆上风电标杆电价和 2016 年光伏发电标杆电价；陆上风电、光伏发电上网电价在当地燃煤机组标杆上网电价（含脱硫、脱硝、除尘）以内部分，由当地省级电网结算，高出部分通过国家可再生能源发展基金予以补贴。

4. 提高可再生能源电价附加征收标准

2015 年 12 月 27 日，国家发展改革委印发《关于降低燃煤发电上网电价和一般工商业用电价格的通知》，明确将居民生活和农业生产以外其他用电征收的可再生能源电价附加征收标准由之前的每千瓦时 1.5 分钱提高到 1.9 分钱。

5. 明确跨省、跨区域送电价格调整标准

2015 年 12 月 27 日，国家发展改革委印发《关于降低燃煤发电上网电价和一般工商业用电价格的通知》，明确了跨省、跨区域送电价格调整标准，即：遵循市场定价原则，参考送、受电地区电价调整情况，由供需双方协商确定。“点对网”送电的上网电价调价标准，可参考受电省燃煤发电标杆电价调整标准协商确定。“网对网”送电价格，可参考送电省燃煤机组标杆电价调整幅度协商确定。

6. 进一步完善煤电价格联动机制

2015 年 12 月 31 日，国家发展改革委印发《关于完善煤电价格联动机制有关事项的通知》（发改价格〔2015〕3169 号），明确了煤电价格联动机制电价调整的依据是中国电煤价格指数，联动机制以一个年度为周期，由国家发展改革委统一部署启动，以省（区、市）为单位组织实施。按联动机制调整的上网电价和销售电价实施时间为每年 1 月 1 日。

《通知》明确对煤电价格实行区间联动。以每千克 5 000 大卡代表规格品电煤价格为标准，当周期内电煤价格与基准煤价相比波动不超过每吨 30 元（含）的，成本变化由发电企业自行消纳，不启动联动机制。当周期内电煤价格与基准煤价相比波动超过每吨 30 元的，对超过部分实施分档累退联动，即当煤价波动超过每吨 30 元

且不超过60元（含）的部分，联动系数为1；煤价波动超过每吨60元且不超过100元（含）的部分，联动系数为0.9；煤价波动超过每吨100元且不超过150元（含）的部分，联动系数为0.8；煤价波动超过每吨150元的部分不再联动。按此测算后的上网电价调整水平不足每千瓦时0.2分钱的，当年不实施联动机制，调价金额并入下一周期累计计算。

（二）电价水平

1. 燃煤发电标杆电价和工商业电价

2015年4月，我国将上网电价、工商业销售电价每千瓦时分别平均下调约2分钱和1.8分钱；2016年1月，进一步降低上网电价、一般工商业用电价格每千瓦时约3分钱。各省份燃煤发电上网电价和一般工商业用电价格调整情况见表3-1。

表3-1　各省份燃煤发电上网电价和一般工商业用电价格调整表

单位：元/千瓦时（含税）

省级电网	2015年4月20日统调燃煤发电上网电价平均降价标准	2015年4月20日工商业用电价格平均降价标准	2015年4月20日调整后的燃煤发电标杆上网电价	2016年1月1日统调燃煤发电上网电价平均降低标准	2016年1月1日一般工商业用电价格平均降低标准	2016年1月1日调整后的燃煤发电标杆上网电价
北　京	0.017	0	0.3754	0.0239	0	0.3515
天　津	0.0234	0.0004	0.3815	0.0301	0.0313	0.3514
冀　北	0.017	0.0166	0.3971	0.0337	0.031	0.3634
冀　南	0.032	0.0431	0.3914	0.0417	0.0309	0.3497
山　西	0.0234	0	0.3538	0.0333	0.0609	0.3205
山　东	0.0202	0.0259	0.4194	0.0465	0.0415	0.3729
蒙　西	0.0067	0.0051	0.2937	0.0165	0.0118	0.2772
辽　宁	0.0181	0.0225	0.3863	0.0178	0.0117	0.3685
吉　林	0.0211	0.0248	0.3803	0.0086	0	0.3717
黑龙江	0.02	0.0256	0.3864	0.0141	0.013	0.3723
蒙　东	0.0036	0	0.3068	0.0033	0	0.3035
上　海	0.0234	0.017	0.4359	0.0311	0.0212	0.4048
江　苏	0.0214	0.0069	0.4096	0.0316	0.0312	0.378
浙　江	0.0127	0.0081	0.4453	0.03	0.0447	0.4153
安　徽	0.0215	0.023	0.4069	0.0376	0.0428	0.3693
福　建	0.0304	0.0204	0.4075	0.0338	0.0204	0.3737

续表

省级电网	2015年4月20日统调燃煤发电上网电价平均降价标准	2015年4月20日工商业用电价格平均降价标准	2015年4月20日调整后的燃煤发电标杆上网电价	2016年1月1日统调燃煤发电上网电价平均降低标准	2016年1月1日一般工商业用电价格平均降低标准	2016年1月1日调整后的燃煤发电标杆上网电价
湖　北	0.0194	0.0105	0.3997	0.0435	0.03	0.3981
湖　南	0.0176	0.0061	0.4416	0.0249	0.0108	0.4471
河　南	0.022	0.0149	0.472	0.0446	0.0557	0.3551
四　川	0.0159	0.0195	0.4396	0.039	0.006	0.4012
重　庆	0.015	0.0066	0.4402	0.0417	0.0203	0.3796
江　西	0.017	0	0.4213	0.0403	0.0362	0.3993
陕　西	0.0098	0.006	0.3796	0.045	0.0517	0.3346
甘　肃	0.0039	0	0.325	0.0272	0.0139	0.2978
青　海	0.008	0.0045	0.2711	0.0123	0	0.3247
宁　夏	0.017	0	0.337	0.0116	0.0316	0.2595
广　东	0.0285	0.0168	0.4735	0.023	0.0058	0.4505
广　西	0.0163	0.0057	0.3563	0.0284	0.015	0.414
云　南	0.0104	0.0147	0.3709	0.0205	0.003	0.3358
贵　州	0.015	0.0104	0.4424	0.0346	0	0.3363
海　南	0.025	0.0084	0.4528	0.033	0.0103	0.4198

注：上述燃煤发电标杆上网电价含脱硫、脱硝和除尘电价。

2. 陆上风电标杆电价

2015年1月，国家发展改革委印发《关于完善陆上风电光伏发电上网标杆电价政策的通知》（发改价格〔2015〕3044号），明确2016年1月及2018年将进一步调整陆上风力发电上网标杆电价。全国陆上风力发电上网标杆电价年度变化情况见表3-2。

表3-2　全国陆上风力发电上网标杆电价年度变化情况表

单位：元/千瓦时（含税）

资源区	陆上风电标杆上网电价			各资源区所包括的地区
	2015年	2016年	2018年	
Ⅰ类资源区	0.49	0.47	0.44	内蒙古自治区除赤峰市、通辽市、兴安盟、呼伦贝尔市以外其他地区；新疆维吾尔自治区乌鲁木齐市、伊犁哈萨克族自治州、克拉玛依市、石河子市
Ⅱ类资源区	0.52	0.5	0.47	河北省张家口市、承德市；内蒙古自治区赤峰市、通辽市、兴安盟、呼伦贝尔市；甘肃省嘉峪关市、酒泉市

续表

资源区	陆上风电标杆上网电价			各资源区所包括的地区
	2015 年	2016 年	2018 年	
Ⅲ类资源区	0.56	0.54	0.51	吉林省白城市、松原市；黑龙江省鸡西市、双鸭山市、七台河市、绥化市、伊春市，大兴安岭地区；甘肃省除嘉峪关市、酒泉市以外其他地区；新疆维吾尔自治区除乌鲁木齐市、伊犁哈萨克族自治州、克拉玛依市、石河子市以外其他地区；宁夏回族自治区
Ⅳ类资源区	0.61	0.6	0.58	除Ⅰ类、Ⅱ类、Ⅲ类资源区以外的其他地区

注：1. 2016 年、2018 年等年份 1 月 1 日以后核准的陆上风电项目分别执行 2016 年、2018 年的上网标杆电价。2 年核准期内未开工建设的项目不得执行该核准期对应的标杆电价。2016 年前核准的陆上风电项目但于 2017 年年底前仍未开工建设的，执行 2016 年上网标杆电价。2. 2018 年前如投资运行成本发生较大变化，国家可根据实际情况调整上述标杆电价。

3. 光伏发电标杆电价

2016 年 1 月将调整光伏发电上网标杆电价，2017 年以后的价格另行制定。全国光伏发电上网标杆电价情况见表 3－3。

表 3－3 全国光伏发电上网标杆电价表

单位：元/千瓦时（含税）

资源区	光伏电站标杆上网电价		各资源区所包括的地区
	2014 年（现行）	2016 年	
Ⅰ类资源区	0.9	0.8	宁夏；青海海西；甘肃嘉峪关、武威、张掖、酒泉、敦煌、金昌；新疆哈密、塔城、阿勒泰、克拉玛依；内蒙古除赤峰、通辽、兴安盟、呼伦贝尔以外地区
Ⅱ类资源区	0.95	0.88	北京；天津；黑龙江；吉林；辽宁；四川；云南；内蒙古赤峰、通辽、兴安盟、呼伦贝尔；河北承德、张家口、唐山、秦皇岛；山西大同、朔州、忻州；陕西榆林、延安；青海；甘肃；新疆除Ⅰ类外其他地区
Ⅲ类资源区	1	0.98	除Ⅰ类、Ⅱ类资源区以外的其他地区

注：1. 2016 年 1 月 1 日以后备案并纳入年度规模管理的光伏发电项目，执行 2016 年光伏发电上网标杆电价。2016 年以前备案并纳入年度规模管理的光伏发电项目但于 2016 年 6 月 30 日以前仍未全部投运的，执行 2016 年上网标杆电价。2. 西藏自治区光伏电站标杆电价另行制定。

第四章

行业管理与服务

一、行业管理

2015 年，党中央、国务院高度重视能源工作。国家主席习近平、国务院总理李克强和国务院副总理张高丽等中央领导同志多次主持召开会议，做出一系列重要指示和批示，为我国新常态下能源发展明确了方向。

加快推进能源价格市场化。国务院发布《关于推进价格机制改革的若干意见》，提出加快推进能源价格市场化。按照“管住中间、放开两头”总体思路，推进电力、天然气等能源价格改革，促进市场主体多元化竞争，稳妥处理和逐步减少交叉补贴，还原能源商品属性。择机放开成品油价格，尽快全面理顺天然气价格，加快放开天然气气源和销售价格，有序放开上网电价和公益性以外的销售电价。把输配电价与发售电价在形成机制上分开，单独核定输配电价，分步实现公益性以外的发售电价由市场形成。合理制定电网、天然气管网输配价格，扩大输配电价改革试点范围，逐步覆盖到各省级电网。

推进电力工业迈向“互联网 +”时代。国务院发布《关于积极推进“互联网 +”行动的指导意见》。“互联网 +”智慧能源被列入 11 项重点行动。将通过互联网促进能源系统扁平化，推进能源生产与消费模式革命，提高能源利用效率，推动节能减排。发布《关于促进智能电网发展的指导意见》，提出到 2020 年，初步建成安全可靠、开放兼容、双向互动、高效经济、清洁环保的智能电网体系，满足电源开发和用户需求，全面支撑现代能源体系建设，推动我国能源生产和消费革命；带动战略性新兴产业发展，形成有国际竞争力的智能电网装备体系。

国家能源局继续深入推进简政放权。2015 年共取消下放 21 项、34 子项行政审批事项，全部取消非行政审批事项。印发了《关于对取消和下放行政审批事项加强后续监管的指导意见》、《关于推进简政放权放管结合优化服务的实施意见》、《推广随机抽查规范事中事后监管的实施方案》、《关于做好电力项目核准权限下放后规划建设有关工作的通知》。加强人民群众满意用电供电监管，发挥“12398”能源监管热线作用。强化安全监管，保持安全生产形势持续稳定。

大气污染治理力度持续加强。2015 年全年共安排节能改造容量 1.8 亿千瓦、超低排放改造容量 7 847 万千瓦。印发《煤电节能减排监督管理暂行办法》、《2015 年中央发电企业煤电节能减排升级改造目标任务书》，出台了《全面实施燃煤电厂超低排放和节能改造工作方案》。

合理布局清洁能源发展。2015 年核准开工核电机组 8 台合计 880 万千瓦。截至 2015 年年底，全国在建及已核准机组 29 台合计 3 203 万千瓦，在建规模居世界首位。自主三代“华龙一号”示范工程开工建设，AP1000 主泵通过评审出厂，AP1000 核电依托项目关键设备问题基本得到解决。核电重大专项 CAP1400 示范工程已启动核准前评估。风电开发布局进一步优化，中东部和南方地区建设的风电项目占 65% 以上。下达光伏发电建设规模 2 410 万千瓦。完成太阳能热发电场址普查工作，启动太阳能热发电示范项目建设。

深入开展民生能源建设。2015 年全年共安排四川、西藏、青海、新疆投资计划 74 亿元，其中中央预算内投资 48 亿元，项目 100 个，全面解决了我国无电人口用电问题。印发了《关于加快配电网建设改造的指导意见》和《配电网建设改造行动计划（2015—2020 年）》，2015 年，安排城镇配电网建设改造专项建设基金 130 亿元，带动新增投资 1 140 亿元，加快了配电网改造。大规模实施农网改造升级工程，总投资达 1 628 亿元，其中中央预算内资金 282 亿元。印发《关于加快贫困地区能源开发建设推进脱贫攻坚的实施意见》。因地制宜开展光伏扶贫，第一批光伏扶贫试点工作取得初步成效。

“一带一路”战略引领，推动能源国际合作。推动重点国家、地区合作。中俄东线天然气管道两国境内段均已启动建设。中俄核能合作进一步深化。中亚 D 线相关工作正在稳妥推进。中巴经济走廊能源项目整体进展顺利，多个项目开工建设。中英能源企业签署超过 150 亿英镑商业合作协议。面向未来 30 年的中美和平利用核能协定签订生效。中法两国政府共同发表深化民用核能合作联合声明。统筹谋划推进能源领域“一带一路”合作，制定落实“一带一路”战略规划实施方案，编制“一带一路”能源合作专项规划，推动实施“一带一路”能源合作项目三年滚动方案。大力推动能源装备“走出去”和核电“走出去”取得阶段性成果，由我国承建、采用“华龙一号”技术的巴基斯坦卡拉奇 2 号机组开工建设。与法国、阿根廷、罗马尼亚、埃及分别签署有关核电项目协议或谅解备忘录。积极参与全球能源治理。加强与国际能源署（IEA）的对话与合作，我国正式与 IEA 建立了联盟关系。加强了与能源宪章合作，并由该组织的受邀观察员国变为签约观察员国。

开展电力标准化管理工作。2015 年全年共确定电力行业标准计划立项合计 318 项。其中，国家标准项目计划 66 项，包括国家标准化管理委员会下达的 2015 年电力国家标准计划项目 59 项（见附件 10）、住房和城乡建设部下达的 2015 年度电力工程建设国家标准计划项目 7 项（见附件 11）；国家能源局下达的 2015 年电力行业标准计划项目 252 项（见附件 12）。加强对电力专业类标准化技术委员会的组织管理和协调，对全国智能电网用户接口标委会、电力行业继电保护标委会部分委员、全国带电作业标委会、全国架空线路标委会部分委员进行调整。

建立健全电力工程质量监督工作机制。全国电力工程质量监督工作按照“国家能源局归口管理、派出机构属地监管、质监机构独立监督、电力企业积极支持”的工作原则，进一步确立了完善的“总站—中心站—项目站”管理体系。编制完成《风力发电工程质量监督检查大纲》和《光伏发电工程质量监督检查大纲》，颁布实施《电力工程检测试验管理办法》、《输变电工程质量监督检查标准化清单》和《火力发电工程质量监督检查标准化清单》，印发《电力工程竣工验收操作手册》，开发完成全国在建电力工程项目统计系统。对新疆、四川等七个重点省份的 20 个在建项目进行了工程质量专项督查，发现问题 431 例，下达整改通知书 15 份。

二、行业服务

2015 年，中电联经过提前谋划、精心组织，成功召开第六次全国会员代表大会暨第六届理事会第一次会议，选举产生了新一届理事会理事单位及理事、常务理事单位及常务理事、理事会领导班子，圆满完成了第六届理事会换届选举工作。不断提升服务质量，突出工作重点，深入推进电力行业科学健康发展。

（一）紧密围绕电力体制改革，积极建言献策

通过国家发展改革委、国家能源局组织召开的电力体制改革 9 号文及配套文件座谈会，反映对电改及配套文件的意见建议，切实反映企业诉求；积极参与电力改革相关工作；参与《电力法》等重大法规政策研究。

（二）开展行业重大问题研究，促进行业科学发展

受国家发展改革委委托开展《电力企业参与碳排放交易关键问题研究》；参与全国政协、中国工程院有关煤炭清洁利用重大课题研究，在政策制订征求意见中充分反映行业企业诉求；开展“十三五”电力发展规划相关研究，参与国家能源局组织的《配电网建设改造行动计划》编制及《电力规划管理办法》起草工作；深入开展“特高压与超高压交流输电经济比较”、“电源开发布局”、“‘十三五’电力节能减排规划”等一系列行业发展重大课题研究。

（三）积极有效反映行业诉求，创造良好政策环境

组织行业企业参与重大法律修订工作，反映行业意见。向全国人大法工委、国务院法制办、全国人大环境与资源保护委员会分别报送对《大气污染防治法》、《环境保护税法》、《核安全法》的行业意见建议。向国家发展改革委报送关于东北地区电煤运行存在的问题及建议。

通过多种途径了解企业诉求，及时向国家发展改革委、国家能源局、工业和信息化部等部委反映情况，具体包括《中电联关于东北地区电煤运行存在问题及建议的汇报材料》、《关于对加强管理严禁采购违法违规煤矿企业煤炭通知（征求意见稿）的复函》、《关于〈能源监管条例（征求意见稿）〉有关意见的复函》、《关于电力行业市场准入负面清单制定的建议》、《关于对电力体制改革配套文件（征求意见稿）的复函》、《关于降低电力企业成本问题的复函》、《关于推进“互联网＋”智慧能源（能源互联网）发展的行动计划（草稿）修改建议的复函》等。

（四）做好电力行业统计与供需分析预测，为经济运行提供决策参考

电力行业统计信息平台系统（一期）全面上线试运行，提高了电力行业统计工作质量和效率，完成2015年各月电力工业统计快报、月报、运行情况简报以及2014年电力行业年度统计快报、年报和全国县级供电企业统计报表及统计分析报告。在充分调研和数据分析的基础上，完成并发布2015年分季度、半年、全年《全国电力供需形势分析预测报告》，中电联的电力供需形势分析预测报告成为国家政府有关部门研判宏观经济发展形势和电力企业生产经营决策的重要参考；定期参加人大财经委及政府有关部门经济形势分析会议60余次，反映电力经济运行情况，提出

相关问题、建议。

（五）开展首届中国电力创新奖评奖工作，推动行业创新发展

组织中国电力创新奖评审，制订《中国电力创新奖奖励办法实施细则》，规范评奖工作。通过电网综合管理等 8 个专业组、历时近 5 个月，评选出 51 个获奖项目，代表了电力行业工程技术、行业管理创新的先进水平，对电力行业科技创新和树立中电联权威公正的良好形象发挥了积极作用。

（六）创新服务方式，稳步提升专业服务质量

积极开展行业国际化服务。发挥电力企业“走出去”服务平台作用，配合“一带一路”战略，服务电力企业“走出去”。组织参加 2015 年亚太电协 CEO 会议，重点推动中哈、中印尼、中埃、中非、中国—东盟重点国家、中俄等电力国际合作，举办 2015 年中国国际清洁能源博览会暨清洁能源峰会、第十届上海国际电力设备及技术展览会和 2015 珠海智能电网大会暨中国（珠海）国际智能电网展览会等。

积极开展行业宣传和信息服务。编制《中国电力工业现状与展望》服务手册，为参加“两会”的电力行业代表委员参政议政提供参考；编撰完成《中国电力行业年度发展报告 2015》；编辑完成《电力史话》；举办 2015 电力主题日活动，做好电力体制改革宣传及舆情应对。

推进重点领域的行业标准管理及体系建设。加强电力标准制修订管理，完成标准报批 303 项，其中国家标准 63 项、行业标准 240 项，批准发布 201 项；配合政府部门下达电力标准计划共 311 项，其中行业标准 252 项、国家标准 59 项。

组织重点标准的编制、审定工作，在智能电网、电动汽车充电设施、光伏发电、微电网等领域加大力度。完成电动汽车充电接口及通信协议标准修订。组织和参加《企业标准体系》系列国家标准编写，主持《保障标准体系》编制，参与编写《企业标准化工作指南》、《企业标准化要求》、《产品实现标准体系》。为加快推进国际化标准工作进程，助推电力企业“走出去”战略的实施，向国家标准化管理委员会、住房和城乡建设部提交电力标准英文版翻译计划，并下达中电联英文标准翻译计划 57 项，组织推荐行业专家参与国际标准的制定。作为指导未来五年电力标准化工作的重要文献，组织编制的“十三五”电力标准化规划基本完成。根据《国务院关于改进和加强标准化工作的意见》中“培育发展社会团体标准，增加标准有效供给”

以及全国标准化工作会议精神，国家标准化管理委员会批复同意中电联开展社团标准试点，并经中电联理事会审定通过《中电联标准编制管理办法》等一系列管理文件，中电联标准计划的重点确定在电动汽车充电设施、配电网、电力工业重大装备等领域。

继续开展电力行业职业技能鉴定。强化电力行业职业技能鉴定质量管理，推进信息网络化平台建设，完成2015 年版国家职业分类大典的修订工作。

2015 年通过鉴定考评共评审通过行业特有职业（工种）高级技师4 643 人。其中，供用电专业3 780 人，火电建设及送变电专业373 人，火力发电专业327 人，水力发电专业91 人，水电建设专业72 人。

积极推进电力行业信息化建设。先后开展两化融合示范企业、两化融合管理体系贯标试点、工业与互联网创新试点征集及推荐，为推动电力行业两化深度融合做了有益的尝试；组织编制《电力企业两化融合水平评估》规范和指标体系两个标准，为规范开展两化融合水平评估确立依据；发布《2015 年电力行业信息化年度发展报告》，组织交流和展示电力企业信息化和两化融合建设经验和成果。

受工业和信息化部委托，结合国家能源局网络与信息安全监督管理相关工作的要求，中电联组织开展电力行业工控系统信息安全现状调研和试点征集工作，确定了10 家工控信息安全试点企业。

切实加强电力行业市场诚信体系建设。按照电力体制改革工作实施方案的部署，研究新的信用评价体系建设，组织落实“电力行业信用体系建设指导意见”，编制发布电力行业信用规范、指导意见以及《电力企业信用评价规范》等4 项信用评价标准，成为全国首个制定信用评价标准的行业。

开展企业信用评价、信用宣传教育等工作。对近500 家企业开展信用等级评价，发布年度《电力行业信用风险报告》及《年度电力行业市场诚信体系建设工作报告》。2015 年度电力建设企业信用评价企业名单见附件13，2015 年度电力建设企业信用评价复评企业名单见附件14。举办“信用电力”网络知识竞赛活动，近8 000 家电力企业的117 283 名职工参与答题。山西省对本省2014 年度取得电力行业AAA 级诚信发电企业给予0.5 亿千瓦时计划电量的奖励，在全国具有典型示范作用和意义。

为社会及电力行业提供司法鉴定服务。2015 年，中电联司法鉴定中心（北京）义务提供司法鉴定咨询近30 余件，受理电力类司法鉴定委托7 件，组织鉴定人及专家撰写并出具司法鉴定意见书6 份，为各级人民法院及检察院审判电力案件、仲裁机构及政府职能部门解决电力纠纷提供了客观、权威的鉴定结论。

提升专业服务质量。进一步完善电力工程质量监督工作体系，开发质量监督检查系统，做好专项质监督查；举办了2015年中国国际电力检测试验技术交流会；组织开展阶段性全国电力工程质量监督检查，涵盖输变电、火电、核电、风电、光伏发电、垃圾发电、生物质发电和部分水电项目。共完成1 878个常规发电建设项目、12个核电工程项目、5 862个常规电网建设项目、5个特高压输电建设项目的阶段性监督检查工作。从现场督查情况来看，电力工程建设质量管理水平发展态势总体良好，存在质量问题较多的工程项目多集中在风电、光伏发电等新能源发电领域，对这些问题提出了整改意见。

首次承担川藏联网工程等具有代表性的重大项目后评价，承担特高压直流输电工程结算审核项目，填补了最高电压等级直流输电工程造价咨询业务的空白。

加强电力可靠性监督管理，开展可靠性标准建设，与国家能源局联合召开2015年电力可靠性指标发布会。

组织电力企业开展科技成果、新产品鉴定及发电机组对标；推进电力需求侧管理评价，14个省市试点工作取得阶段性成果。

发挥工业领域电力需求侧管理的协调引领作用。健全工作机构，设立工业领域电力需求侧管理促进中心，开展能源消费革命战略、电力需求侧管理政策有关课题研究以及能源互联网相关技术与模式的探索研究工作；引导工业企业和工业园区加强电力需求侧管理的信息化建设和能效管理，培育电能服务产业；规范开展工业领域电力需求侧管理评价工作，共有19家工业企业电力需求侧管理达到A级及以上水平（包括部分“全国工业领域电力需求侧管理第二批示范企业”）。2015年工业企业实施电力需求侧管理评价结果见表4－1。

表4－1　2015年工业企业实施电力需求侧管理评价结果

企业名称	省份	评价等级
上海申美饮料食品有限公司	上海	AAA
北京燕京啤酒股份有限公司	北京	AA
银川隆基硅材料有限公司	宁夏	AA
广东联塑科技实业有限公司	广东	AA
中原内配集团股份有限公司	河南	AA
宁夏隆基硅材料有限公司	宁夏	AA
杭州朝阳橡胶有限公司	浙江	AA

续表

企业名称	省份	评价等级
广东韶钢松山股份有限公司	广东	AA
广西玉柴机器股份有限公司	广西	AA
福建省南平铝业有限公司	福建	AA
中国铝业股份有限公司连城分公司	甘肃	AA
河南心连心化肥有限公司	河南	AA
新特能源股份有限公司	新疆	A
山西榆社化工股份有限公司	山西	A
河北华泰纸业有限公司	河北	A
襄阳泽东化工集团有限公司	湖北	A
合肥铜冠国轩铜材有限公司	安徽	A
江西蓝星星火有机硅有限公司	江西	A
新疆玉象胡杨化工有限公司	新疆	A

三、行业服务网络

（一）中电联分支机构

截至 2015 年年底，中电联共设立 7 个分会，各分会围绕专业领域开展为会员企业服务工作。

供电分会。组织召开会员代表座谈会，交流企业改革与发展中的工作经验；通过信息网和通讯等方式为会员提供有效服务；利用刊物和信息网加强行业文化建设传播。

火电分会。就针对多家沿海煤电企业因进口煤采购业务产生的法律纠纷，组织召开专题研讨会，达成一致意见，向福州高院发函反映情况，为维护企业合法利益做出积极努力。

水电分会。组织进行全国水电机组增容及技术改造经验交流，编撰完成《水电机组增容及改造论文集》；同时，还积极开展企业文化建设工作，对会员单位通讯员进行写作培训，结合水电分会专项工作编辑了《全国水电厂企业文化建设论文集》。

电力试验研究分会。根据工作需要在不同专业领域举办了 5 场专题技术交流会议，并在技术交流会期间为各理事单位组织了 4 次专题培训；启动了《中电联电力试验研究分会“十三五”发展规划》编制工作。

电力职业安全卫生分会。重点支持电网公司、发电集团做好职业安全卫生培训、科研项目开展及职业卫生相关标准的申报等工作；开展年度全国电力职工技术成果奖（职业卫生类）评审工作；参与国家相关部委职业卫生标准起草修订工作。

电力装备分会。积极开展调研工作，组织电力机具、电站起重机械、牵张设备、电站高压管道等专业的课题调研；开展了新能源、新设备、新工艺的调研工作。

节能环保分会。深入基层，2015 年组织 14 次调研，在此基础上，推广节能低碳技术 5 项；组织起草了《电力行业能效“领跑者”工作方案（代拟稿)》；完成 2014 年度火电厂环境和应对气候变化统计工作、2015 年火电厂环境统计年报报表制度修订工作；征集了 40 项节能技术和 3 项低碳技术，向国家发展改革委推荐了 4 项节能技术和 1 项低碳技术；举办 2015 年电力行业烟气脱硝运行维护及管理人员培训、燃煤电厂烟气污染物治理达标排放及优化运行管理培训。

（二）其他电力协会组织

中电联代管的电力协会——中国电力技术市场协会、中国电力发展促进会、中国电力建设企业协会、中国电力规划设计协会、中国电力思想政治工作研究会、中国电力体育协会、电力文学艺术协会、中国水利水电质量管理协会、电力系统人才研究会、中国电力教育协会、中国国际贸易促进委员会电力行业委员会、中国建设工程造价管理协会电力专业委员会等协会围绕本协会专业服务内容，实施行业自律，积极参与国家标准与行业标准制修订工作，组织开展各类服务行业企业活动。

第五章

电力工程建设

一、电力工程建设投资

2015 年，全国电力投资较快增长。全国电力工程建设完成投资 8 576 亿元，比上年增长 9.87%，增速比上年提高 8.87 个百分点。其中，电源工程建设完成投资 3 936 亿元，比上年增长 6.78%，增速比上年提高 11.58 个百分点，电源工程建设投资占全国电力工程建设完成投资总额的 45.90%。在电源投资中，非化石能源发电投资占电源总投资的比重为 70.45%，比上年提高 1.49 个百分点。电网工程建设完成投资 4 640 亿元，比上年增长 12.64%，增速比上年提高 5.81 个百分点，其中特高压交直流工程完成投资 464 亿元，占电网工程建设完成投资的比重为 10%。

（一）电源工程建设完成投资情况

随着大中型水电站陆续投运，全国水电在建工程规模继续明显减少，2015 年水电投资额同比负增长，抽水蓄能电站投资占水电投资额的比重为 14.7%。火电投资小幅增长，其中常规煤电完成投资 1 061 亿元，比上年增长 11.83%；并网风电、太阳能发电等新能源投资继续高速增长，非化石能源发电投资占电源总投资的比重为 70.45%，比上年提高 1.49 个百分点。

2015 年电源工程建设完成投资情况见表 5－1。

表 5－1　2015 年电源工程建设完成投资情况

类型		完成投资额（亿元）	比上年增长（%）	各类型投资占全部电源工程投资额比重	
				比重（%）	比上年提高（百分点）
电源工程建设投资		3 936	6.78	100.00	—
其中	水电	789	-16.28	20.05	-5.52
	火电	1 163	1.61	29.55	-1.51
	核电	565	6.07	14.36	-0.10
	并网风电	1 200	31.10	30.49	5.66
	并网太阳能发电	219	45.2	5.56	1.5

分区域来看，在风电、太阳能发电投资大幅增长带动下，西北区域电源投资比上年增长35.87%，占全国电源投资比重比上年提高4.16个百分点；在风电及核电投资大幅增长带动下，东北区域电源投资比上年增长32.07%，占全国电源投资比重比上年提高1.06个百分点；华北区域电源投资比上年增长12.26%，占全国电源投资比重比上年提高0.85个百分点；南方区域和华东区域电源投资与上年基本持平，占全国电源投资比重分别比上年降低1.47和0.97个百分点；受水电、火电投资明显下降的影响，华中区域电源投资比上年下降11.75%，是各区域中电源投资唯一下降的区域，占全国电源投资比重比上年降低3.64个百分点。2015年分区域电源工程建设完成投资情况见表5－2。

表5－2　2015年分区域电源工程建设完成投资情况

区　域	完成投资额（亿元）					合计投资比上年增长（%）	各区域占全国电源投资比重	
	合计	水电	火电	核电	风电		比重（%）	比重比上年提高（百分点）
全国合计	3 936	789	1 163	565	1 200	6.78	100.00	—
华北区域	689	19	313	26	266	12.26	17.51	0.85
东北区域	219	19	49	44	101	32.07	5.56	1.06
华东区域	693	41	254	257	124	1.22	17.6	-0.97
华中区域	684	394	183		87	-11.75	17.37	-3.64
西北区域	766	51	199		422	35.87	19.46	4.16
南方区域	886	265	167	238	200	0.23	22.5	-1.47

注：西藏计入西北区域，蒙东计入东北区域，蒙西计入华北区域，下同。

（二）电网工程建设完成投资情况

2015年，全国电网工程建设完成投资比上年增长12.64%。其中，直流工程完成投资216亿元，同比增长28.9%；交流工程完成投资4 298亿元，同比增长12.35%。其中特高压交直流工程完成投资464亿元，占电网工程建设完成投资的比重为10%。

分电压等级看，除220千伏等级完成投资比上年下降3.97%外，其他等级完成投资均比上年有不同程度的增长，其中±500千伏、750千伏和1 000千伏等级投资增速均超过40%。2015年全国分电压等级电网工程建设完成投资情况见表5－3。

表 5－3 2015 年分电压等级电网工程建设完成投资情况

电压等级		完成投资（亿元）	比上年增长（%）
合 计		4 640	12. 64
其中	±800 千伏	149	18. 04
	±500 千伏	67	60. 68
	1 000 千伏	315	46. 67
	750 千伏	136	50. 62
	500 千伏	463	1. 52
	330 千伏	55	10. 73
	220 千伏	887	-3. 97
	110 千伏（含 66 千伏）	714	2. 55

2015 年，华东区域、东北区域和国家电网总部完成投资比上年有所下降，其他区域完成投资均比上年有不同程度的增长。其中，西北区域、华中区域和华北区域增速均超过 20%；华东区域投资规模最大，占全国电网投资比重为 24. 67%，但投资增速比上年回落较多。2015 年分区域电网工程建设完成投资情况见表 5－4。

表 5－4 2015 年分区域全国电网工程建设完成投资情况

区 域	完成投资			各区域占全国电网投资比重	
	金额（亿元）	比上年增长（%）	增速比上年提高（百分点）	比重（%）	比重比上年提高（百分点）
全 国	4 640	12. 64	5. 82	100. 00	—
国网总部	9	-71. 30	-129. 19	0. 19	-0. 54
华北区域	1 091	22. 87	2. 87	23. 52	1. 96
东北区域	219	-11. 68	-17. 66	4. 72	-1. 30
华东区域	1 145	-3. 58	-9. 75	24. 67	-4. 15
华中区域	958	26. 93	32. 44	20. 65	2. 32
西北区域	518	43. 59	25. 62	11. 17	2. 41
南方区域	700	7. 50	5. 78	15. 08	-0. 72

二、电源工程建设

（一）电源新增装机情况

2015 年，全国新增发电装机 13 184 万千瓦，创年度新增发电装机历史新高，比上年多投产 2 741 万千瓦。其中，水电 1 375 万千瓦，比上年少投产 805 万千瓦，抽水蓄能投产 92 万千瓦；火电 6 678 万千瓦，比上年多投产 1 887 万千瓦；核电 612 万千瓦，比上年多投产 65 万千瓦；并网风电 3 139 万千瓦，年度新增装机规模首次突破 3 000 万千瓦，比上年多投产 1 038 万千瓦；并网太阳能发电新增 1 380 万千瓦，比上年多投产 555 万千瓦。2015 年电源基建新增发电装机情况见表 5－5。

表 5－5　2015 年电源基建新增发电装机情况

	新增发电装机		各类型占全国新增发电装机比重	
	容量（万千瓦）	比上年增长（%）	比重（%）	比重比上年提高（百分点）
合　计	13 184	26. 25	100. 00	—
水电	1 375	-36. 92	10. 43	-9. 77
火电	6 678	39. 40	50. 27	4. 40
核电	612	11. 88	4. 61	-0. 63
并网风电	3 139	49. 42	23. 63	3. 51
太阳能发电	1 380	67. 30	10. 39	2. 49

1. 分能源类型新增发电装机情况

2015 年，全国水电新增装机 1 375 万千瓦。投产的大型水电项目主要有：国电集团四川大渡河大岗水电站 4 台机组合计 260 万千瓦，中国大唐集团公司（以下简称“大唐集团”）云南金沙江观音岩水电站 3 台机组合计 180 万千瓦，中国华电集团公司（以下简称“华电集团”）云南金沙江梨园水电站 1 台机组合计 60 万千瓦，内蒙古呼和浩特抽水蓄能电站 2 台机组合计 60 万千瓦，广东清远抽水蓄能电站 1 台机组 32 万千瓦。

火电新增装机仍以大容量、高参数燃煤机组为主。2015 年，全国新增燃煤（含煤矸石）装机 5 402 万千瓦，占新增火电装机的 80. 89%，比上年提高 7. 87 个百分点。新增燃煤机组中，单机容量 30 万千瓦及以上燃煤（含煤矸石）机组 72 台，合计 4 372 万千瓦，分别占新增燃煤机组和火电机组容量的 80. 93% 和 65. 47%；其中，单机容量 60 万千瓦及以上燃煤机组 44 台，合计容量 3 412 万千瓦，分别占新增燃煤机组和火电机组容量的 63. 16% 和 51. 09%。2015 年全国新投产百万千瓦超超临界机组明细见表 5－6。

表 5－6　2015 年全国新投产百万千瓦超超临界机组明细

企业名称	电厂名称	机组台数（台）
神华集团有限责任公司	安徽安庆电厂	2
神华集团有限责任公司	重庆万州港电厂	2
神华集团有限责任公司	福建石狮鸿山电厂	2
浙江省能源集团有限公司	浙江台州第二发电厂	2
国家电力投资集团公司	安徽平圩电厂三期	2
华润电力控股有限公司	广东海丰电厂	2
中国华能集团	山东莱芜电厂	1
中国大唐集团	江西抚州电厂	1
中国国电集团公司	江苏泰州电厂	1
新疆信发	铝业自备电厂	1
合　计		16

此外，2015 年新增燃气机组容量 692 万千瓦，占火电新增容量的 10.36%，比上年少投产 246 万千瓦，新增燃气机组主要分布在北京、山西、上海、江苏、浙江、湖北。新增余热余压发电容量 529 万千瓦，占火电新增容量的 7.92%。2015 年新投产水电、火电、核电重点项目见附件 15。

核电新投产 6 台机组。2015 年，全国核电新增装机 612 万千瓦，比上年多投产 65 万千瓦。新投产的 6 台机组分别为广东阳江核电站 1 台、福建宁德核电站一期 1 台、辽宁红沿河核电站一期 1 台、福建福清核电站一期 1 台、浙江秦山核电站一期矿建项目 1 台和海南昌江一期核电站 1 台。

并网风电新增装机创新高。2015 年，全国新增并网风电装机 3 139 万千瓦，比上年增长 49.42%，增速比上年提高 8.17 个百分点。分省份看，新疆新增超过 740 万千瓦，山西、内蒙古、云南、甘肃、宁夏新增超过 200 万千瓦。

并网太阳能发电新增装机创新高。2015 年，全国新增并网太阳能发电装机 1 380 万千瓦，比上年增长 67.30%。分省份看，新疆新增超过 200 万千瓦，河北、江苏、甘肃、青海和宁夏新增超过 100 万千瓦。

2. 分区域新增发电装机情况

分区域看，在甘肃、宁夏、新疆风电和太阳能发电大规模投产带动下，西北区域再次成为新增发电装机最多的区域，新增装机占全国新增装机的 26.56%，比上年提高 4.92 个百分点，其中，新增风电装机占全国新增风电装机的 44.46%；华东区域新增装机占全国新增装机的 22.00%，比上年提高 2.56 个百分点，其中，新增火电装机占全国新增火电装机的 31. 16%；华中区域新增装机占全国新增装机的 19. 84%，比上年提高 2. 57 个百分点，其中，水电新增规模居各区域之首；华北区域、南方区域和东北区域新增装机占全国新增装机的比重分别为 13. 98%、12. 79% 和 4. 82%。2015 年全国分区域新增发电装机情况见表 5 – 7。

表 5 – 7　2015 年全国分区域新增发电装机情况

区域	新增发电装机（万千瓦）						各区域新增发电装机占全国新增发电装机比重	
	合计	水电	火电	核电	并网风电	并网太阳能发电	比重（%）	比重比上年提高（百分点）
全国合计	13 184	1 375	6 678	612	3 139	1 380	100. 00	—
华北区域	1 843	60	897		577	309	13. 98	-6. 78
东北区域	635	4	181	112	312	26	4. 82	-0. 95
华东区域	2 901	58	2 081	327	190	245	22. 00	2. 56
华中区域	2 616	709	1 511		295	101	19. 84	2. 57
西北区域	3 502	164	1 288		1 396	655	26. 56	4. 92
南方区域	1 687	379	720	174	369	45	12. 79	-2. 33

3. 分省份新增发电装机情况

2015 年，新疆新增发电装机超过 1 500 万千瓦，新增发电装机超过 500 万千瓦的省份有安徽、四川、浙江、河南、江苏、山西、宁夏、广东、内蒙古和云南；新增发电装机超过 200 万千瓦而少于 500 万千瓦的省份有甘肃、陕西、福建、山东、河北、贵州、重庆、江西、青海、湖南和湖北；新增发电装机容量少于 100 万千瓦的省份有广西、西藏和天津。2015 年分省新增发电增装机情况见表 5 – 8。

表 5 – 8　2015 年分省新增发电装机情况

单位：万千瓦

省　份	合　计	其　中				
		水电	火电	核电	并网风电	并网太阳能发电
全　国	13 184	1 375	6 678	612	3 139	1 380
北　京	100		95			5
天　津	8		2			6
河　北	390		168		84	137
山　西	634		320		223	91
内蒙古	557	60	114		335	49
辽　宁	154		1	112	34	7

续表

省份	合计	其中				
		水电	火电	核电	并网风电	并网太阳能发电
吉林	103		14		88	
黑龙江	138	4	91		42	
上海	148		124		25	
江苏	686		490		68	128
浙江	761	36	524	109	29	64
安徽	831		732		49	50
福建	474	22	211	218	20	3
江西	303	13	252		23	15
山东	397		274		83	40
河南	714	2	659		40	13
湖北	205	32	81		49	43
湖南	280	21	156		101	2
广东	584	32	415	109	25	4
广西	78	3	37		30	9
海南	142		70	65		7
重庆	317	10	284		23	
四川	796	632	78		58	29
贵州	368	77	198		89	3
云南	515	268			225	22
西藏	67	61				6
陕西	488	13	385		42	48
甘肃	493	24	75		264	130
青海	285	28	101		25	131
宁夏	634		178		321	134
新疆	1 535	37	549		743	206

（二）电源新开工项目情况

2015 年，全国主要发电企业新开工电源项目装机容量 9 335 万千瓦，比上年增加 5 326 万千瓦。其中，水电 2 551 万千瓦、比上年增加 1 858 万千瓦，其中新开工抽水蓄能电站项目 1 290 万千瓦、比上年大幅增加 1 170 万千瓦；火电 4 456 万千瓦、比上年增加 2 949 万千瓦，其中新开工常规煤电 3 921 万千瓦、比上年增加

2 693 万千瓦；风电 1 403 万千瓦、比上年减少 159 万千瓦。2015 年部分新开工、年底在建重点电源项目见附件 16。

三、电网工程建设

（一）电网新增能力情况

2015 年，全国新增 110 千伏及以上输电线路长度 57 110 千米，比上年下降 8. 88%，增速比上年降低 6. 13 个百分点。全国交流工程新增线路长度 57 110 千米，比上年下降 4. 50%，其中，110 千伏、220 千伏、1 000 千伏新增线路长度分别比上年下降 10. 66%、0. 20% 和 99. 59%，而 330 千伏、500 千伏和 750 千伏分别比上年增长 79. 87%、1. 61% 和 24. 78%。占比较大的 110 千伏和 220 千伏新增线路长度分别为 23 862 千米和 22 054 千米，两者合计占全国新增 110 千伏及以上线路长度的 80. 40%，占比比上年提高 2. 53 个百分点。直流工程没有新增线路。

2015 年，全国直流工程新增换流容量 250 万千瓦，为糯扎渡水电站—广东 ±800 千伏特高压直流工程新增换流容量。全国交流新增 110 千伏及以上变电设备容量 29 432 万千伏安，比上年下降 4. 61%，其中，新增 110 千伏、220 千伏、330 千伏电压等级变电设备容量分别比上年下降 11. 36%、24. 06% 和 13. 36%，而 500 千伏和 750 千伏等级分别比上年增长 17. 54% 和 440. 91%。2015 年全国新增交直流输电线路规模见表 5 – 9。

表 5 – 9　2015 年全国新增交直流输电工程规模

	容量（万千瓦、万千伏安）	长度（千米）
总　计		57 110
1. 直流工程	250	
±800 千伏	250	
±500 千伏		
2. 交流工程（110 千伏及以上）	29 432	57 110
1 000 千伏		5
750 千伏	3 570	1 639
500 千伏	8 880	7 389
330 千伏	642	2 162

续表

	容量（万千瓦、万千伏安）	长度（千米）
220 千伏	8 810	22 054
110 千伏（含 66 千伏）	7 530	23 862

注：直流工程容量为换流容量，单位为万千瓦；交流工程容量为变电设备容量，单位为万千伏安。

（二）部分重点电网工程建设项目

2015 年，包括一批特高压输变电项目在内的部分重点电网工程相继开工或投运，电网大范围资源优化配置的能力进一步提升。

2015 年 5 月，糯扎渡电站—广东 ±800 千伏特高压直流工程全部建成投运，对于优化东西部资源配置、输送西部清洁电力发挥重要作用。6 月，云南电网与南方电网主网背靠背直流异步联网工程开工建设，投产后将有效提高南方电网主网架的安全稳定运行能力，促进清洁能源消纳。6 月，甘肃酒泉—湖南 ±800 千伏特高压直流工程开工建设，投产后将有利于甘肃风电和煤电的大规模开发和打捆外送。9 月，绥中电厂改接华北电网工程正式投运，大幅度提高了东北向华北的电力输送能力，有助于减少京津冀地区大气污染。10 月，南方主网与海南电网第二回联网工程开工建设，投产后将有力缓解海南电网由于核电机组投运带来的“大机小网”等问题，有效提高海南电网安全可靠运行水平。为落实国务院《大气污染防治行动计划》，蒙西—天津南 1 000 千伏特高压交流工程、榆横—潍坊 1 000 千伏特高压交流工程、晋北—南京 ±800 千伏特高压直流工程、锡盟—泰州 ±800 千伏特高压直流工程、上海庙—山东 ±800 千伏特高压直流工程共 5 条输电通道正式开工建设，将对促进内蒙古、陕西、山西能源基地开发与外送，提高京津冀鲁、长三角地区外来电供应和保障能力，缓解环境压力具有重大意义。

四、电力建设工程造价

（一）发电工程

1. 燃煤发电工程

2015 年，由于建材等价格回落，不同容量等级燃煤发电新建工程单位造价均比上年有所下降，其中 2 ×35 万千瓦超临界燃煤发电机组的单位造价降幅最大，下降

2.48%。2014 年、2015 年燃煤发电工程单位造价变化情况见表 5－10。

表 5－10　2014 年、2015 年燃煤发电工程单位造价变化情况

机组容量	机组种类	单位造价（元/千瓦）		2015 年比上年增长（%）
		2015 年	2014 年	
2×35 万千瓦	超临界	3 975	4 076	−2.48
2×66 万千瓦	超超临界	3 414	3 481	−1.92
2×100 万千瓦	超超临界	3 156	3 202	−1.44

与上年相比，2015 年 2×35 万千瓦、2×66 万千瓦、2×100 万千瓦燃煤发电工程的建筑、安装工程费呈现不同幅度的下降。其中，建筑工程材料中钢筋价格每吨由 2014 年年底的 3 230 元下降到 2 060 元，同比下降 36.22%；安装工程材料价格与 2014 年相比下降 10% 左右。设备购置费略有上升，锅炉、汽机和发电机等主要设备价格整体呈现上涨趋势。2014 年、2015 年锅炉、汽轮机、发电机价格变化情况见表 5－11。2014 年、2015 年燃煤发电工程各项费用变化率见图 5－1。

表 5－11　2014 年、2015 年锅炉、汽轮机、发电机价格变化情况

单位：万元/台

设备名称	350MW 机组			660MW 机组			1 000MW 机组		
	2015 年	2014 年	同比增长（%）	2015 年	2014 年	同比增长（%）	2015 年	2014 年	同比增长（%）
锅炉	13 800	13 800	0.00	30 500	30 500	0.00	48 000	46 000	4.35
汽机	6 500	6 500	0.00	15 500	14 500	6.90	20 000	19 000	5.26
发电机	4 300	4 400	−2.27	7 500	7 300	2.74	12 500	11 700	6.84

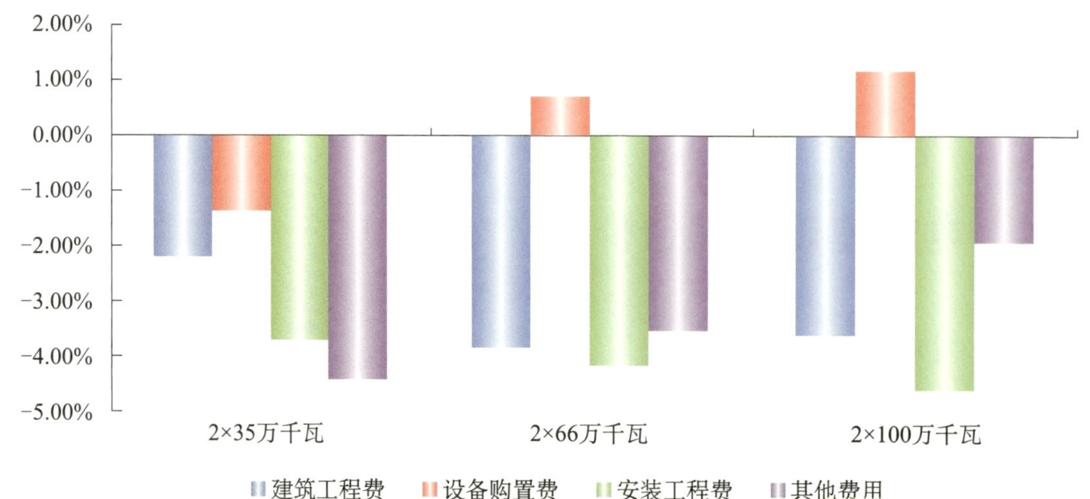

图 5－1　2014 年、2015 年燃煤发电工程各项费用变化率

2. 燃气—蒸汽联合循环电站工程

2015 年，由于设备及原材料价格下降，2×18 万千瓦等级（9E 级）燃气—蒸汽联合循环电站新建工程、2×30 万千瓦等级（9F 级）燃气—蒸汽联合循环电站新建工程单位造价均比上年有所下降。2014 年、2015 年燃气—蒸汽联合循环电站工程单位造价变化情况见表 5－12。

表 5－12　2014 年、2015 年燃气—蒸汽联合循环电站工程单位造价变化情况

机组容量和种类	单位造价（元/千瓦）		2015 年比上年增长（%）
	2015 年	2014 年	
2×30 万千瓦等级，9F 级	2 651	2 762	-4.02
2×18 万千瓦等级，9E 级	3 063	3 147	-2.67

3. 清洁能源发电工程

2015 年，水电工程平均造价为每千瓦 11 272 元，由于容量等级、地理条件、功能划分等因素的不同，单位造价差异较大，每千瓦最低约为 8 000 元，最高约为 19 000 元。与上年相比，水电工程平均单位造价下降 2.08%。

根据中核集团的数据显示，2015 年，核电工程概算造价为每千瓦 18 082 元，比上年上涨 48.53%。

2015 年，风电工程平均造价每千瓦约为 7 591 元，受风电工程选址、选型影响，不同发电企业的造价每千瓦最低约为 6 000 元，最高约为 9 000 元。与上年相比，风电工程平均单位造价稳中有升，上涨 1.57%。

2015 年，太阳能发电工程平均造价为每千瓦 8 466 元，不同工程造价每千瓦最低为 7 500 元，最高为 11 000 元。与上年相比，太阳能发电工程单位平均造价略有下降，降幅 1.79%。2014 年、2015 年清洁能源发电工程单位造价变化情况见表 5－13。

表 5－13　2014 年、2015 年清洁能源发电工程单位造价变化情况

工程类别	单位造价（元/千瓦）		2015 年比上年增长（%）
	2015 年	2014 年	
水　电	11 272	11 512	-2.08
核　电	18 083	12 175	48.53
风　电	7 591	7 474	1.57
太阳能发电	8 466	8 620	-1.79

（二）电网工程

1. 输电线路工程

2015 年，全国输电线路工程单位造价总体下降。其中，110 千伏 ~1 000 千伏交流架空线路工程单位造价降幅为 2. 14% ~3. 65%； ±500 千伏和 ±800 千伏直流架空线路工程单位造价降幅为 5. 21% ~6. 66%；110 千伏和 220 千伏交流电缆工程单位造价分别下降 1. 59% 和 2. 23%。输电线路工程平均单位造价下降的主要原因是 2015 年钢材、木材等大宗材料价格较上年呈现较大幅度的下降，汽油、柴油等价格也出现大幅下降。2014 年、2015 年输电线路工程单位造价变化情况见表 5 – 14。

表 5 – 14　2014 年、2015 年输电线路工程单位造价变化情况

电压等级	单位造价（万元/千米）		2015 年比上年增长（%）
	2015 年	2014 年	
一、交流架空输电线路工程			
110 千伏	56. 58	57. 76	-2. 05
220 千伏	75. 22	77. 28	-2. 66
330 千伏	87. 27	90. 51	-3. 58
500 千伏	176. 24	183. 77	-4. 10
750 千伏	240. 73	252. 68	-4. 73
1 000 千伏	500. 73	521. 76	-4. 03
二、直流架空输电线路工程			
±500 千伏	173. 02	182. 53	-5. 21
±800 千伏	342. 42	366. 87	-6. 66
三、交流电缆工程			
110 千伏	531. 89	540. 48	-1. 59
220 千伏	1 440. 75	1 473. 61	-2. 23

注：输电线路工程单位造价均已折算为单回线路的千米造价。

2. 变电站工程

与上年相比，2015 年新建变电站工程单位造价也呈下降趋势，其中降幅最大的为采用 GIS 组合电器的 500 千伏变电站工程，下降 9. 91%。变电站整体造价下降除了因为钢材、木材和燃油价格下降外，另一主要原因是 2015 年新建变电站工程的设备购置费较上年下降幅度较大：主变压器、高压电抗器价格下降 5% ~10%；柱式、罐式、GIS 断路器价格下降 7% ~13%。2014 年、2015 年新建变电站工程单位造价

变化情况见表5－15。

表5－15　2014年、2015年新建变电站工程单位造价变化情况

电压等级	变电站容量	断路器型式	单位造价（元/千伏安）		2015年比上年增长（%）
			2015年	2014年	
110千伏	1×4万千伏安	国产GIS设备	264.38	267.45	-1.15
		SF6断路器	290.55	295.75	-1.76
	2×5万千伏安	国产GIS设备	327.30	330.84	-1.07
		SF6断路器	401.25	408.78	-1.84
220千伏	2×18万千伏安	柱式断路器	242.92	244.89	-0.81
	2×24万千伏安	GIS组合电器	202.52	—	—
		GIS、智能化	218.83	—	—
330千伏	1×24万千伏安	柱式断路器	425.03	456.34	-6.86
		罐式断路器	458.46	459.83	-0.30
	2×36万千伏安	GIS组合电器	222.03	—	—
		GIS、智能化	232.17	—	—
500千伏	1×75万千伏安	柱式断路器	221.12	228.94	-3.42
	2×100万千伏安	罐式断路器	130.17	141.98	-8.32
		GIS组合电器	135.08	148.75	-9.19
		GIS、智能化	139.51	—	—
		HGIS组合电器	137.84	—	—
750千伏	1×210万千伏安	罐式断路器	259.89	298.03	-7.80
1 000千伏	2×300万千伏安	GIS组合电器	315.98	323.06	-2.19

3. 换流站工程

2015年，±500千伏电压等级换流站工程单位造价与上年相比有一定幅度增长，±800千伏电压等级换流站工程单位造价水平与上年相比基本持平。2014年、2015年新建直流换流站工程单位造价变化情况见表5－16。

表5－16　2014年、2015年新建直流换流站工程单位造价变化情况

电压等级	变电站容量	断路器型式	单位造价（元/千瓦）		2015年比上年增长（%）
			2015年	2014年	
±500千伏	300万千瓦	户内GIS	522.19	503.29	3.76
		户外柱式断路器	520.52	499.94	4.12
±800千伏	800万千瓦	户外GIS	560.09	562.26	-0.39

五、电力优质工程

2015 年，电力行业有 22 项工程获国家优质工程奖（其中 5 项工程获国家优质工程金质奖、17 项工程获国家优质工程奖），5 项工程获中国建设工程鲁班奖（其中 4 项工程获鲁班奖、1 项工程获鲁班境外奖），13 项工程获中国安装工程优质奖（中国安装之星），32 项工程获中国电力优质工程奖，5 项工程获中国电力优质工程奖（中小型），2 项获中国电力优质工程境外奖，分别见附件 19 ~22。

第六章

电力生产与供应

一、电力生产与供应能力

（一）发电装机规模

1. 全国整体情况

2015 年，全国发电装机规模较快增长，电源结构持续优化。截至 2015 年年底，全国全口径发电装机容量 152 527 万千瓦，比上年净增加 14 639 万千瓦，增长 10.62%。2015 年年底全国全口径分类型发电装机容量情况见表 6－1。

表 6－1　2015 年年底全国全口径分类型发电装机容量情况

	单　位	2015 年	2014 年	比上年增长（%）
合　计	万千瓦	152 527	137 887	10.62
水　电	万千瓦	31 954	30 486	4.82
其中：抽水蓄能	万千瓦	2 305	2 211	4.26
火　电	万千瓦	100 554	93 232	7.85
其中：燃　煤	万千瓦	90 009	84 102	7.02
燃　气	万千瓦	6 603	5 697	15.91
燃　油	万千瓦	434	512	-15.12
生物质	万千瓦	1 280	1 030	24.27
核　电	万千瓦	2 717	2 008	35.31
风　电	万千瓦	13 075	9 657	35.40
太阳能发电	万千瓦	4 218	2 486	69.66

注：自 2015 年起，山东魏桥正式纳入电力行业统计口径，本报告已对 2014 年同期数据进行了相应调整。

2015 年，受核电、风电、太阳能发电装机快速增长拉动，全国电源结构继续优化。截至 2015 年年底，全国水电、火电、核电、风电、太阳能发电装机容量占全部发电装机容量的比重分别为 20.95%、65.93%、1.78%、8.57%、2.77%，分别比上年提高 -1.16、-1.69、0.33、1.57 和 0.96 个百分点。全国水电、核电、并网风电、并网太阳能发电等非化石能源装机容量占全国发电装机容量的比重为34.83%，比上年提高1.73个百分点。火电装机容量占全国发电装机容量的比重为65.92%，比上年降低1.69个百分点；其中煤电装机容量占全国发电装机容量的比重为59.01%，比上年降低1.73个百分点。2015年年底全国全口径发电装机容量结构情况见图6－1。

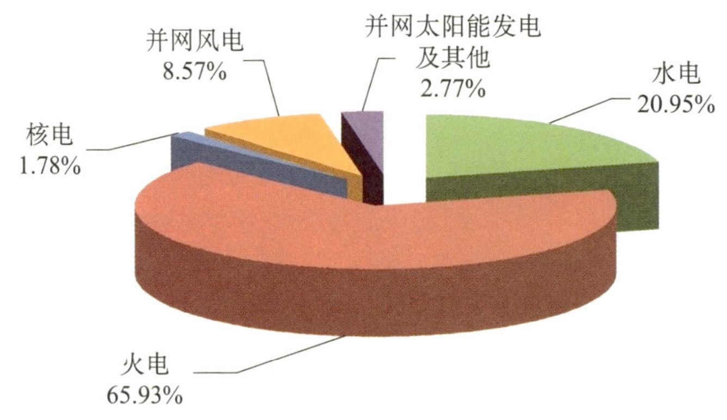

图6－1　2015年年底全国全口径发电装机容量结构情况

2. 分区域情况

截至2015年年底，华北、华东、华中区域发电装机规模超过3亿千瓦。华北区域发电装机规模居各区域之首，但增速低于全国平均水平；东北区域发电装机容量和增速均低于其他区域，占全国装机比重进一步下滑；华东区域和华中区域发电装机容量基本相当，华东区域受核电、火电新增的拉动作用，增速高于全国平均水平；西北区域受风电、太阳能发电快速增长的拉动，增速居各区域之首；南方区域增速低于全国平均水平。2015年年底全国各区域电网发电装机容量情况见表6－2。

表6－2　2015年年底全国各区域电网发电装机容量情况

区　域	发电装机容量（亿千瓦）	比上年增长（%）	增速比上年提高（百分点）	区域发电装机容量占全国总量的比重（%）
华北区域	3.27	9.93	−0.24	21.44
东北区域	1.21	3.23	−0.57	7.93
华东区域	3.01	11.66	0.18	19.74
华中区域	3.02	9.07	−0.28	19.80
西北区域	2.05	20.88	1.14	13.44
南方区域	2.69	9.19	−0.23	17.64

在各区域中，水电装机占本区域总装机比重超过 40% 的是华中和南方区域；火电装机比重超过 80% 的是华北和华东区域；东北区域风电装机比重为 20.4%；西北区域风电和太阳能发电装机合计比重达到 29.5%，是新能源发电装机比重最高的区域。2015 年全国分区域发电装机结构见图 6－2。

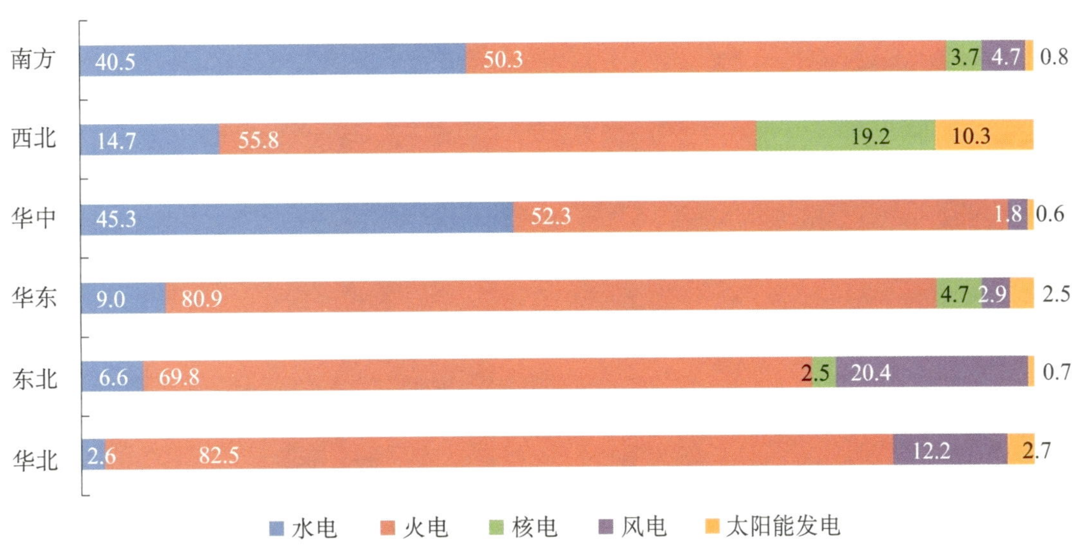

图 6－2　2015 年全国分区域发电装机结构

3. 分省份情况

截至 2015 年年底，全国发电装机容量最多的省份是内蒙古，超过 1 亿千瓦；发电装机容量在 8 000 万 ~10 000 万千瓦的省份有 5 个，依次为广东、山东、江苏、四川、浙江；6 000 万 ~8 000 万千瓦的省份有 5 个，依次为云南、新疆、山西、河南、湖北；4 000 万 ~6 000 万千瓦的省份有 6 个，依次为河北、安徽、贵州、福建、甘肃、辽宁；2 000 万 ~4 000 万千瓦的省份有 10 个，依次为湖南、广西、陕西、宁夏、黑龙江、吉林、江西、上海、重庆、青海；发电装机容量不足 2 000 万千瓦的省份有 4 个，依次为天津、北京、海南、西藏。

2015 年，发电装机容量增速高于全国平均水平（10.62%）的省份有 13 个，依次为西藏、宁夏、新疆、海南、安徽、重庆、陕西、江西、青海、内蒙古、云南、江苏、甘肃，其中西藏、宁夏、新疆、海南等 4 省份增速超过 20%。发电装机容量比上年减少的省份为天津、北京。2015 年年底全国各省份全口径发电装机容量及增速情况见表 6－3。

表 6－3　2015 年年底全国各省份全口径发电装机容量及增速情况

单位：万千瓦、%

地区	合计		水电		火电		核电		风电		太阳能发电	
	装机容量	增速	装机容量	增速	装机容量	增速	装机容量	增速	装机容量	增速	装机容量	增速
全国	152 527	10. 62	31 954	4. 82	100 554	7. 85	2 717	35. 31	13 075	35. 40	4 218	69. 66
北京	1 086	−0. 36	98	−2. 96	965	−0. 52			15		7. 6	206. 05
天津	1 324	−2. 42	1		1 283	−3. 04			29		12. 1	159. 87
河北	5 778	4. 22	182	0. 03	4 350	1. 57			1 022	6. 21	221. 9	93. 82
山西	6 966	10. 50	244		5 940	6. 76			669	46. 96	111. 5	169. 73
内蒙古	10 397	12. 12	238	34. 37	7 263	8. 24			2 425	15. 46	470. 5	64. 86
辽宁	4 322	3. 12	293	0. 08	3 074	−0. 30	300	50. 00	639	5. 01	16. 3	133. 19
吉林	2 611	2. 01	377	0. 01	1 783	0. 84			444	8. 92	6. 7	10. 34
黑龙江	2 647	5. 91	102	5. 17	2 041	4. 77			503	10. 88	2. 1	81. 58
上海	2 344	7. 33			2 261	5. 76			61	67. 24	21. 1	141. 53
江苏	9 541	10. 79	114	0. 13	8 380	8. 45	212		412	36. 38	422. 4	64. 91
浙江	8 158	10. 06	1 002	0. 69	6 231	8. 44	657	19. 85	104	42. 79	163. 7	228. 39
安徽	5 161	19. 41	291	1. 15	4 613	17. 94			136	64. 71	120. 8	202. 33
福建	4 919	10. 57	1 300	0. 87	2 890	8. 38	545	66. 67	172	8. 06	12. 9	66. 11
江西	2 389	14. 95	490	1. 18	1 788	16. 34			67	83. 46	43. 5	113. 08
山东	9 716	9. 90	107. 7	−0. 05	8 754	8. 44			721	15. 91	132. 7	333. 87
河南	6 744	8. 85	399	0. 54	6 213	8. 33			91	107. 99	40. 8	103. 34
湖北	6 411	3. 18	3 653	0. 72	2 576	2. 99			135	75. 38	48. 0	455. 85
湖南	3 889	9. 02	1 534	1. 60	2 187	10. 29			151. 4	116. 67	16. 9	249. 28
广东	9 817	7. 13	1 355	2. 42	7 323	6. 70	829	15. 07	246	20. 69	61. 7	20. 75

续表

地区	合计		水电		火电		核电		风电		太阳能发电	
	装机容量	增速	装机容量	增速	装机容量	增速	装机容量	增速	装机容量	增速	装机容量	增速
广西	3 458	7.58	1 645	1.20	1 652	5.09	109		40	224.10	12.2	170.89
海南	635	25.98	62	-25.17	461	22.55	65		31		15.9	14.37
重庆	2 109	18.91	676	3.78	1 410	26.73			23	138.84		
四川	8 673	10.14	6 939	10.27	1 624	4.95			73	154.69	36.4	569.61
贵州	5 066	8.50	2 056	5.21	2 684	8.14			323	38.69	3.0	
云南	7 915	11.83	5 782	7.86	1 402	-0.01			614	113.96	117.4	316.86
西藏	196	36.37	135	55.60	40				1		17.0	30.75
陕西	3 389	18.22	266	5.13	2 936	17.57			114	35.50	72.0	130.01
甘肃	4 643	10.78	851	4.63	1 930	4.34			1 252	24.28	609.6	17.85
青海	2 074	13.38	1 145	0.19	318	31.55			47	46.62	563.8	36.71
宁夏	3 157	30.27	43		1 984	10.83			822	96.77	308.8	78.12
新疆	6 992	27.96	573		4 199	10.76			1 691	118.44	528.7	62.13

（二）水电、火电机组容量等级结构情况

1. 全国统计调查范围内水电机组容量等级结构情况

截至2015年年底，纳入电力行业6 000千瓦及以上机组统计调查范围的水电机组容量26 361万千瓦，占全国6 000千瓦及以上水电机组容量的91.43%。在调查范围内的水电机组中，单机60万千瓦及以上水电机组容量所占比重为32.65%，比上年提高0.48个百分点；单机30万~60万千瓦（不包含60万千瓦）、20万~30万千瓦（不包含30万千瓦）、10万~20万千瓦（不包含20万千瓦）、5万~10万千瓦（不包含10万千瓦）和5万千瓦以下水电机组比重分别为15.23%、10.70%、12.55%、8.57%和20.30%，其中，除单机10万~20万千瓦（不包含20万千瓦）比重略有增加外，其余等级均有所下降。2015年年底全国统计调查范围内水电机组容量等级结构情况见图6－3。

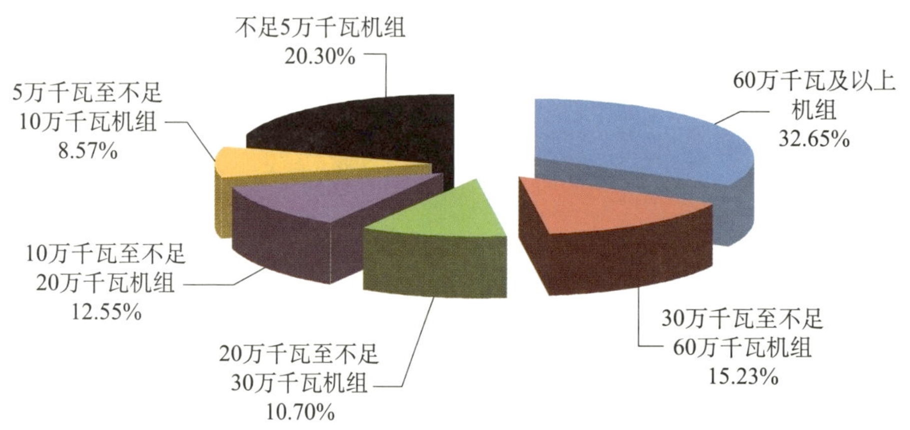

图6－3　2015年年底全国统计调查范围内水电机组容量等级结构情况

2. 全国统计调查范围内火电机组容量等级结构情况

截至2015年年底，纳入电力行业6 000千瓦及以上机组统计调查范围的火电机组容量97 033万千瓦，占全国6 000千瓦及以上火电机组容量的97.00%。调查范围内火电机组平均单机容量12.89万千瓦，比上年增加0.4万千瓦。在调查范围内的火电机组中，单机容量100万千瓦的机组有86台；60万千瓦及以上火电机组容量所占比重达到42.91%，比上年提高1.4个百分点；单机容量30万~60万千瓦（不包含60万千瓦）、20万~30万千瓦（不包含30万千瓦）、10万~20万千瓦（不包含20万千瓦）火电机组比重分别为35.66%、5.66%和6.60%，均比上年有所下降。2015年全国统计调查范围内火电机组容量等级结构情况见表6－4。

表6－4 2015年全国统计调查范围内火电机组容量等级结构情况

指标分类		计算单位	火电机组合计	占统计调查范围内火电容量比例（%）
6 000千瓦及以上机组		台	7 526	100.00
		万千瓦	97 033	
其中	60万千瓦及以上机组	台	609	42.91
		万千瓦	41 638	
	30万~60万千瓦机组（不含60万千瓦）	台	1 051	35.66
		万千瓦	34 600	
	20万~30万千瓦机组（不含30万千瓦）	台	254	5.66
		万千瓦	5 488	
	10万~20万千瓦机组（不含20万千瓦）	台	467	6.60
		万千瓦	6 403	
	不足10万千瓦机组	台	5 145	9.18
		万千瓦	8 904	

（三）大型发电企业情况

截至2015年年底，在纳入中电联重点调查直报口径的27家大型发电企业中，装机容量超过500万千瓦的企业共有21家，合计装机容量103 038万千瓦，占全国全口径装机容量的67.56%。其中，水电17 978万千瓦，占全国水电装机容量的56.26%；火电70 668万千瓦，占全国火电装机容量的70.28%；风电10 101万千瓦，占全国风电装机容量的77.25%；其他类型发电（绝大部分为并网太阳能发电）为1 312万千瓦，占全国其他类型发电容量的31.05%。2015年纳入中电联重点调查直报口径的27家大型发电企业装机容量及发电量情况见附件21。

截至2015年年底，华能集团、大唐集团、华电集团、国电集团、国家电力投资集团公司（以下简称“国家电投集团”）五大发电集团发电装机容量66 491万千瓦，比上年增长7.87%，占全国总装机容量的43.59%，比重比上年降低1.39个百分点。其中，水电装机容量10 641万千瓦，比上年增长9.46%，占全国水电装机容量的33.30%，比重比上年提高1.42个百分点；火电装机容量47 452万千瓦，比上年增长4.67%，占全国火电装机容量的47.19%，比重比上年降低1.9个百分点；风电装机容量7 162万千瓦，比上年增长26.94%，占全国风电装机容量的54.78%，比重比上年降低3.65个百分点。

五大发电集团发电装机容量均超过 1 亿千瓦，其中，华能集团发电装机容量 16 063 万千瓦，比上年增长 6. 03%；国电集团装机容量 13 500 万千瓦，比上年增长 7. 83%；华电集团、大唐集团和国家电投集团装机容量分别为 13 471 万千瓦、12 717 万千瓦和 10 740 万千瓦，分别比上年增长 9. 94%、5. 55% 和 11. 09%。五大发电集团中除国电集团外，其他集团水电装机容量均超过 2 000 万千瓦；国电集团并网风电装机容量达到 2 303 万千瓦，华能集团、大唐集团和华电集团风电并网装机容量超过 1 100 万千瓦。

其他发电企业中，神华集团有限责任公司（以下简称“神华集团”）发电装机容量接近 8 000 万千瓦，三峡集团超过 5 000 万千瓦，华润电力控股有限公司（以下简称“华润电力”）超过 4 000 万千瓦，浙江省能源集团有限公司（以下简称“浙能集团”）超过 3 000 万千瓦，广东省粤电集团有限公司（以下简称“粤电集团”）、国投华靖电力控股股份有限公司（以下简称“国投电力”）、中广核接近 3 000 万千瓦。

（四）大型电厂情况

近几年来，全国装机容量达到 100 万千瓦及以上的水电、火电及核电厂数量稳步增加。2015 年年底，装机容量最大的水电厂（站）是三峡水电站（2 240 万千瓦），装机容量最大的火电厂是大唐集团内蒙古托克托发电公司（480 万千瓦），装机容量最大的核电站是中广核的福建宁德核电站（327 万千瓦）。2015 年年底全国水电、火电装机容量分别排前十位的电厂见附件 22。

截至 2015 年年底，纳入中电联统计范围的百万千瓦级电厂装机容量为 72 130 万千瓦，占全国全口径装机容量的 47. 29%，其中水电 15 400 万千瓦，火电 54 123 万千瓦，核电 2 608 万千瓦。2015 年年底全国装机容量达到 100 万千瓦及以上电厂统计情况见表 6－5。

表 6－5 2015 年年底全国发电装机容量达到 100 万千瓦及以上电厂统计情况

类型	大型电厂数量（座）	期末设备容量（万千瓦）	发电量（亿千瓦时）	利用小时（小时）
合计	411	72 130	29 897	4 330
水电	62	15 400	5 200	3 580
火电	337	54 123	23 014	4 461
核电	12	2 608	1 684	7 247

（五）电网规模与跨区输电能力

1. 电网规模整体情况

2015 年，全国电网输送能力进一步增强。截至 2015 年年底，全国电网 35 千伏及以上输电线路回路长度 169.68 万千米，比上年增长 4.20%，其中 220 千伏及以上输电线路回路长度 60.91 万千米，比上年增长 5.46%。全国电网 35 千伏及以上变电设备容量 56.99 亿千伏安，比上年增长 8.21%，其中 220 千伏及以上变电设备容量 33.66 亿千伏安，比上年增长 8.86%。2015 年，西北地区重点电网建设项目陆续投产，750 千伏电压等级输电线路回路长度、变电设备容量增幅较大。2015 年年底全国 35 千伏及以上输电线路回路长度及变电设备容量情况见表 6－6。

表 6－6 2015 年年底全国 35 千伏及以上输电线路回路长度及变电设备容量情况

电压等级		输电线路回路长度		变电设备容量	
		长度（千米）	比上年增长（%）	容量（万千伏安）	比上年增长（%）
35 千伏以上合计		1 696 849	4.20	569 928	8.21
220 千伏及以上全部电压等级		609 114	5.46	336 588	8.86
其中	1 000 千伏	3 114	0.10	5 700	0.00
	±800 千伏	10 580	4.42	3 180	0.00
	750 千伏	15 665	12.85	10 850	34.11
	±660 千伏	1 336	0.00		
	500 千伏	169 845	3.58	122 285	7.04
	其中：±500 千伏	11 872	−0.03	15 203	6.84
	±400 千伏	1 640	0.00	0	
	330 千伏	26 811	6.62	11 679	11.31
	220 千伏	380 121	6.07	182 893	9.29

分省份看，全国共有 15 个省份的 220 千伏及以上输电线路回路长度超过 2 万千米，分别是江苏、四川、内蒙古、广东、河北、山东、湖北、浙江、河南、辽宁、云南、新疆、山西、安徽和湖南，其中江苏、四川、内蒙古、广东和河北分别达到 3.80 万、3.51 万、3.46 万、3.15 万和 3.11 万千米，这些省份基本都是电力消费大省或电力输送、交换大省。全国共有 13 个省份的 220 千伏及以上变电设备容量超过 1 亿千伏安，分别是江苏、广东、浙江、山东、河北、四川、河南、辽宁、内蒙古、上海、湖北、山西和安徽，比上年年底增加了山西和安徽两个省份，其中江苏

和广东分别达到2.92和2.84亿千伏安。

2. 跨区域电网及全国联网

2015年，全国电网跨区输送能力进一步提升。我国电网已实现除台湾省以外的全国联网，全年跨区输电线路新增辽宁绥中电厂送出改接华北电网、南方电网贵州二郎电厂送重庆500千伏线路。截至2015年年底，全国跨区域联网及跨区线路情况见表6－7。

表6－7 2015年全国跨区域联网及跨区线路情况

序号	线路工程名称	电压等级（千伏）	输送能力（万千瓦）	投产时间	联结电网
1	葛南直流	±500	120	1989年	华东、华中
2	龙政直流	±500	300	2003年	华东、华中
3	湖南鲤鱼江水电站送南方电网	500	190	2003年	华中、南方
4	江城直流	±500	300	2004年	华中、南方
5	宜华直流	±500	300	2006年	华东、华中
6	山西阳城送华东电网	500	330	2007年	华北、华东
7	陕西府谷、锦界送华北电网	500	360	2007年	西北、华北
8	灵宝直流背靠背		111	2005年，2009年扩建	华中、西北
9	德宝直流	±500	300	2009年	华中、西北
10	晋东南—南阳—荆门特高压交流	1 000	500	2009年，2011年扩建	华北、华中
11	青藏联网工程	±400	60	2011年	西北、西藏
12	高岭直流背靠背		300	2009年，2012年扩建	东北、华北
13	向上直流	±800	640	2010年	华东、华中
14	林枫直流	±500	300	2011年	华东、华中
15	宁东直流	±660	400	2012年	华北、西北
16	锦苏直流	±800	720	2012年	华东、华中
17	哈郑直流	±800	800	2013年	华中、西北
18	宾金直流	±800	800	2014年	华东、华中
19	贵州二郎电厂送重庆	500	264	2015年	南方、华中
20	辽宁绥中电厂送华北电网	500	200	2015年	东北、华北

截至2015年年底，国家电网公司跨区输电能力超过6 900万千瓦。其中，交直流联网跨区输电能力超过5 850万千瓦，跨区点对网送电能力超过1 050万千瓦。随

着糯扎渡水电站—广东 ±800 千伏特高压直流工程全部建成投运，南方电网形成“八交八直”的“西电东送”主网架，“西电东送”最大输电能力 3 650 万千瓦。

3. 中国大陆与港澳及邻国联网

截至 2015 年年底，中国大陆与香港、澳门联网，为香港、澳门特别行政区送电。中国还分别与俄罗斯、蒙古国、越南、缅甸和老挝等国实现了跨国输电线路互联和电量交易。在大湄公河次区域，缅甸电厂以 1 回 500 千伏、2 回 220 千伏线路送电中国；中国以 3 回 220 千伏、3 回 110 千伏线路供电越南；中国以 1 回 115 千伏线路供电老挝。中国东北电网与俄罗斯远东电网建成了 3 条输电通道；中国新疆通过 35 千伏、内蒙古西部通过 220 千伏和 110 千伏输电线路与蒙古国实现一定规模的电力交易。

中国与俄罗斯、蒙古国、越南和缅甸等周边国家跨国电力交易能力超过 200 万千瓦，电网跨境优化配置资源能力初步显现。

二、电力生产

（一）发电量

1. 全国总体情况

全国非化石能源发电量实现高速增长。2015 年，全国全口径发电量 57 400 亿千瓦时，比上年增长 1. 05%。其中，水电 11 127 亿千瓦时，比上年增长 4. 96%；火电 42 307 亿千瓦时，比上年下降 1. 68%，是自改革开放以来首次年度负增长；得益于上年度 5 台、本年度 6 台机组相继投产，核电发电量 1 714 亿千瓦时，比上年增长 28. 64%；风电发电量 1 856 亿千瓦时，比上年增长 16. 17%。2015 年全国包括水电、核电、风电、太阳能发电等非化石能源发电量占全口径发电量比重达到 27. 23%，比上年提高 2. 18 个百分点。

2015 年全国分类型发电量统计情况见表 6 – 8。

表 6 – 8　2015 年全国分类型发电量统计情况

类　型	发电量（亿千瓦时）	比上年增长（%）	所占比重（%）	比重比上年提高（百分点）
合　计	57 400	1. 05	100. 00	
水　电	11 127	4. 96	19. 39	0. 72

续表

类　型	发电量（亿千瓦时）	比上年增长（%）	所占比重（%）	比重比上年提高（百分点）
火　电	42 307	-1. 68	73. 71	-2. 05
核　电	1 714	28. 64	2. 99	0. 64
风　电	1 856	16. 17	3. 23	0. 42
太阳能发电	395	67. 92	0. 69	0. 27

2015 年全国规模以上电厂发电量 56 184 亿千瓦时，比上年下降 0. 18%。2015 年全国规模以上电厂分月发电量及增速情况见图 6－4。

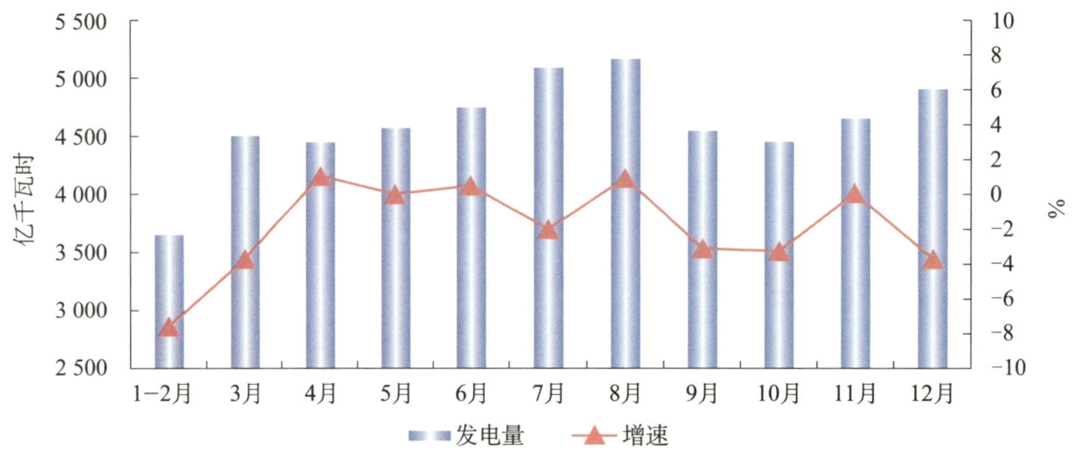

图 6－4　2015 年全国规模以上电厂分月发电量及增速

2. 分省份情况

2015 年，全口径发电量超过 4 000 亿千瓦时的省份有 2 个，依次为山东、江苏；3 000 亿 ~4 000 亿千瓦时的省份有 3 个，依次为内蒙古、广东、四川；2 000 亿 ~3 000 亿千瓦时的省份有 8 个，依次为浙江、河南、云南、新疆、山西、湖北、河北、安徽；1 000 亿 ~2 000 亿千瓦时的省份有 8 个，依次为贵州、福建、辽宁、陕西、广西、湖南、甘肃、宁夏；其余省份年发电量在 1 000 亿千瓦时以下。

2015 年，全口径发电量增速高于全国平均水平（1. 05%）的省份有 15 个，增速在 10% 以上的省份有 4 个，依次为西藏、新疆、北京、江西；负增长的省份有 12 个，基本是高耗能工业比重较大省份，增速低于 -5% 的省份为山西、吉林。

2015 年全国各省份全口径发电量、结构及增速情况见表 6－9。

表 6－9　2015 年全国各省份全口径发电量、结构及增速情况

地　区	发电量（亿千瓦时）						比上年增长（%）					
	合计	其中					合计	其中				
		水电	火电	核电	风电	太阳能发电		水电	火电	核电	风电	太阳能发电
全　国	57 400	11 127	42 307	1 714	1 856	395	1. 05	4. 96	-1. 68	28. 64	16. 17	67. 92
北　京	421	7	412		3	0. 4	14. 08	-2. 54	14. 73		-11. 76	66. 67
天　津	601	0	594		6	1	-1. 77	-16. 67	-1. 91		8. 25	103. 23
河　北	2 301	11	2 106		168	16	-3. 41	-9. 81	-4. 30		2. 55	179. 25
山　西	2 457	31	2 319		100	8	-7. 01	-8. 04	-8. 34		31. 30	138. 20
内蒙古	3 923	36	3 422		408	57	1. 62	5. 20	0. 20		5. 61	131. 06
辽　宁	1 619	32	1 329	145	112	1	0. 12	-23. 98	-1. 62	20. 94	8. 01	104. 55
吉　林	704	53	590		60	1	-7. 10	-23. 58	-6. 32		3. 24	106. 12
黑龙江	895	19	804		72	0. 2	0. 11	-9. 85	0. 35		0. 50	23. 53
上　海	821		810		10	1	1. 62		1. 30		35. 73	6. 17
江　苏	4 426	12	4 152	166	64	31	1. 80	0. 68	1. 33	-0. 90	13. 67	124. 59
浙　江	2 972	229	2 222	496	16	8	2. 01	12. 67	-5. 04	40. 08	27. 48	195. 37
安　徽	2 062	49	1 989		21	4	1. 68	17. 50	0. 83		58. 47	293. 68
福　建	1 883	439	1 109	290	44	1	0. 66	6. 32	-13. 18	104. 43	15. 77	115. 56
江　西	982	171	797		11	2	12. 06	29. 22	8. 14		97. 73	137. 37
山　东	4 619	7. 2	4 484		121	7	2. 80	30. 60	2. 31		20. 30	258. 42
河　南	2 559	109	2 435		12	3	-4. 32	12. 98	-5. 29		75. 00	591. 11
湖　北	2 356	1 303	1 030		21	2	-1. 65	-5. 90	3. 30		61. 07	275. 00

续表

地区	发电量（亿千瓦时）						比上年增长（%）					
	合计	其中					合计	其中				
		水电	火电	核电	风电	太阳能发电		水电	火电	核电	风电	太阳能发电
湖南	1 253	520	710		22	1	-0.59	6.63	-7.18		183.46	336.84
广东	3 789	284	2 854	606	42	4	-0.42	-1.67	-2.68	10.39	22.73	276.34
广西	1 319	762	544	7	6	0.5	1.58	20.60	-18.08		171.24	27.78
海南	256	9	234	4	6	2	3.98	-62.87	9.23		18.29	16.87
重庆	683	229	450		3		1.30	-4.70	4.36		70.17	
四川	3 209	2 767	429		10	2	2.52	7.34	-21.54		166.67	342.00
贵州	1 931	827	1 071		33	0.2	4.66	12.82	-2.06		77.62	
云南	2 553	2 177	276		94	6	0.13	4.58	-31.30		47.47	117.81
西藏	38	34	0		0	2	48.13	72.85	-89.38		44.44	36.31
陕西	1 321	83	1 215		18	6	-0.32	16.30	-2.01		32.94	503.26
甘肃	1 228	336	706		127	59	-1.06	-5.30	-3.40		10.37	47.81
青海	573	371	120		7	76	-3.87	-7.98	-8.28		59.40	29.88
宁夏	1 166	16	1 026		88	36	-0.08	-11.44	-2.52		24.90	38.24
新疆	2 479	203	2 067		151	57	18.41	28.21	17.70		11.90	31.67

3. 水力发电情况

2015 年，全国全口径水电发电量 11 127 亿千瓦时，比上年增长 4.96%，受新增机组容量大幅减少影响，增速比上年降低 13.87 个百分点；水电发电量占全部发电量的比重为 19.39%，创 1991 年以来的新高，比上年提高 0.73 个百分点。

2015 年，全国有 15 个省份全口径水电发电量超过 100 亿千瓦时，其水电发电量合计 10 728 亿千瓦时，占全国水电发电量的 96.41%。

2015 年，全国规模以上电厂水电发电量 9 960 亿千瓦时，比上年增长 4.21%。分月来看，受汛期来水充足因素影响，6、7、8、9 四个月的发电量超过 1 000 亿千瓦时。2015 年全国规模以上电厂分月水电发电量及增速见图 6－5。

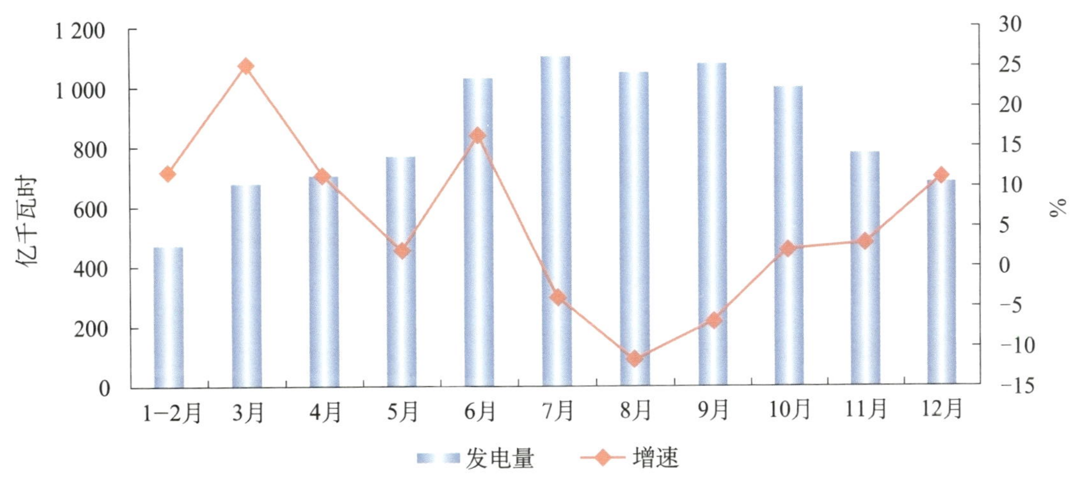

图 6－5 2015 年全国规模以上电厂分月水电发电量及增速

4. 火力发电情况

2015 年，全国全口径火电发电量 42 307 亿千瓦时，比上年下降 1.68%，增速比上年降低 3.61 个百分点，自改革开放以来首度出现年度负增长；火电发电量占全部发电量的比重为 73.71%，比上年降低 1.72 个百分点，自 2011 年以来连年降低。

分省来看，2015 年，全口径火电发电量超过 2 000 亿千瓦时的省份有山东（4 484 亿千瓦时）、江苏（4 152 亿千瓦时）、内蒙古（3 422 亿千瓦时）、广东（2 854 亿千瓦时）、河南（2 435 亿千瓦时）、山西（2 319 亿千瓦时）、浙江（2 222 亿千瓦时）、河北（2 106 亿千瓦时）和新疆（2 067 亿千瓦时），低于 500 亿千瓦时的省份有重庆（450 亿千瓦时）、四川（429 亿千瓦时）、北京（412 亿千瓦时）、云南（276 亿千瓦时）、海南（234 亿千瓦时）、青海（120 亿千瓦时）和西藏（0.3 亿千瓦时）。

2015 年，全口径火电发电量增速高于 10% 的省份仅有新疆（17.70%）、北京（14.73%）。全国共有 19 个省份火力发电量同比下降，增速低于 -10% 的省份主要是水电出力很好的省份，分别为福建（-13.18%）、广西（-18.08%）、四川（-21.54%）、云南（-31.30%）和西藏（-89.38%）。

2015 年，全国规模以上电厂火电发电量 42 102 亿千瓦时，比上年下降 2.76%。分月来看，除在 8 月份受高温酷暑天气影响，当月火电发电量增速同比增长外，其余各月同比均为负增长。2015 年全国规模以上电厂分月火电发电量及增速见图 6-6。

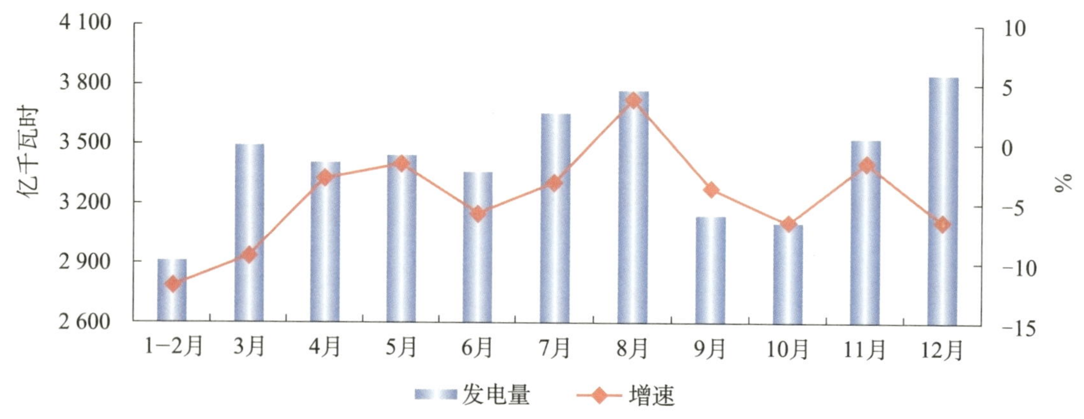

图 6-6　2015 年全国规模以上电厂分月火电发电量及增速

5. 核电发电情况

2015 年，全国核电发电量 1 714 亿千瓦时，比上年增长 28.64%，增速比上年提高 9.16 个百分点。核电发电量占全部发电量的比重为 2.99%，比上年提高 0.64 个百分点。

6. 风电发电情况

2015 年，全国风电发电量 1 856 亿千瓦时，比上年增长 16.17%，增速比上年提高 0.62 个百分点。风电发电量占全部发电量的比重为 3.23%，比上年提高 0.42 个百分点。

7. 太阳能发电情况

2015 年，随着太阳能发电装机容量的大幅攀升，全国太阳能发电量达到 395 亿千瓦时，比上年增长 67.92%。发电量超过 10 亿千瓦时的省份有青海（76 亿千瓦时）、甘肃（59 亿千瓦时）、新疆（57 亿千瓦时）、内蒙古（57 亿千瓦时）、宁夏（36 亿千瓦时）、江苏（31 亿千瓦时）、河北（16 亿千瓦时），这 7 个省份太阳能发电量占全国太阳能发电量的 84.17%。

（二）发电设备平均利用小时

1. 全国总体情况

2015 年，全国 6 000 千瓦及以上电厂发电设备利用小时 3 988 小时，比上年降低 360 小时。其中，水电 3 590 小时，比上年降低 79 小时；火电 4 364 小时，比上年降低 414 小时；核电 7 403 小时；风电 1 724 小时。2015 年分类型发电设备平均利用小时数变化情况见表 6 – 10。

表 6 – 10　2015 年分类型发电设备平均利用小时数变化情况

		2015 年（小时）	比上年增加（小时）
发电设备平均利用小时数		3 998	–360
其　中	水电	3 590	–79
	火电	4 364	–414
	核电	7 403	–384
	风电	1 724	–176

根据中电联对大型发电企业火电机组调查统计分析，2015 年各等级火电机组利用小时均比上年有所降低。其中，百万千瓦机组 4 872 小时，比上年降低 383 小时；60 万 ~100 万千瓦（不含 100 万千瓦）机组 4 393 小时，比上年降低 475 小时；30 万 ~60 万千瓦（不含 60 万千瓦）机组 4 128 小时，比上年降低 227 小时；20 万 ~ 30 万千瓦（不含 30 万千瓦）机组 3 884 小时，比上年降低 273 小时；10 万 ~20 万千瓦（不含 20 万千瓦）机组 3 727 小时，比上年降低 1 082 小时。0. 6 万 ~10 万千瓦（不含 10 万千瓦）机组 4 291 小时，比上年仅降低 17 小时，主要是余温余压、生物质发电和垃圾发电，机组发电利用效率相对较高。2015 年全国大型发电企业火电机组按容量等级发电设备利用小时情况见图 6 – 7。

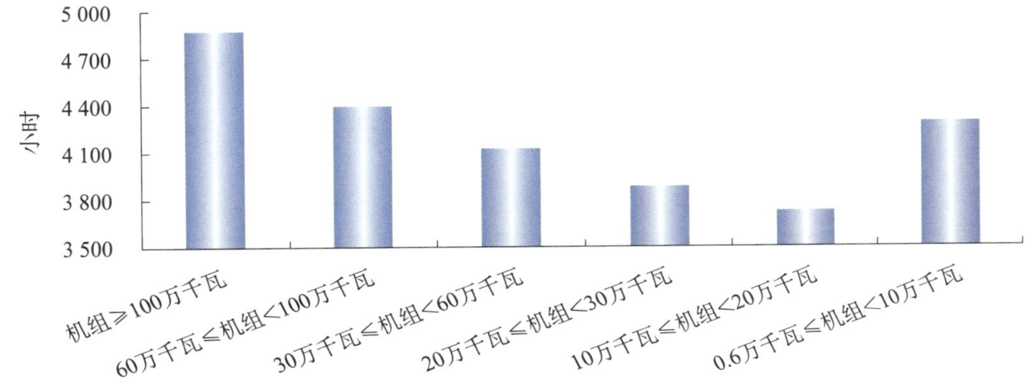

图 6 – 7　2015 年全国大型发电企业火电机组按容量等级发电设备利用小时情况

2. 分省份情况

分省份来看，2015 年，全国只有西藏、江西 2 个省份的发电设备利用小时比上年增加，发电设备利用小时比上年降低超过 600 小时的省份有天津、山西、宁夏、重庆。2015 年全国各省份发电设备平均利用小时统计情况见表 6－11。

表 6－11　2015 年全国各省份发电设备平均利用小时统计情况

地　区	利用小时数（小时）	比上年增加（小时）	地　区	利用小时数（小时）	比上年增加（小时）
全　国	3 988	－360	河　南	3 913	－441
北　京	3 806	－263	湖　北	3 750	－219
天　津	4 453	－615	湖　南	3 375	－266
河　北	4 116	－380	广　东	3 978	－526
山　西	3 744	－708	广　西	3 740	－191
内蒙古	4 064	－291	海　南	4 768	－227
辽　宁	3 822	－113	重　庆	3 602	－1 243
吉　林	2 742	－256	四　川	3 946	－362
黑龙江	3 519	－149	贵　州	3 933	－46
上　海	3 671	－47	云　南	3 618	－371
江　苏	4 908	－190	西　藏	2 268	292
浙　江	4 019	－379	陕　西	4 441	－554
安　徽	4 274	－416	甘　肃	2 776	－580
福　建	3 996	－468	青　海	3 052	－323
江　西	4 564	90	宁　夏	4 294	－800
山　东	4 974	－239	新　疆	3 753	－435

3. 水电设备平均利用小时

2015 年，全国 6 000 千瓦及以上电厂水电设备平均利用小时 3 590 小时，比上年降低 79 小时。在水电装机容量超过 1 000 万千瓦的省份中，除广西、贵州、新疆、浙江、福建、湖南外，水电设备利用小时均比上年降低。2015 年年底水电装机容量超过 1 000 万千瓦省份水电设备平均利用小时统计情况见表 6－12。

表 6－12　2015 年年底水电装机容量超过 1 000 万千瓦省份水电设备平均利用小时统计情况

地　区	利用小时数（小时）	比上年增加（小时）
全　国	3 590	－79
四　川	4 286	－242
云　南	3 913	－215

续表

地 区	利用小时数（小时）	比上年增加（小时）
湖 北	3 620	-256
贵 州	3 840	409
广 西	4 385	625
湖 南	3 362	75
广 东	2 796	-852
福 建	3 368	155
青 海	3 257	-297
浙 江	2 137	251
甘 肃	3 854	-494
重 庆	3 514	-236
新 疆	3 617	397

4. 火电设备平均利用小时

2015 年，全国 6 000 千瓦及以上电厂火电设备平均利用小时 4 364 小时，比上年降低 414 小时。在各省份中，只有江西同比增加，同比降低超过 600 小时的省份有广东、陕西、天津、宁夏、山西、四川、云南、广西、福建、重庆。2015 年全国各省份火电设备平均利用小时统计情况见表 6－13。

表 6－13　2015 年全国各省份火电设备平均利用小时统计情况

地 区	利用小时数（小时）	比上年增加（小时）	地 区	利用小时数（小时）	比上年增加（小时）
全 国	4 364	-414	河 南	4 025	-477
北 京	4 158	-406	湖 北	4 024	-141
天 津	4 519	-619	湖 南	3 452	-449
河 北	4 846	-383	广 东	3 966	-612
山 西	4 100	-713	广 西	3 184	-930
内蒙古	4 979	-139	海 南	5 586	-96
辽 宁	4 343	-74	重 庆	3 658	-2 035
吉 林	3 326	-354	四 川	2 682	-870
黑龙江	4 081	-65	贵 州	4 304	-181
上 海	3 716	-37	云 南	1 973	-906
江 苏	5 125	-115	西 藏	74	630
浙 江	3 950	-570	陕 西	4 690	-618
安 徽	4 541	-440	甘 肃	3 778	-453

续表

地 区	利用小时数（小时）	比上年增加（小时）	地 区	利用小时数（小时）	比上年增加（小时）
福 建	3 872	-953	青 海	4 958	-444
江 西	4 927	92	宁 夏	5 422	-679
山 东	5 303	-223	新 疆	4 730	-518

5. 风电设备平均利用小时

2015 年，全国 6 000 千瓦及以上电厂风电设备平均利用小时 1 724 小时，比上年降低 176 小时。在风电装机超过 200 万千瓦的 14 个省份中，风电设备平均利用小时同比增加的省份只有云南、辽宁、山东，同比降低超过 300 小时的省份有江苏、宁夏、贵州、甘肃、新疆。2015 年年底风电装机容量超过 200 万千瓦省份风电设备平均利用小时统计情况见表 6－14。

表 6－14　2015 年年底风电装机容量超过 200 万千瓦省份风电设备平均利用小时统计情况

地 区	利用小时数（小时）	比上年增加（小时）
全 国	1 724	-176
内蒙古	1 865	-137
新 疆	1 571	-523
甘 肃	1 184	-412
河 北	1 808	-105
宁 夏	1 614	-359
山 东	1 795	13
山 西	1 697	-156
辽 宁	1 780	46
云 南	2 573	62
黑龙江	1 520	-233
吉 林	1 430	-71
江 苏	1 753	-311
贵 州	1 199	-376
广 东	1 765	-74

（三）发电燃料

2015 年，全国煤炭市场需求继续下降，煤炭供应能力充足，电煤消费继续负增长，电煤供需持续宽松。

2015年，全国煤炭产量36.9亿吨，同比下降3.5%；全国煤炭净进口2.0亿吨，同比下降30.4%。受宏观经济增长放缓、产业结构调整等因素影响，全国煤炭消费量同比下降4.0%左右，电力、钢铁、建材等主要用煤行业耗煤减少。2014—2015年全国重点电厂各月耗煤量情况见图6-8。

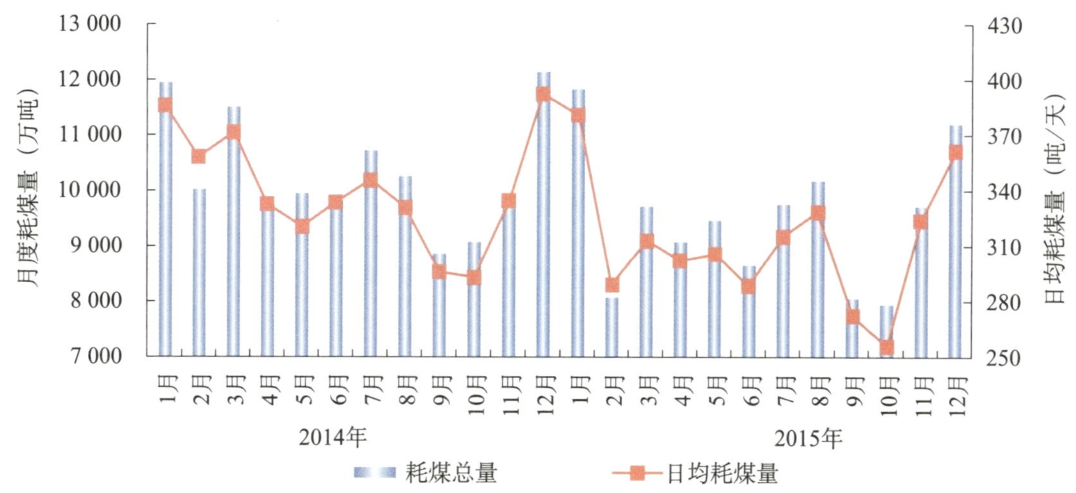

图6-8　2014—2015年全国重点电厂各月耗煤量情况

2015年，电煤价格持续回落，12月底秦皇岛港5 500大卡山西优混煤炭平仓价每吨已降至365～375元。2015年秦皇岛5 500大卡市场动力煤周价格情况见图6-9。

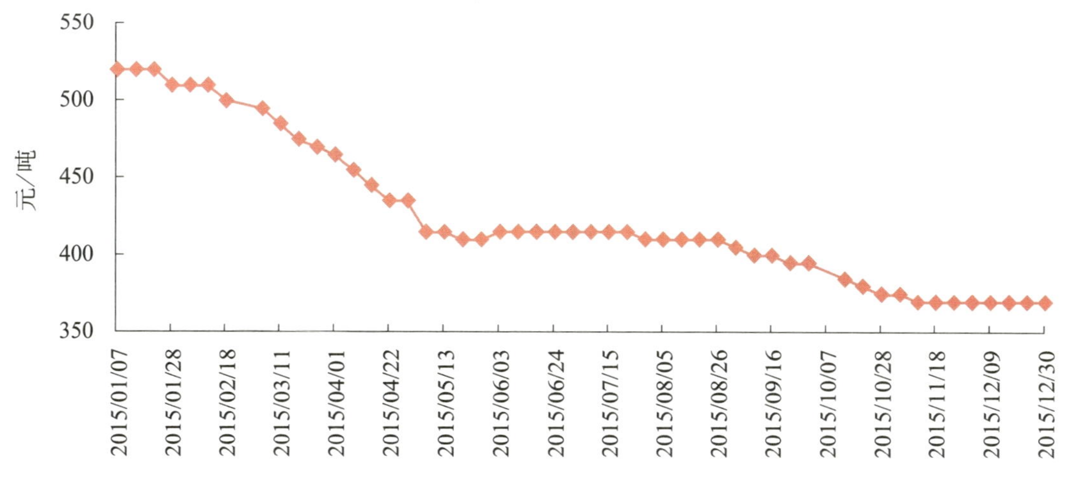

图6-9　2015年秦皇岛5 500大卡市场动力煤周价格情况

截至2015年年底，全国重点电厂电煤库存7 358万吨，比年初减少2 100万吨，可用20天。2014—2015年分月全国重点电厂电煤库存及可用天数情况见图6-10。

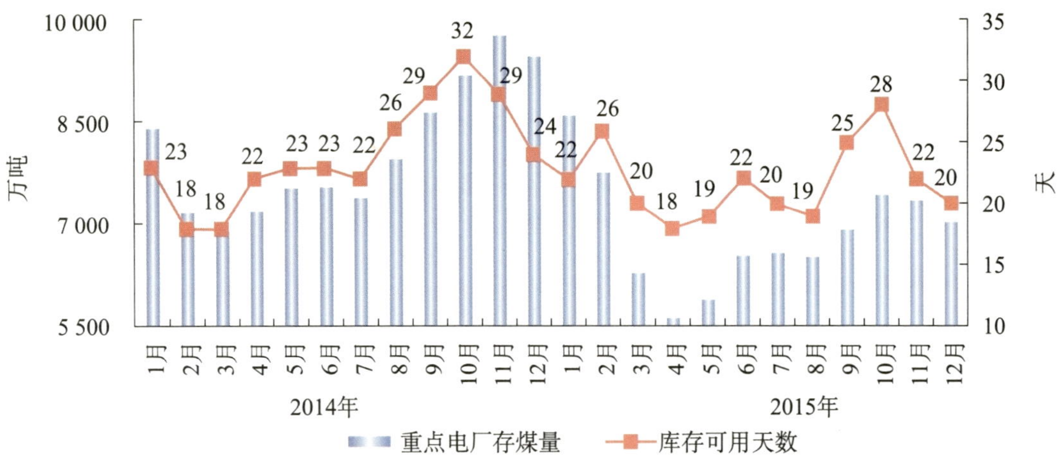

图 6－10　2014—2015 年分月全国重点电厂电煤库存及可用天数情况

三、电力供应

（一）供电情况

2015 年，全国电力企业供电量 48 572 亿千瓦时，比上年下降 0. 21%。电力企业供电量超过 2 000 亿千瓦时的省份有广东（5 040 亿千瓦时）、江苏（4 559 亿千瓦时）、山东（3 244 亿千瓦时）、浙江（3 222 亿千瓦时）、河北（2 902 亿千瓦时）、河南（2 481 亿千瓦时）；超过 1 000 亿千瓦时的省份有云南、四川、辽宁、福建、贵州、内蒙古、湖北、山西、安徽、广西、上海和湖南。

2015 年，电力企业供电量增速超过全国平均水平（－0. 21%）的省份有 20 个，其中增速超过 5% 的省份为西藏（20. 02%）、海南（7. 20%）和四川（5. 27%）。

（二）跨区送电情况

2015 年，全国跨区送电量完成 3 311 亿千瓦时，比上年增长 2. 79%，由于电力需求趋缓，增速比上年降低 20. 24 个百分点。其中，华中区域由于水情较好，汛期送西北增幅较大；新疆通过上年投运的哈郑直流特高压线路，大幅增加送华中河南的电量。2015 年全国部分跨区域送电情况见表 6－15，2006—2015 年跨区送电量及增长情况见图 6－11。

表 6－15　2015 年全国部分跨区域送电情况

区　域		送电量（亿千瓦时）	比上年增长（%）
全　国		3 311	2.79
其中	华北送华东（阳城送江苏）	162	-0.01
	华北送华中（特高压）	54	-49.44
	华北送西北	29	-26.21
	华北送蒙古国	11	10.44
	东北送华北	176	-17.98
	华东送华中	15	33.11
	华中送华东	1 323	4.24
	华中送南网	233	-6.47
	华中送西北	77	69.73
	华中送华北	24	-22.88
	西北送华中	66	-11.04
	西北送四川（德宝线）	47	-13.89
	西北送山东	296	4.82
	西北送河南（哈郑直流）	250	92.67
	贵州送重庆	19	-33.85
	贵州送湖南	102	10.88

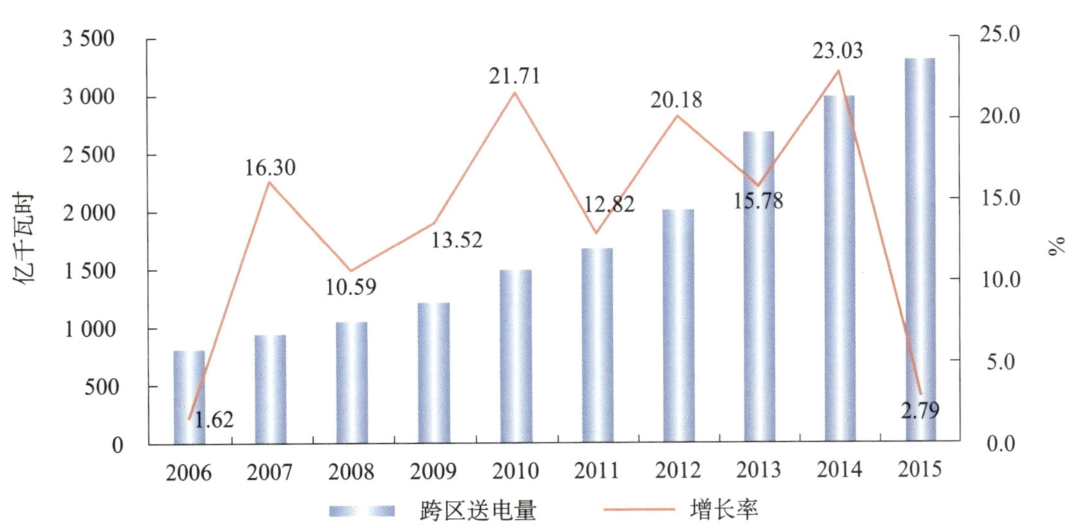

图 6－11　2006—2015 年跨区送电量及增长情况

（三）南方电网区域内“西电东送”情况

2015 年，南方电网“西电东送”完成电量 1 891 亿千瓦时，比上年增长 9.79%，增速比上年回落 21.29 个百分点。其中，送广东电量 1 682 亿千瓦时，比上年增长 6.88%，增速回落 25.06 个百分点；送广西电量 209 亿千瓦时，比上年增长 40.53%，增速提高 17.93 个百分点。

（四）跨省电量输出情况

2015 年，受需求疲软的影响，大部分省份的跨省输出电量增速下降。全国跨省输出电量 9 482 亿千瓦时，比上年下降 1.08%，增速比上年降低 11.49 个百分点。输出电量超过 100 亿千瓦时的省份有 18 个，其中，内蒙古输出 1 396 亿千瓦时，比上年下降 4.40%；四川输出 1 267 亿千瓦时，比上年增长 8.54%；云南输出 1 129 亿千瓦时，比上年增长 9.03%；湖北输出 775 亿千瓦时，比上年下降 15.08%；贵州输出 756 亿千瓦时，比上年增长 12.70%；山西输出 744 亿千瓦时，比上年下降 12.58%；安徽输出 427 亿千瓦时，比上年下降 6.22%；陕西输出 378 亿千瓦时，比上年下降 3.40%；河北输出 335 亿千瓦时，比上年下降 3.06%；宁夏输出 334 亿千瓦时，比上年下降 6.19%。2015 年输出电量超过 100 亿千瓦时的省份情况见图 6－12。

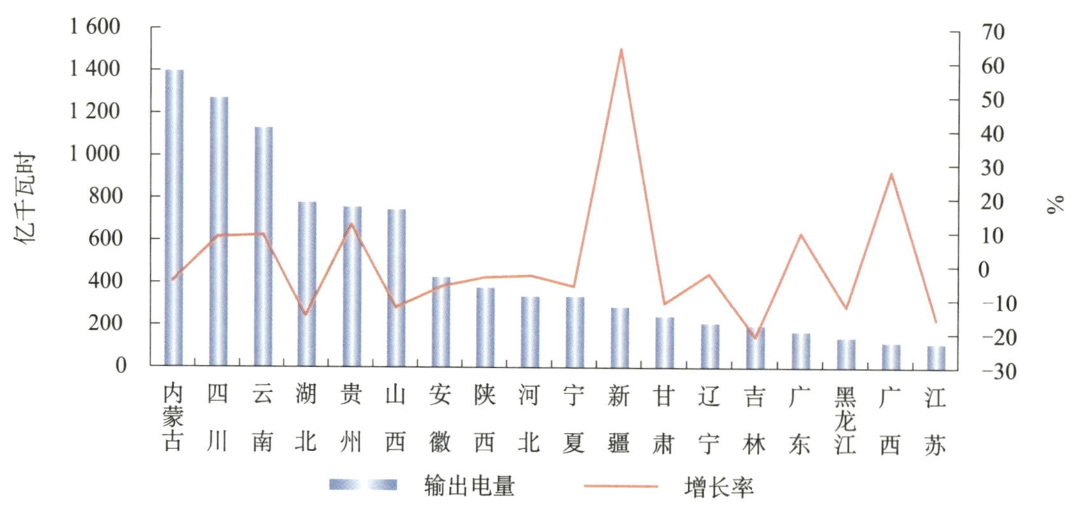

图 6－12　2015 年输出电量超过 100 亿千瓦时的省份情况

2015 年送出电量超过 100 亿千瓦时的省份送出电量占本省发电量比例情况见图 6－13。其中云南送出电量占本省发电量比例为各省份中最高，达 44.23%。2015 年省间（省与区域间）输出电量超过 150 亿千瓦时统计情况见表 6－16。

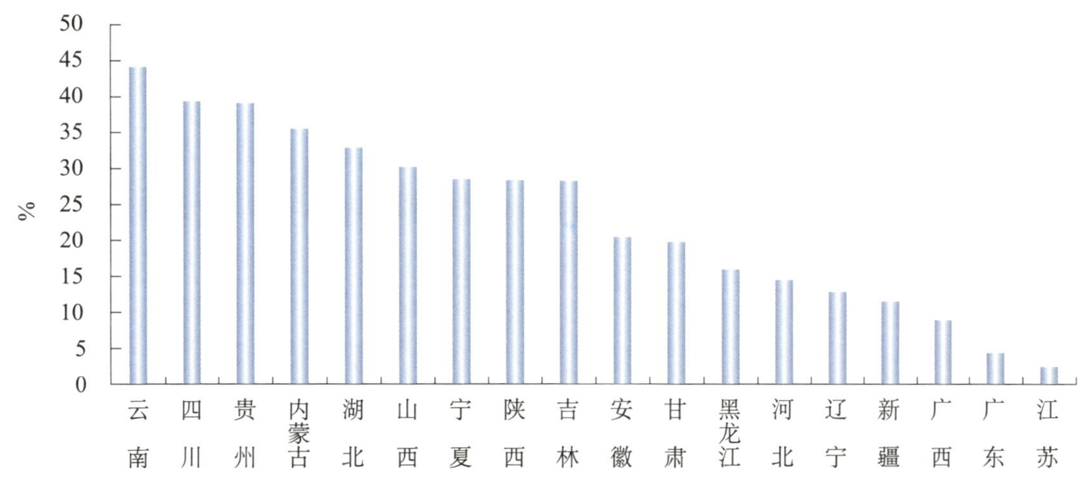

图 6－13　2015 年送出电量超过 100 亿千瓦时的省份送出电量占本省发电量比例情况

表 6－16　2015 年省间（省与区域间）输出电量超过 150 亿千瓦时统计情况

输出省份	输入省份	送出电量（亿千瓦时）	比上年增长（%）
内蒙古	河　北	796	-4. 32
云　南	广　东	731	5. 86
贵　州	广　东	617	17. 32
内蒙古	辽　宁	398	-1. 94
山　西	河北南网	390	84. 15
四　川	江　苏	381	8. 07
四　川	浙　江	333	32. 70
四　川	上　海	305	-2. 36
宁　夏	山　东	296	4. 82
安　徽	浙　江	274	-7. 59
新　疆	河　南	250	92. 67
陕　西	河　北	231	-0. 94
湖　北	上　海	213	-10. 51
辽　宁	华　北	208	-3. 21
吉　林	辽　宁	190	-21. 63
四　川	重　庆	171	-16. 55
山　西	江　苏	162	-0. 01
安　徽	江　苏	152	-3. 65

（五）中国大陆与港澳及邻国电量交换

2015 年，中国大陆与港澳地区和邻国的电力交换电量合计 253 亿千瓦时，比上年增长 3. 53%。其中，受入电量 59 亿千瓦时，比上年下降 3. 02%。在受入电量中，黑龙江购俄罗斯电量33亿千瓦时，比上年下降2.35%；云南购缅甸电量14亿千瓦时，比上年下降3.76%；广东购香港电量12亿千瓦时，比上年下降4.33%。送出电量194亿千瓦时，比上年增长5.69%。在送出电量中，广东送香港、澳门电量分别为121亿和41亿千瓦时，分别比上年增长11.65%和-1.07%；云南送越南电量16亿千瓦时，比上年下降19.52%；内蒙古送蒙古国电量11亿千瓦时，比上年增长10.44%。

四、售电情况

2015年，全国各省份电网企业售电量45 347亿千瓦时，比上年下降0.21%。售电量超过1 000亿千瓦时的省份共有18个，其中，广东、江苏、浙江和山东售电量分别为4 818、4 364、3 085和3 031亿千瓦时；这18个省份合计售电量占全国合计售电量的82.02%。2015年售电量超过1 000亿千瓦时省份售电量情况见表6-17。

表6-17　2015年全国售电量超过1 000亿千瓦时省份售电量情况

地　区	售电量（亿千瓦时）	比上年增长（%）
广　东	4 818	1.90
江　苏	4 364	2.35
浙　江	3 085	1.36
山　东	3 031	-0.02
河　北	2 708	-4.16
河　南	2 286	-5.56
云　南	1 866	-0.04
四　川	1 715	5.97
辽　宁	1 592	-2.84
福　建	1 591	0.08
内蒙古	1 394	-4.63
贵　州	1 390	-3.17
湖　北	1 323	0.81
山　西	1 305	-4.90
安　徽	1 257	3.43
广　西	1 199	5.13
上　海	1 159	3.13
湖　南	1 111	1.39

2015 年，售电量增速增长超过全国平均水平（-0.21%）的省份有 20 个，其中增速超过 5% 的省份为西藏（20.02%）、海南（7.80%）、四川（5.97%）和广西（5.13%）。

五、供电服务

2015 年，电网企业认真践行党的群众路线教育实践活动，切实履行电力普遍服务责任，积极推进农网升级改造工程，全力配合国家电力体制改革，面对新常态下电力服务特点主动转变服务方式，以新思路和新方法拓展服务形式，提升服务水平，全面履行社会责任，为用户提供安全、可靠、优质的电力产品和服务。

（一）国家电网

2015 年，国家电网公司坚持“四个服务”的企业宗旨，以发展公司、服务社会为责任目标，深化“你用电、我用心”，充分发挥 95598 全网全业务集中运营优势，加强供电服务过程管控，全力保障重要活动用电，全面提升供电服务质量，促进经济发展、社会和谐，树立公司开放、进取、诚信、负责的企业形象。

加强 95598 运营管理，全面提升供电服务人员素质。对《国家电网公司 95598 业务管理暂行办法》进行修订，充分结合实际运营情况，对管理职责、业务流程、业务分类等进行修订，提升 95598 服务队伍的综合素质和技能水平，促进 95598 服务效率持续提升。

大力推广网上营业厅应用。组织推广“掌上电力”APP、电力微信公众号、95598 网站、支付宝、财付通、金融银行网站等多种渠道在内的网上营业厅应用，为广大电力客户提供规范、便捷的服务渠道。

强化供电服务监督管控。组织开展了供电服务实地暗访，及时发现、纠正供电服务问题，督促落实整改。对省公司进行客户满意度调查，从业扩报装、供电质量、营业厅等 7 个服务环节，以及用电申请、稳定供电等 14 个专业方向开展调查，累计电话调查用户 6.1 万次，问卷调查用户 2.3 万次。

加强用电安全管理，圆满完成各项重大活动保电服务。编制完善电力保障应急预案，落实“一户一案”，联合客户开展供电保障应急演练，圆满完成全国“两会”、全国高考、抗战胜利 70 周年纪念活动、北京田径世锦赛、西藏自治区成立 50

周年大庆、新疆维吾尔自治区成立60周年大庆、十八届五中全会等重大活动保电工作。积极应对自然灾害，组织有关单位完善灾害应急预案，落实抢修人员24小时值守，顺利完成受4月25日尼泊尔8.1级强震影响的西藏日喀则地区的抗震救灾工作，取得“莲花”、“灿鸿”、“苏迪罗”、“杜鹃”等强台风抗击工作的全面胜利。

（二）南方电网

南方电网公司注重将“客户为中心”的理念融入服务流程，在全网建立覆盖网、省、市、县的客户全方位服务体系，注重推行标准化服务模式，全力解决服务群众“最后一公里”问题。

加强专业协同，提高客户服务质量。定期召开网、省、市、县四级客户全方位服务管理委员会会议，加强部门协同和督办，解决客户问题。加强客户投诉处理跟踪、分析、通报，分解落实责任，12398月均投诉量较年初下降48%。建立客户服务调度，对客户停电实施全过程集中监控，落实停电信息两个“五分钟”传递，对抢修资源和应急发电车统一调配，提升应急服务水平。第三方客户满意度接近国际先进水平，客户停电时间大幅缩小了与国际先进的差距。

持续推动客户服务技术进步。积极推行“互联网+”服务，整合优化实体、远程及社会化等服务渠道，推广微信服务、网络服务、手机服务，全网客户缴费方式有40种之多，非现金缴费比例达85%，广州、深圳达99%，实体营业厅三年减少230个。

加快解决业扩报装受限，提高业扩效率。按照“加快解决存量、严格控制增量”的思路，加强与计划、基建等部门的协同，全网共解决业扩报装受限问题117宗，解决受限容量49万千伏安，增供电量10亿千瓦时。全面推行业扩标准化管理，动态监控大客户业扩报装进度，业扩时间平均缩短46天，增加销售电量24亿千瓦时。

加强客户用电安全管理。贯彻国家新的《安全生产法》，落实国家重要用户管理标准，配合各省政府部门，重新甄别和梳理2 842户重要用户，全网重要客户供电电源、自备应急电源配置合格率分别达到82.9%和82.7%，分别提升了12.4个百分点和22.7个百分点。对电气化铁路和民航机场、大型场所等人员密集区域、城中村及城乡结合部等用电秩序较差地区开展专项检查，全网共向客户派出整改通知书1 965单次，98%问题已完成整改报备。2015年全年未发生重大客户用电安全事件。

（三）地方电网企业

内蒙古电力（集团）有限责任公司（以下简称“内蒙古电力”）高度重视客户投诉工作，努力降低95598、12398客户投诉量，通过每月发布《用电优服及行风事件预警与防范工作报告》，通报各单位客户满意率、客户评价率、12398投诉情况，并对95598受理的投诉进行统计分析，对存在的问题提出整改意见，进一步提升了客户服务水平。公司以“相伴同行，蒙电服务进万家”为主题，举办了“供电开放日”活动，通过现场讲解、现场体验、互动沟通的形式，大力宣传电力科普知识和便民服务举措，让更多的电力客户充分了解公司在满足用电需求、加快电网建设、提升服务水平、履行社会责任等方面做出的努力。同时，积极收集客户对电力服务的需求和建议，最大限度满足多元化客户需求，营造更加和谐的供用电关系。从提升服务品质角度出发，督促各单位加快建设及使用营业厅综合服务平台工作，同时规范识别系统的建设情况，有效提高了工作效率，减少了服务人员，简化了操作程序，增加了客户沟通互动，实现对客户服务工作的智能管控。加强业扩报装、95598工作质量的监督和考核，建立健全停电信息联系报告制度，保证95598客户代表及时准确地做好服务，最大限度地降低了停电影响。

陕西省地方电力（集团）有限公司（以下简称“陕西地电”）高效运营96789客户服务平台，提高客户服务水平。2015年集团公司完成了96789客户服务系统设备搬迁，实现了硬件设备统一管理；加强96789呼叫中心座席人员培训，有效提升业务水平和服务水平。2015年，96789客户服务热线接通率比上年提高了8.36个百分点，制定96789服务热线应急预案等措施，确保了春节期间96789客户服务热线正常运行。开展“一宣传、二加强、三规范”活动，采取有效措施，及时处理客户投诉，着力提升供电服务水平。集团公司的满意度指数逐步提高，供电服务工作获客户认可，在陕西省用户满意度测评中心组织的第三方满意度测评中，陕西地电的客户整体满意度为87.05。2015年集团公司荣获中国质量协会评选的“2015年全国实施用户满意工程先进单位”称号及“2015年度陕西顾客满意度测评行业优秀单位”称号，在2015年榆林市政风行风测评中，榆林分公司被评为公共服务行业和窗口单位优秀等次，位列第3名。

第七章

电力安全生产和可靠性

一、电力安全生产

（一）基本情况

2015 年，全国没有发生重大以上电力人身伤亡事故，没有发生重大电力安全事故，没有发生较大电力设备事故，没有发生电力系统水电站大坝垮坝、漫坝以及对社会造成重大影响的事件，电力供应基本满足了经济社会发展和人民生活的需要。

2015 年，全国发生电力人身伤亡事故 36 起，死亡 49 人，同比事故起数减少 10 起，死亡人数减少 14 人。其中：电力生产人身伤亡事故 31 起，死亡 40 人，同比事故起数增加 1 起，死亡人数增加 5 人；电力建设人身伤亡事故 5 起，死亡 9 人，同比事故起数减少 11 起，死亡人数减少 19 人。发生境外自然灾害造成的人身伤亡事故 1 起，死亡 2 人，同比事故起数相同，死亡人数减少 2 人。发生电力设备事故 3 起，同比减少 1 起。发生电力安全事件 12 起，同比减少 3 起。

（二）事故事件分析

2015 年电力事故和电力安全事件主要呈现以下特点：

（1）总量仍然很大，平均每周约有 1 人因电力事故死亡，给家庭和社会造成了巨大痛苦和损失；

（2）总体趋势继续下降，电力人身伤亡事故同比下降 22%，电力安全事件同比下降 20%，电力安全生产形势持续稳定好转；

（3）电力生产人身伤亡事故上升 3%，电力建设人身伤亡事故下降 69%；

（4）燃煤电厂环保改造项目和建设工程人身伤亡事故相对集中多发，占 2015 年全国电力人身伤亡事故的 25%。

（三）现状与评价

2015 年，在电网结构日趋复杂，大面积停电风险始终存在，部分单位安全管理薄弱，风险管控存在诸多缺失，地震、台风、泥石流等各类自然灾害频发，对电力安全构成严重威胁，电力建设施工和燃煤机组环保改造事故多发频发的情况下，电力行业认真贯彻落实中共总书记习近平、国务院总理李克强关于安全生产的一系列重要指示批示精神和党中央、国务院关于加强安全生产工作的各项决策部署，强化红线意识和底线思维，推进依法治安，主动适应经济发展新常态，全年电力安全生产取得新的进展。

（1）电力安全生产责任进一步落实。电力企业按照国家有关安全生产责任制的要求，进一步加强安全生产责任体系建设，不断建立完善安全生产责任要求，努力构建"党委统一领导、行政机关依法监管、企业全面负责、职工积极参与、社会支持监督"的安全生产工作格局，逐级抓好责任落实，逐步形成了齐抓共管的良好局面。

（2）电力安全生产法规体系进一步完善。《电力安全生产监督管理办法》（国家发展改革委2015年第21号令）、《水电站大坝运行安全监督管理规定》（国家发展改革委2015年第23号令）、《电力建设工程施工安全监督管理办法》（国家发展改革委2015年第28号令）等3个部门规章发布实施，相应的配套文件编制印发，水电站大坝安全注册和定期安全检查等多个规范性文件以及燃气电站天然气系统安全监督管理规定等标准规范也修订出台。

（3）电力安全生产监督检查进一步深入。国家能源局先后组织开展了安全生产大检查、打非治违专项行动和四项安全专项监管工作，部署了电力行业防范粉尘爆炸以及危险化学品和易燃易爆物品安全专项整治。

（4）电力突发事件应对和重大活动保电能力进一步提高。成功应对了"灿鸿"、"杜鹃"等超强台风以及尼泊尔、四川乐山等地震对电力系统影响，圆满完成了抗战胜利70周年纪念、第二届世界互联网大会和博鳌亚洲论坛等重大活动保电任务，实现了电力保障万无一失和"零闪动、零差错、零投诉"的工作目标，为灾区抢险救灾和国家重大活动顺利举办提供了可靠的电力保障。电力行业不断加强应急能力建设和应急准备，开展了浙江宁波、福建福州、广东深圳、广西南宁等地大面积停电事件应急演练，全社会电力应急能力进一步增强。

二、电力可靠性

2015年，全国电力设备运行可靠性指标保持较高水平。

（一）发电设备运行可靠性

1. 发电机组运行可靠性

（1）2015 年参与可靠性指标统计评价的发电机组装机容量构成。

2015 年，纳入可靠性统计的发电机组（火电 10 万千瓦及以上、水电 4 万千瓦及以上和核电机组，本报告所指均为此范围的统计口径）共计 2 740 台、91 813.70 万千瓦，比上年增加 127 台、5 233.88 万千瓦。其中，火电机组 1 839 台（含 145 台燃气轮机组）、71 111.49 万千瓦，占参与可靠性统计总装机容量的 77.45%；水电机组 885 台、19 348.29 万千瓦，占参与可靠性统计总装机容量的 21.07%；核电机组 16 台、1 353.92 万千瓦，占参与可靠性统计总装机容量的 1.48%。

（2）燃煤机组运行可靠性指标。

2015 年，纳入可靠性统计的 10 万千瓦及以上燃煤发电机组共计 1 694 台，同比增加 34 台；运行系数为 71.33%，同比降低 5.63 个百分点；等效可用系数为 92.57%，同比上升 0.73 个百分点；等效强迫停运率为 0.39%，与上年持平；非计划停运次数为每台年 0.34 次，比上年减少 0.2 次。

2015 年纳入可靠性统计的 10 万千瓦及以上各容量等级燃煤机组主要运行可靠性指标见表 7－1。

表 7－1 2015 年纳入可靠性统计的 10 万千瓦及以上各容量等级燃煤机组主要运行可靠性指标

机组容量分类（万千瓦）	统计台数（台）	运行系数（%）	等效可用系数（%）	等效强迫停运率（%）	非计划停运次数（次/台年）
合　计	1 694	71.32	92.57	0.39	0.34
10～19.9	207	65.53	93.89	0.98	0.41
20～29.9	171	63.39	92.51	0.17	0.27
30～39.9	787	69.42	93.07	0.27	0.31
50～59.9	8	76.43	95.6	0.33	0.52
60～69.9	442	72.55	92.35	0.42	0.4
70～79.9	8	79.75	88.29	0.73	0.5
80～89.9	2	70.95	97.47	0.79	2.07
90～99.9	2	73.12	89.11	0	0
100 及以上	67	78.82	91.24	0.52	0.23

（3）水电机组运行可靠性指标。

2015 年，纳入可靠性统计的 4 万千瓦及以上水电机组共计 885 台，比上年增加 58

台；运行系数为 51.80%，比上年提高 0.06 个百分点；等效可用系数为 92.05%，比上年降低 0.55 个百分点；等效强迫停运率为 0.08%，比上年降低 0.03 个百分点；非计划停运次数为每台年 0.27 次，比上年减少 0.03 次。

2015 年纳入可靠性统计的 4 万千瓦及以上各容量等级水电机组主要运行可靠性指标见表 7－2。

表 7－2　2015 年纳入可靠性统计的 4 万千瓦及以上各容量等级水电机组主要运行可靠性指标

指标分类		统计台数（台）	运行系数（%）	等效可用系数（%）	等效强迫停运率（%）	非计划停运次数（次/台年）
合　计		885	51.80	92.05	0.08	0.27
水电轴流机组		144	64.01	92.75	0.00	0.11
其中	4 万~9.9 万千瓦	69	51.17	91.63	0.01	0.21
	10 万~19.9 万千瓦	66	69.32	94.06	0.00	0.02
	20 万~29.9 万千瓦	7	68.15	91.17	0.00	0.00
	30 万千瓦及以上	2	64.93	89.15	0.00	0.00
水电混流机组		656	54.57	92.38	0.06	0.09
其中	4 万~9.9 万千瓦	267	55.29	92.93	0.00	0.06
	10 万~19.9 万千瓦	114	46.06	92.92	0.04	0.11
	20 万~29.9 万千瓦	82	51.06	91.65	0.12	0.18
	30 万千瓦及以上	193	56.37	92.35	0.07	0.07
抽水蓄能机组		85	22.83	89.18	0.43	1.98
其中	4 万~9.9 万千瓦	9	36.57	92.54	0.09	1.22
	10 万~19.9 万千瓦	6	19.83	84.97	0.34	1.17
	20 万~29.9 万千瓦	20	20.16	90.24	0.36	1.05
	30 万千瓦及以上	50	23.34	88.96	0.47	2.58

2. 燃煤机组主要辅助设备运行可靠性

2015 年，纳入可靠性统计的 20 万千瓦及以上容量的燃煤机组共有 1 487 台，机组 5 种主要辅助设备磨煤机、给水泵组、送风机、引风机、高压加热器（以下顺序同此）的台数分别为 5 830、3 332、2 388、2 418、3 626 台，分别比上年增加 321、222、144、161、203 台。

2015 年纳入可靠性统计的 20 万千瓦及以上容量燃煤机组 5 种辅助设备的主要可靠性指标见表 7－3。

表 7－3　2015 年纳入可靠性统计的 20 万千瓦及以上容量燃煤机组 5 种辅助设备的主要可靠性指标

辅助设备分类	运行系数 SF（%）	可用系数 AF（%）	非计划停运率 UOR（%）	非计划停运小时（小时/台年）	计划停运小时（小时/台年）
磨煤机	56. 11	93. 71	0. 09	4. 62	546. 11
给水泵组	48. 14	94. 29	0. 06	2. 33	497. 49
送风机	70. 17	94. 10	0. 01	0. 79	516. 38
引风机	70. 20	94. 03	0. 05	2. 97	519. 60
高压加热器	69. 97	94. 22	0. 07	4. 43	502. 11

（二）输变电设施运行可靠性

2015 年，全国 220 千伏及以上电压等级架空线路、变压器、断路器等十三类输变电设施的可靠性指标均维持在较高水平。截至 2015 年年底，参与可靠性统计的 220 千伏及以上电压等级架空线路总里程达到 596 599. 9 千米，变压器、断路器总数量分别达到 13 539 台和 39 664 台。架空线路、变压器、断路器三类主要设施的可用系数分别为 99. 600%、99. 887%、99. 953%，分别比上年提高 0. 108、0. 030 和 0. 027 个百分点。

2015 年纳入可靠性统计的 220 千伏及以上电压等级架空线路、变压器、断路器主要运行可靠性指标见表 7－4，纳入可靠性统计的 220 千伏及以上电压等级 13 类输变电设施主要运行可靠性指标完成情况见表 7－5。

表 7－4　2015 年 220 千伏及以上电压等级架空线路、变压器、断路器主要运行可靠性指标

设施类型	电压等级（千伏）	统计数量 *1	强迫停运率 *2	可用系数（%）	非计划停运次数（次）	非计划停运时间 *3	计划停运次数（次）	计划停运时间 *3
架空线路	220	3 511. 912	0. 085	99. 841	330	0. 235	2 328	13. 435
	330	241. 910	0. 178	99. 514	46	0. 837	165	41. 525
	400	20. 630	0	100	0	0	0	0
	500	1 700. 743	0. 118	99. 405	209	2. 676	577	47. 701
	660	26. 667	0	97. 734	0	0	2	198. 500
	750	142. 817	0. 028	99. 150	5	0. 942	39	73. 427
	800	185. 547	0. 005	97. 569	1	0. 017	13	210. 310
	1 000	29. 008	0	99. 122	0	0	6	76. 905

续表

设施类型	电压等级（千伏）	统计数量 *1	强迫停运率 *2	可用系数（%）	非计划停运次数（次）	非计划停运时间 *3	计划停运次数（次）	计划停运时间 *3
变压器	220	92.168	0.141	99.888	19	0.065	1 723	9.512
	330	3.489	0.287	99.789	1	0.051	65	18.046
	500	34.529	0.058	99.909	4	0.103	447	7.864
	660	0.060	0	100	0	0	0	0
	750	1.626	0.615	99.628	2	5.782	54	26.705
	800	0.180	0	100	0	0	0	0
	1 000	0.740	1.351	99.777	1	0.015	10	19.493
断路器	220	316.062	0.104	99.956	44	0.007	3 307	3.724
	330	15.371	0.195	99.890	10	0.016	161	9.099
	500	56.749	0.106	99.963	13	0.600	507	2.424
	750	2.322	0	99.717	1	0.079	86	24.570
	1 000	0.040	0	100	0	0	0	0

注：*1 架空线路、电缆线路单位为百千米·年，其他设备单位为百台（段）年。
*2 架空线路、电缆线路单位为次/（百千米·年），其他设备单位为次/（百台（段）·年）。
*3 架空线路、电缆线路单位为小时/（百千米·年），其他设备单位为小时/（台（段）·年）。

表7－5　2015年220千伏及以上电压等级13类输变电设施主要可靠性指标

类　别	可用系数（%）	强迫停运率	非计划停运时间	计划停运时间
架空线路	99.600	0.094	0.976	33.347
变压器	99.887	0.136	0.144	9.557
电抗器	99.921	0.593	0.008	6.765
断路器	99.953	0.108	0.094	3.870
电流互感器	99.983	0.012	0.002	1.338
电压互感器	99.980	0.030	0.002	1.702
隔离开关	99.991	0.009	0.028	0.737
避雷器	99.983	0.022	0.002	1.485
耦合电容器	99.989	0	0.001	0.922
阻波器	99.990	0.011	0.003	0.878
电缆线路	99.946	0.028	0	2.024
组合电器	99.989	0.011	0.043	0.887
母线	99.961	0.074	0.018	3.354

注：强迫停运率单位：架空线路、电缆线路单位为次/（百千米·年），其他设备单位为次/（百台（段）·年）；非停、计停时间单位：架空线路、电缆线路单位为小时/（百千米·年），其他设备单位为小时/（台（段）·年）。

（三）直流输电系统运行可靠性

2015 年，纳入可靠性统计的 20 个直流输电系统合计能量可用率、能量利用率分别为 95.220%、50.606%，总计强迫停运 28 次，与 2014 年纳入可靠性统计的 19 个系统合计值相比，能量可用率提高 1.322 个百分点，能量利用率提高 1.5 个百分点；强迫能量不可用率为 0.317%，比上年纳入可靠性统计的 19 个系统合计值提高了 0.137 个百分点。2015 年，全国直流输电系统总计强迫停运 28 次，其中双极强迫停运 3 次、单极强迫停运 22 次、阀组强迫停运 3 次、单元强迫停运 0 次。灵宝、高岭、黑河背靠背换流站和江城、宜华、德宝、林枫 4 个直流输电系统全年未发生强迫停运。2015 年纳入可靠性统计的直流输电系统可靠性指标见表 7－6。

表 7－6　2015 年纳入可靠性统计的直流输电系统可靠性指标

直流输电系统	能量可用率（%）	能量利用率（%）	强迫能量不可用率（%）	强迫停运次数（次）
合　计	95.220	50.606	0.317	28
葛　南	94.630	46.503	0.050	2
龙　政	78.480	34.482	0.020	1
江　城	97.560	55.706	0.000	0
宜　华	94.230	36.532	0.000	0
德　宝	97.280	45.668	0.000	0
伊　穆	95.370	58.716	1.130	3
银　东	97.510	84.403	0.010	1
林　枫	97.660	26.654	0.000	0
柴　拉	90.660	16.639	1.060	3
天　广	96.585	55.648	0.069	1
高　肇	99.438	67.661	0.027	4
兴　安	96.520	60.025	0.004	2
楚　穗	95.501	64.812	0.026	2
复　奉	94.920	54.370	0.720	3
锦　苏	97.100	60.437	0.080	1
天　中	94.960	33.925	0.180	2
宾　金	94.910	47.256	1.420	3
灵　宝	97.330	66.251	0.000	0
高　岭	94.280	33.489	0.000	0
黑　河	94.540	7.226	0.000	0

（四）用户供电可靠性

2015 年，全国 31 个省份所属 412 个地市级供电企业开展了用户供电可靠性统计。全国 10（6、20）千伏供电系统用户 798 万户，用户总容量约为 230 149 万千伏安，平均供电可靠率 99.880%，用户平均停电次数 2.52 次，用户年平均停电时间 10.50 小时。

2015 年，全国 10（6、20）千伏供电系统城市用户 206 万户，用户总容量 114 192 万千伏安，平均供电可靠率 99.953%，用户平均停电次数 1.07 次，用户年平均停电时间 4.08 小时。

2015 年，全国 10（6、20）千伏供电系统农村用户 592 万户，用户总容量 120 009 万千伏安，平均供电可靠率为 99.855%，用户平均停电次数 3.03 次，用户年平均停电时间 12.74 小时。

2015 年各区域电网 10（6、20）千伏供电系统用户供电可靠性指标见表 7－7，2015 年各省份电力公司城市、农村供电可靠性指标见附件 23。

表 7－7　2015 年各区域电网 10（6、20）千伏供电系统用户供电可靠性指标

区域	统计口径	供电可靠率（%）	用户平均停电次数（次/户＊年）	用户平均停电时间（小时/户＊年）
全　国	全口径	99.880	2.52	10.50
	城市	99.953	1.07	4.08
	农村	99.855	3.03	12.74
华北区域	全口径	99.893	2.47	9.38
	城市	99.957	0.96	3.79
	农村	99.871	2.98	11.28
东北区域	全口径	99.851	2.76	13.03
	城市	99.953	0.88	4.09
	农村	99.809	3.54	16.73
华东区域	全口径	99.907	2.51	8.16
	城市	99.966	1.03	2.99
	农村	99.886	3.04	9.98
华中区域	全口径	99.882	2.13	10.31
	城市	99.956	0.97	3.82
	农村	99.854	2.58	12.81

续表

区域	统计口径	供电可靠率（%）	用户平均停电次数（次/户＊年）	用户平均停电时间（小时/户＊年）
西北区域	全口径	99.797	4.13	17.81
	城市	99.921	1.77	6.92
	农村	99.758	4.87	21.19
南方区域	全口径	99.893	1.86	9.37
	城市	99.963	0.81	3.26
	农村	99.873	2.17	11.12

注：“城市”统计范围为“市中心＋市区＋城镇”；“农村”统计范围为“农村”。

第八章

电力消费与供需

一、电力供需形势

“十二五”期间，随着我国宏观经济新常态特征逐步显现，电力消费需求增速持续放缓，在电力供应能力持续增长的环境下，全国电力供需形势由基本平衡转为相对宽松并呈现结构性过剩的格局。2015 年，电力供应能力总体充足，电煤供应持续宽松，主要水电生产地区来水情况总体偏好，全国电力供需形势进一步宽松，部分地区电力富余，仅局部地区在部分时段有一些错峰。

分区域看，华北区域电力供需总体平衡略显宽松，蒙西、山西供应能力有较多富余，山东电网夏季有过错峰，日最大错峰负荷 161 万千瓦。东北区域电力供应能力富余较多，吉林、黑龙江弃风问题进一步加剧。华东区域电力供需总体宽松，福建供应能力富余，安徽 12 月份出现错峰，日最大错峰负荷 25 万千瓦。华中区域电力供需总体宽松，江西、河南电网出现少量错峰，区域火电设备利用小时比上年明显下降；四川火电设备利用小时仅有 2 682 小时，汛期电力富余，存在弃水电量。西北区域电力供应能力富余较多，火电设备利用小时比上年降低 555 小时，甘肃、新疆风电设备利用小时分别比上年降低 412、523 小时，弃风问题进一步加剧。南方区域电力供需总体宽松，区域火电设备利用小时比上年降低 566 小时，为各区域中的最大降幅；海南 8 月前电力供应偏紧，日最大错峰负荷 69. 4 万千瓦，但随着新机组投产，供需形势明显缓和；云南电力富余、弃水电量增加，火电设备利用小时不足 2 000 小时，比上年降低 906 小时。

二、电力消费

2015 年，全国电力消费需求增长继续放缓，全社会用电量增速创 1974 年（增长 0. 1%）以来最低水平。

(一) 用电规模

2015 年，全国全社会用电量 56 933 亿千瓦时，比上年增长 0. 96%，增速比上年降低 3. 18 个百分点。2007—2015 年全社会用电量及其增速情况见图 8－1。

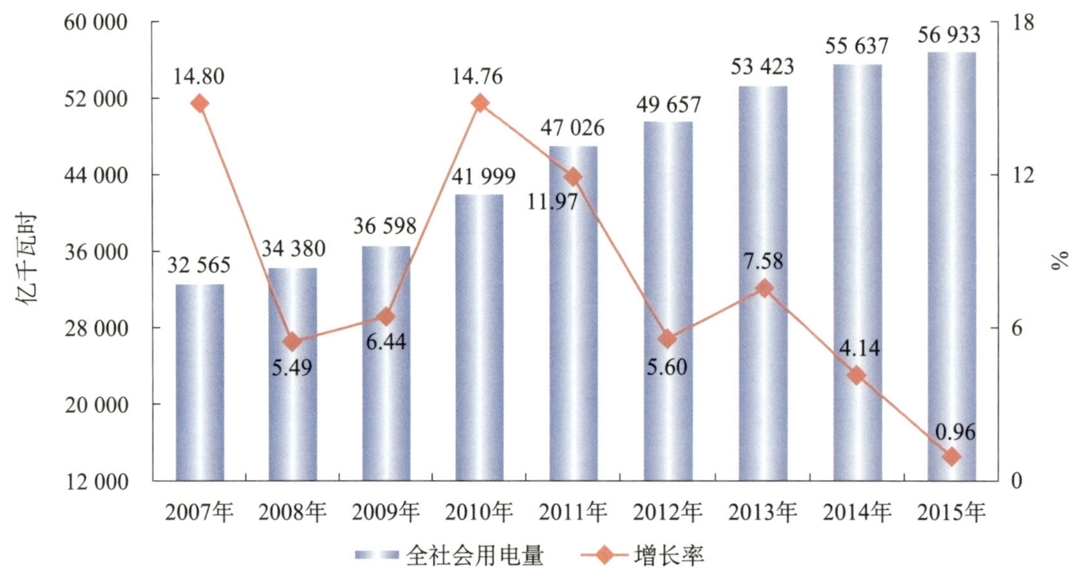

图 8－1　2007—2015 年全社会用电量及其增速情况

分季度看，第一、二、三、四季度，全国全社会用电量同比分别增长 0. 82%、1. 68%、0. 10% 和 1. 26%。分月份看，1—2 月份全社会用电量增速为全年最高，同比增长 2. 49%，主要是受春节不同期因素影响；3 月份全社会用电量同比下降 2. 18%，为全年增速最低的月份，主要是受宏观经济尤其是工业生产下行，以及上年同期基数较高的影响。2014—2015 年分月全社会用电量及其增速情况见图 8－2。

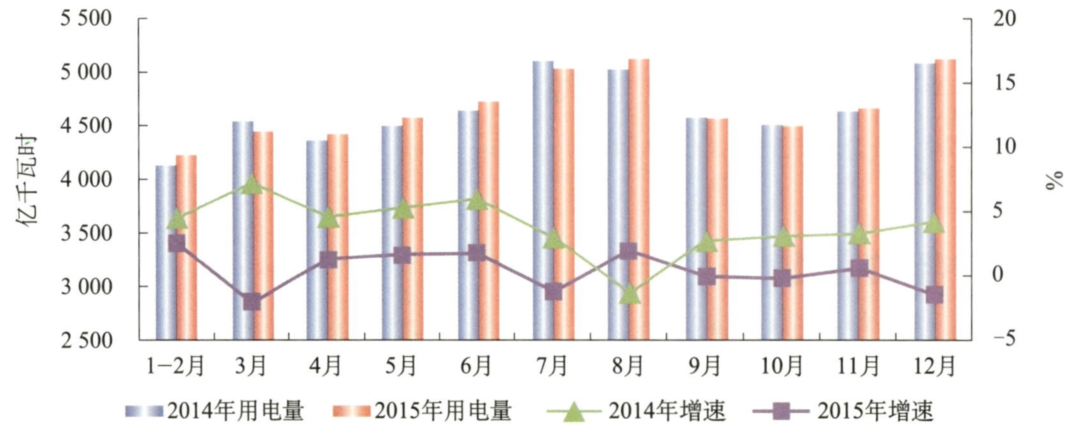

图 8－2　2014—2015 年分月全社会用电量及其增速情况

注：本报告图中 1—2 月用电量是指 1—2 月合计用电量的平均值；1—2 月增速是指 1—2 月合计用电量增速，下同。

（二）用电结构

2015 年，第一产业用电量占全社会用电量比重比上年略提高 0.03 个百分点，第三产业用电量和城乡居民生活用电量所占全社会用电量的比重分别比上年提高 0.76 和 0.49 个百分点，而第二产业用电量所占比重比上年降低 1.28 个百分点，电力消费结构不断调整。2015 年全国电力消费结构见图 8-3。

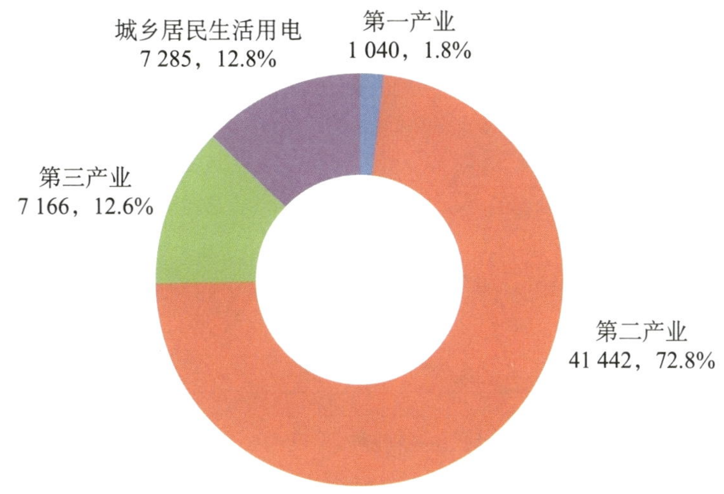

图 8-3　2015 年全国电力消费结构（亿千瓦时）

1. 各产业及居民生活用电

2015 年，第一产业用电量 1 040 亿千瓦时，比上年增长 2.55%。分季度看，第一季度下降 1.87%，第二、三、四季度分别增长 2.66%、4.97%、2.10%。

2015 年，第二产业用电量 41 442 亿千瓦时，比上年下降 0.79%，低于全社会用电量增速 1.75 个百分点，是本世纪以来首度出现年度负增长；对全社会用电量增长的贡献率为 -60.71%，比上年降低 136.73 个百分点，是全社会用电量低速增长的最主要原因。分季度看，第一、二、三、四季度同比分别下降 0.60%、0.32%、1.91%和 0.34%。

2015 年，第三产业用电量 7 166 亿千瓦时，比上年增长 7.42%，高于全社会用电量增速 6.46 个百分点；对全社会用电量增长的贡献率为 91.64%，比上年提高 73.55 个百分点。其中，信息传输、计算机服务和软件业用电增长 14.66%，金融、房地产、商务业用电增长 7.46%，商业、住宿和餐饮业用电增长 6.31%，交通运输、仓储和邮政业用电增长 6.24%。分季度看，第一、二、三、四季度用电量同比分别增长6.98%、9.22%、6.17%和7.65%。

2015年，全国城乡居民生活用电量7 285亿千瓦时，比上年增长5.01%，高于全社会用电量增速4.05个百分点；对全社会用电量增长的贡献率为64.30%，比上年提高57.85个百分点。分季度看，第一、二、三、四季度分别增长2.65%、7.41%、4.16%和6.47%。

2015年分月各产业和城乡居民生活用电量增速情况见图8－4，2015年各产业和城乡居民生活用电量增速情况见表8－1。

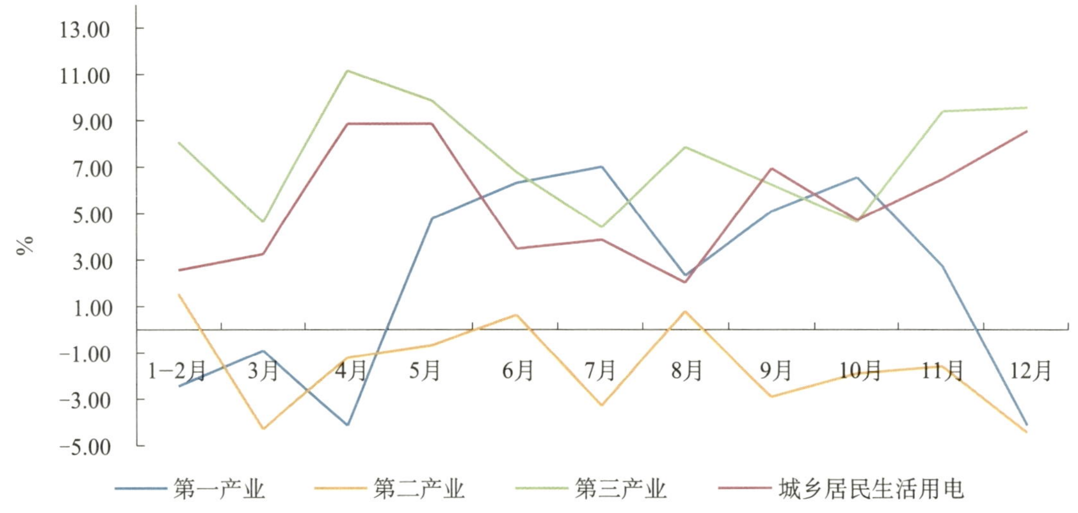

图8－4　2015年分月各产业及城乡居民生活用电量增速情况

表8－1　2015年各产业和城乡居民生活用电量增速情况

	用电量（亿千瓦时）	增速		比重		增长贡献率	
		2015年（%）	比上年提高（百分点）	2015年（%）	比上年提高（百分点）	2015年（%）	比上年提高（百分点）
全社会	56 933	0.96	回落3.18	100	—		
第一产业	1 040	2.55	提高3.77	1.83	提高0.03	4.78	提高5.35
第二产业	41 442	−0.79	回落5.07	72.79	降低1.28	−60.71	降低136.73
第三产业	7 166	7.42	提高1.03	12.59	提高0.76	91.64	提高73.55
城乡居民生活	7 285	5.01	提高2.91	12.80	提高0.49	64.30	提高57.85

2. 工业及重点行业用电

2015年，全国工业用电量40 743亿千瓦时，比上年下降0.74%，低于全社会用电量增速1.70个百分点；占全社会用电量的比重为71.56%，比上年降低1.23个百分点；对全社会用电量增长的贡献率为−56.43%，比上年降低130.35个百分点。2014—2015 年分月工业用电量及其增速情况见图 8－5。

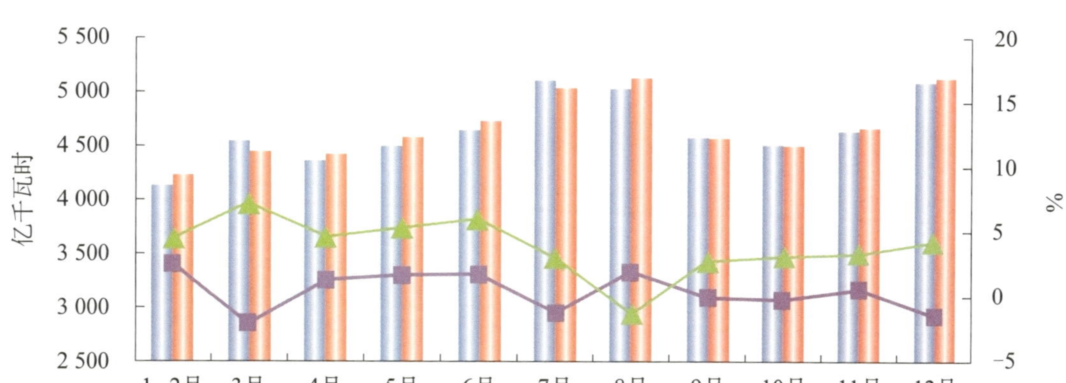

图 8－5　2014—2015 年分月工业用电量及其增速情况

2015 年，全国工业用电量负增长主要是受工业生产增长放缓以及经济转型过程中重工业用电的负拉动作用影响。全国轻、重工业用电量分别为 6 772 亿千瓦时和 33 971 亿千瓦时，分别比上年增长 1. 41% 和下降 1. 16%，增速分别比上年降低 2. 73 个百分点和 5. 41 个百分点。2015 年分月轻重工业用电量增速情况见图 8－6。

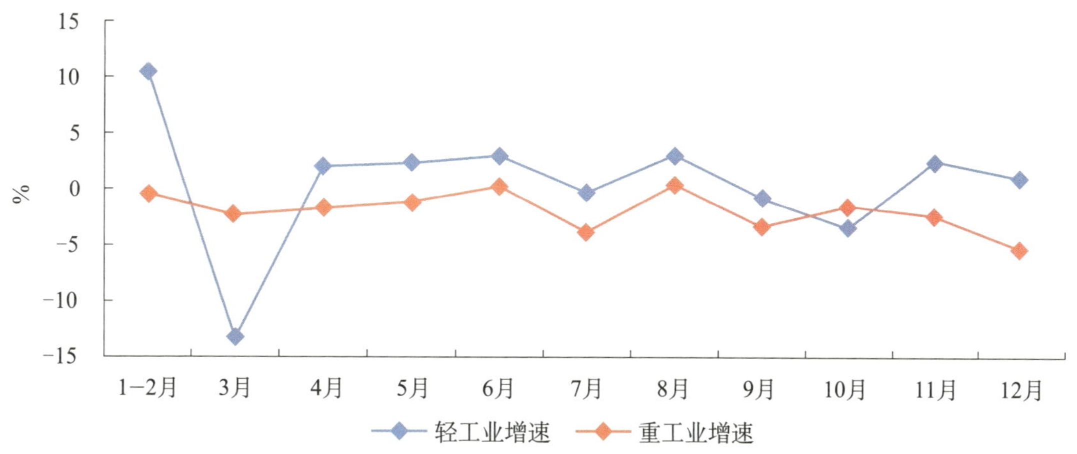

图 8－6　2015 年分月轻重工业用电量增速情况

2015 年，化学原料及化学制品制造业、非金属矿物制品业、黑色金属冶炼及压延加工业、有色金属冶炼及压延加工业四大重点耗能行业用电量增速总体呈现自 2012 年以来逐年下降的态势。2015 年四大重点耗能行业合计用电量 17 895 亿千瓦时，比上年下降 1. 89%，增速比上年降低 6. 70 个百分点；占全社会用电量的 31. 43%，比上年降低 0. 91 个百分点；对全社会用电量增长的贡献率为 －63. 81%，比上年大幅降低 100. 14 个百分点。2015 年分月四大重点耗能行业用电量情况见图 8－7。

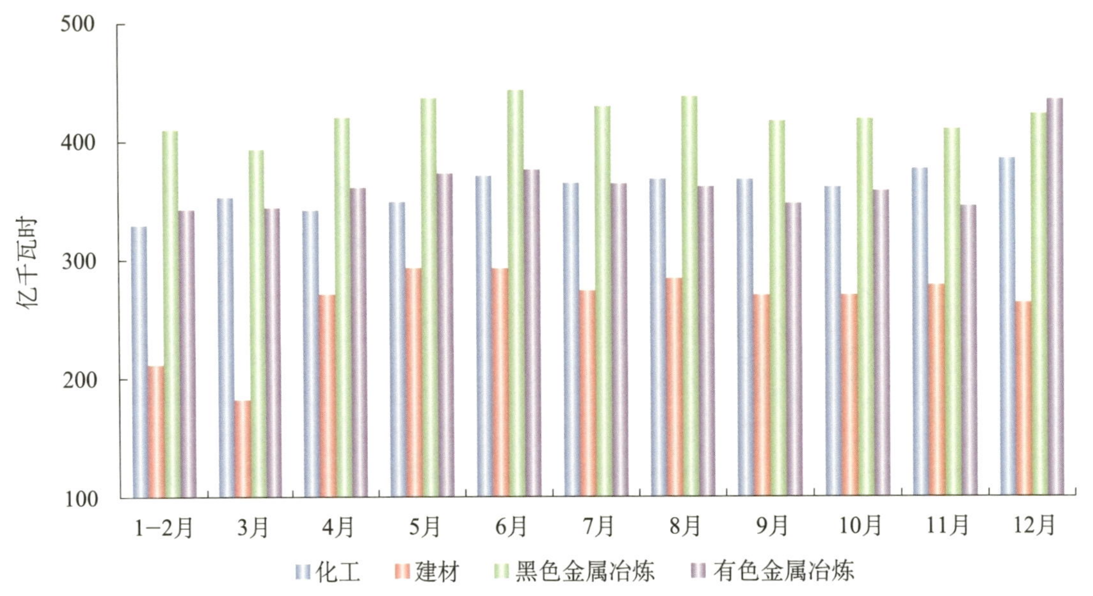

图 8-7 2015 年分月四大重点行业用电量情况

四大重点耗能行业中，有色金属冶炼及压延加工业、化学原料及化学制品制造业用电量分别为 5 378 亿千瓦时和 4 355 亿千瓦时，分别比上年增长 6.38% 和 1.72%；黑色金属冶炼及压延加工业、非金属矿物制品业用电量分别为 5 057 亿千瓦时和 3 105 亿千瓦时，分别比上年下降 9.34% 和 6.62%，持续呈现用电增长疲软的态势。

除上述四大重点耗能行业外，2015 年，纺织业用电量 1 562 亿千瓦时，比上年增长 2.48%；交通运输、电气、电子设备制造业用电量 2 494 亿千瓦时，比上年增长 4.78%；金属制品业用电量 1 641 亿千瓦时，比上年下降 3.94%；通用及专用设备制造业用电量 1 196 亿千瓦时，比上年下降 2.21%。

（三）分省份用电

2015 年，全社会用电量增速高于全国平均水平（0.96%）的省份共有 16 个，其中增速超过 10% 的省份有西藏（19.27%）和新疆（13.69%）。全社会用电量负增长的省份共有 10 个，其中增速低于 -5% 的省份有云南（-5.94%）和青海（-9.02%），主要是这两个省的黑色、有色冶炼产业用电下滑的作用。

2015 年，全国有广东、山东、江苏、浙江、河北、河南、内蒙古和新疆等 8 个省份全社会用电量超过 2 000 亿千瓦时，合计用电量 29 855 亿千瓦时，比上年增长 1.95%，比全国全社会用电量增速高 0.99 个百分点，其中新疆用电量首次超过

2 000 亿千瓦时。除河北和河南外的其他 6 个省份的用电量增速均高于全国平均水平；上述 8 省份合计用电量占全国全社会用电量的 52. 44%，比上年提高 0. 51 个百分点；对全国用电量增长的贡献率为 105. 59%，比上年提高 45. 35 个百分点。

2015 年分省全社会用电量及其增速情况见表 8－2。

表 8－2　2015 年分省全社会用电量及其增速情况

地　区	用电量（亿千瓦时）	比上年增长（±%）
全　国	56 933	0. 96
北　京	953	1. 67
天　津	801	0. 79
河　北	3 176	－4. 18
山　西	1 737	－4. 69
内蒙古	2 543	5. 22
辽　宁	1 985	－2. 64
吉　林	652	－2. 37
黑龙江	869	1. 11
上　海	1 406	2. 67
江　苏	5 115	2. 04
浙　江	3 554	1. 35
安　徽	1 640	3. 45
福　建	1 852	－0. 21
江　西	1 087	6. 75
山　东	5 117	2. 77
河　南	2 880	－1. 37
湖　北	1 665	0. 52
湖　南	1 448	1. 17
广　东	5 311	1. 44
广　西	1 334	2. 01
海　南	272	8. 13
重　庆	875	0. 94
四　川	1 992	－1. 11
贵　州	1 174	0. 04
云　南	1 439	－5. 94
西　藏	41	19. 27
陕　西	1 222	－0. 35

续表

地　区	用电量（亿千瓦时）	比上年增长（±%）
甘　肃	1 099	0.30
青　海	658	-9.02
宁　夏	878	3.48
新　疆	2 160	13.69

（四）统调最高用电负荷

根据国家电力调度控制中心数据，2015 年，全国电网统调最高用电负荷（即最高发受电电力，下同）比上年增长0.33%，增速比上年降低 2.22 个百分点。分区域电网来看，华北、南方、西北、东北区域统调最高用电负荷增速分别比上年降低 2.84、1.57、0.97、0.47 个百分点；而华中和华东区域统调最高用电负荷增速分别比上年提高 1.85 和 1.66 个百分点。2015 年分区域统调最高负荷及增长情况见表 8－3。

表 8－3　2015 年分区域统调最高用电负荷及增长情况

区　域	统调最高用电负荷		统调最高发电负荷	
	用电负荷（万千瓦）	比上年增长（%）	发电负荷（万千瓦）	比上年增长（%）
全国合计	79 773	0.33	79 984	0.32
华北区域	19 267	0.31	18 636	0.76
华东区域	23 028	4.32	20 883	5.82
华中区域	15 469	2.77	17 593	-2.63
东北区域	5 439	-0.42	5 582	-2.42
西北区域	7 343	2.75	8 097	-0.12
南方区域	14 164	4.04	13 777	3.54

注：摘自国家电力调度控制中心旬报。

第九章

环境保护与资源节约

一、资源节约

（一）供电煤耗

1. 全国情况

2015 年，全国 6 000 千瓦及以上火电厂每千瓦时供电标准煤耗 315 克，比上年降低 4 克，煤电机组供电煤耗继续保持世界先进水平。

2005—2015 年我国 6 000 千瓦及以上火电厂供电标准煤耗变化情况见图 9－1。

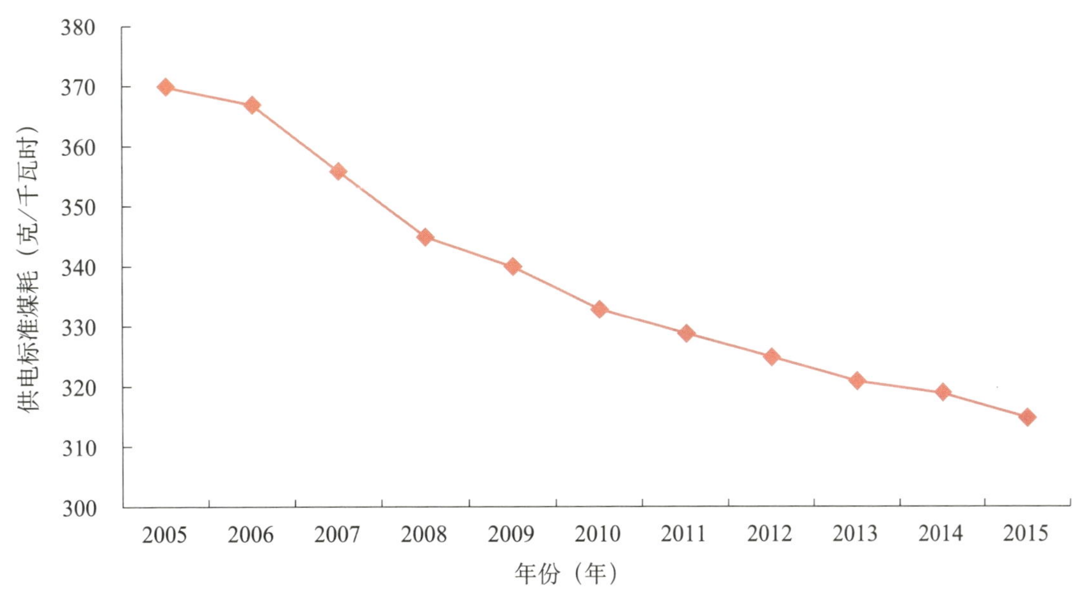

图 9－1　2005—2015 年我国 6 000 千瓦及以上火电厂供电标准煤耗变化情况

2. 各省份情况

2015 年全国各省份 6 000 千瓦及以上火电厂供电标准煤耗情况见表 9－1。

3. 主要发电集团公司情况

2015 年，中电联对 24 家拥有火电装机的主要发电企业统计调查结果为：24 家发电企业火电装机容量 7.18 亿千瓦，占全国火电装机容量的 72.5%。2015 年 24 家主要发电企业供电标准煤耗情况见表 9－2。

表 9－1　2015 年全国各省份 6 000 千瓦及以上火电厂供电标准煤耗情况

单位：克/千瓦时

地　区	供电煤耗	与上年比较	地　区	供电煤耗	与上年比较
全　国	315	-4	河　南	316	-1
北　京	215	-26	湖　北	313	4
天　津	300	-16	湖　南	323	9
河　北	326	1	广　东	310	-5
山　西	326	-4	广　西	319	1
内蒙古	337	0	海　南	306	-4
辽　宁	313	-2	重　庆	330	-2
吉　林	304	-4	四　川	323	1
黑龙江	329	-1	贵　州	328	-3
上　海	300	-2	云　南	337	2
江　苏	302	-6	西　藏	403	75
浙　江	298	-1	陕　西	329	0
安　徽	301	-8	甘　肃	324	-5
福　建	309	-1	青　海	371	10
江　西	310	-3	宁　夏	311	-36
山　东	322	-1	新　疆	325	-11

表 9－2　2015 年 24 家主要发电企业供电标准煤耗情况

单位：克/千瓦时

单位名称	供电煤耗	与上年比较
全　国	315	-4
中国华能集团公司	306	-4
中国大唐集团公司	310	-3
中国华电集团公司	305	-5
中国国电集团公司	310	-3
国家电力投资集团公司	308	-4
神华集团有限责任公司	318	-3
国投华靖电力控股股份有限公司	315	3
华润电力控股有限公司	307	-3
新力能源开发有限公司	281	-15
北京能源投资（集团）有限公司	292	-18
河北建设投资集团有限责任公司	317	-6
山西国际电力集团有限公司	318	-18

续表

单位名称	供电煤耗	与上年比较
申能股份有限公司	287	-9
江苏省国信资产管理集团有限公司	307	-1
浙江省能源集团有限公司	300	-3
安徽省能源集团公司	308	-2
江西省投资集团公司	307	0
湖北能源集团股份有限公司	316	-1
广东省粤电集团有限公司	315	0
中国广核集团有限公司	385	-5
广州发展集团有限公司	311	-4
深圳能源集团股份有限公司	306	-3
甘肃省电力投资集团公司	314	-26
中铝宁夏能源集团公司	324	-5

注：按发电装机容量由大到小排序。

4. 对部分大型发电企业火电机组调查统计情况

2015 年，中电联对总装机容量为 7.07 亿千瓦的大型发电企业按不同容量等级调查统计的供电标准煤耗情况见表 9－3。

表 9－3 2015 年大型发电企业不同容量等级火电机组供电标准煤耗情况

容量等级（万千瓦）	台数（台）	总装机容量（万千瓦）	供电标准煤耗（克/千瓦时）
全部机组	1 912	70 706	306
机组≥100	82	8 261	287
60≤机组＜100	454	28 711	309
30≤机组＜60	803	26 589	305
20≤机组＜30	175	3 671	324
10≤机组＜20	207	2 898	327
0.6≤机组＜10	191	575	355

（二）发电厂用电率

1. 全国情况

2015 年，全国 6 000 千瓦及以上电厂厂用电率 5.09%，比上年提高 0.26 个百分点。其中，水电 0.32%，比上年降低 0.18 个百分点；火电 6.04%，比上年提高 0.20 个百分点。2005—2015 年全国 6 000 千瓦及以上电厂厂用电率变化情况见图 9－2。

图 9－2　2005—2015 年全国 6 000 千瓦及以上电厂厂用电率变化情况

2. 各省份情况

2014 年、2015 年全国各省份 6 000 千瓦及以上电厂厂用电率情况见表 9－4。

表 9－4　2014 年、2015 年全国各省份 6 000 千瓦及以上发电厂用电率情况

单位：%

地　区	2015 年			2014 年		
	合计	水电	火电	合计	水电	火电
全　国	5.09	0.32	6.04	4.83	0.50	5.84
北　京	2.80	1.10	2.85	4.32	1.09	4.43
天　津	6.08		6.12	6.61		6.56
河　北	5.87	2.31	6.30	5.74	1.75	6.12
山　西	8.44	0.48	7.53	7.19	0.39	7.46
内蒙古	6.49	0.69	7.30	6.63	1.63	7.38
辽　宁	6.44	2.43	6.53	6.28	1.89	6.56
吉　林	6.23	1.06	6.93	6.19	0.80	7.08
黑龙江	6.22	1.22	6.70	6.18	1.29	6.71
上　海	4.44		4.45	4.57		4.58
江　苏	5.17	0.64	5.15	4.74	0.18	4.73
浙　江	4.87	0.41	4.96	4.93	0.44	5.03
安　徽	4.56	0.57	4.63	4.48	0.32	4.55
福　建	5.01	0.23	4.91	4.93	0.28	4.79
江　西	4.69	0.62	5.23	4.48	0.63	4.89
山　东	6.29	1.18	6.37	5.93		5.51
河　南	5.47	0.34	5.69	5.41	0.34	5.61
湖　北	2.25	0.11	5.17	2.14	0.10	5.22
湖　南	3.98	0.62	6.02	4.03	0.57	5.82
广　东	4.96	0.52	5.55	5.11	0.50	5.58
广　西	2.72	0.35	6.68	3.23	0.41	6.26

续表

地区	2015年			2014年		
	合计	水电	火电	合计	水电	火电
海南	7.28	0.95	7.44	6.76	0.42	7.42
重庆	5.24	0.47	7.39	5.58	0.45	8.09
四川	1.53	0.27	4.55	1.69	0.97	5.00
贵州	4.56	0.14	7.54	4.66	0.19	7.15
云南	1.61	0.19	7.57	1.59	0.19	7.22
西藏	3.38	0.81	13.23	1.93	0.99	3.19
陕西	6.88	0.71	7.23	6.89	0.69	7.23
甘肃	4.06	0.68	5.91	4.15	0.52	6.10
青海	1.72	0.21	7.42	1.91	0.20	8.12
宁夏						
新疆	5.60	1.46	6.38	3.08	0.95	3.60

3. 主要发电集团公司情况

2015年，27家主要发电企业厂用电率统计调查情况见表9－5。

表9－5 2015年27家主要电力企业厂用电率情况

单位：%、百分点

企业名称	2015年			与上年比较		
	总平均值	水电	火电	总平均值	水电	火电
中国华能集团公司	4.29	0.20	5.03	-0.16	0.01	-0.16
中国大唐集团公司	3.97	0.24	4.94	-0.33	-0.02	-0.17
中国华电集团公司	4.79	0.18	5.98	-0.22		-0.03
中国国电集团公司	4.54	0.31	5.14	-0.14		-0.04
国家电力投资集团公司	4.55	0.28	5.87	-0.27	0.02	-0.22
神华集团有限责任公司	6.31	0.25	6.50	-0.12	-0.02	-0.11
国投华靖电力控股股份有限公司	2.41	0.14	6.01	-0.26		0.57
中国核工业集团	6.33			0.13		
中国长江三峡集团公司	0.20	0.11		0.02	0.01	
华润电力控股有限公司	5.00		5.00	-0.04	-0.37	-0.04
黄河万家寨水利枢纽有限公司	0.25	0.25		0.04	0.04	
新力能源开发有限公司	3.89		3.89	-0.97		-0.97
北京能源投资（集团）有限公司	5.03	0.41	5.45	-0.73	-0.04	-0.76
河北建设投资集团有限责任公司	5.30		5.70	-0.17		-0.16
山西国际电力集团有限公司	6.29	0.55	6.78	-0.39	0.06	-0.45
申能股份有限公司	3.59		3.59	-0.06		-0.06
江苏省国信资产管理集团有限公司	4.85	1.16	4.91	-0.10	0.04	-0.06

续表

企业名称	2015 年			与上年比较		
	总平均值	水电	火电	总平均值	水电	火电
浙江省能源集团有限公司	4.85	0.43	4.94	-0.03	0.01	-0.02
安徽省能源集团公司	4.13		4.13	-0.62		-0.62
江西省投资集团公司	4.10	1.89	4.20	-0.38	0.81	-0.41
湖北能源集团股份有限公司	3.27	0.29	6.06	-0.06	-0.01	0.03
广东省粤电集团有限公司	5.44	0.13	5.89	-0.03	-0.02	0.06
中国广核集团有限公司	4.64	0.39	8.39	0.11	-0.02	0.29
广州发展集团有限公司	5.76		5.76	0.33		0.33
深圳能源集团股份有限公司	5.76	0.81	6.00	0.06	0.81	0.23
甘肃省电力投资集团公司	3.11	0.77	6.21	-0.08	-0.03	-0.85
中铝宁夏能源集团公司	6.93		7.70	0.39		0.49

（三）线损率

1. 全国情况

2015 年，全国线路损失率为6.64%，与上年持平。

2. 各省份情况

2015 年全国各省份线损率情况见表 9－6。

表 9－6　2015 年全国各省份线损率情况

单位:%、百分点

地　区	线损率	与上年比较	地　区	线损率	与上年比较
全　国	6.64	0	河　南	7.87	1.81
北　京	6.88	-0.01	湖　北	6.58	0.16
天　津	6.75	-0.01	湖　南	8.80	-0.61
河　北	6.68	-0.05	广　东	4.41	-0.53
山　西	6.49	-0.11	广　西	6.19	-0.65
内蒙古	5.72	0.53	海　南	7.24	-0.52
辽　宁	5.78	-0.43	重　庆	6.80	0.21
吉　林	7.44	2.32	四　川	9.12	-0.6
黑龙江	7.10	-0.11	贵　州	6.36	-0.08
上　海	6.12	-0.12	云　南	6.16	1.13
江　苏	4.28	-0.31	西　藏	13.84	0
浙　江	4.24	-0.25	陕　西	6.61	-0.47
安　徽	7.42	-0.25	甘　肃	6.44	1.31

续表

地　区	线损率	与上年比较	地　区	线损率	与上年比较
福　建	4.75	-0.90	青　海	2.97	-0.11
江　西	6.99	-0.23	宁　夏	3.55	-0.09
山　东	6.58	-0.12	新　疆	7.82	-0.17

二、火力发电厂的污染物排放与控制

（一）大气污染物排放与控制

2014年9月国家发展改革委、环境保护部、国家能源局联合印发《煤电节能减排升级与改造行动计划（2014—2020年）》（发改能源〔2014〕2093号），部分省份发布了燃煤机组超低排放改造名单，电力企业相继开展超低排放改造工作。2015年全国已完成超低排放改造机组容量约1.4亿千瓦，电力烟尘、二氧化硫、氮氧化物排放量大幅下降。

1. 烟尘

2015年，全国电力烟尘年排放量约为40万吨，比上年下降约59.2%；每千瓦时火电发电量烟尘排放量约为0.09克，比上年下降0.14克。

2001—2015年全国火力发电厂烟尘排放情况见图9－3。

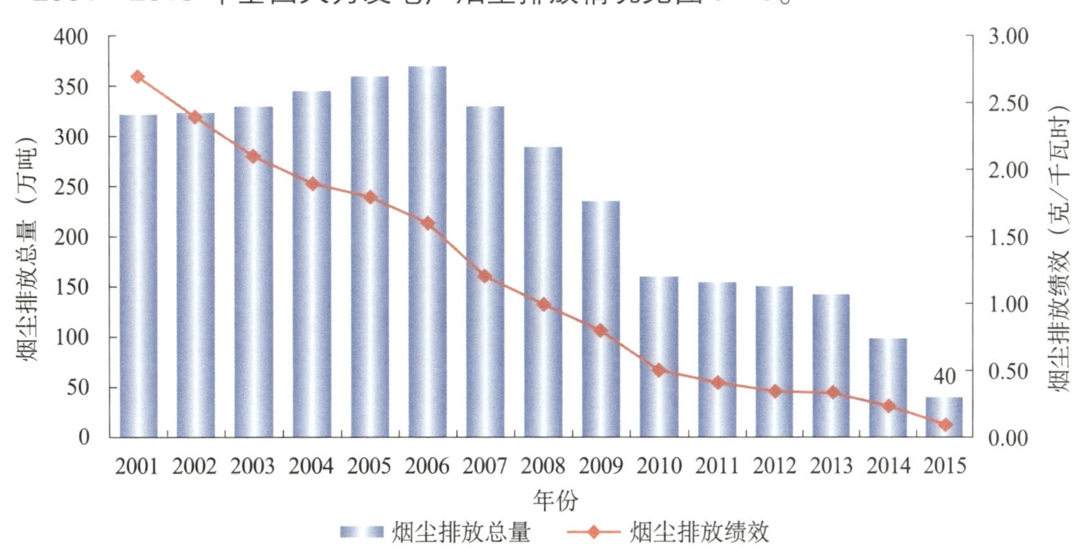

图9－3　2001—2015年全国火力发电厂烟尘排放情况[1]

[1] 烟尘排放量来源于电力行业统计分析，统计范围为全国装机容量6 000千瓦及以上火电厂。

截至 2015 年年底，燃煤电厂安装袋式除尘器、电袋复合式除尘器的机组容量 2.78 亿千瓦，占全国煤电机组容量的 30.92%。其中，袋式除尘器机组容量 0.78 亿千瓦，占全国煤电机组容量的 8.68%；电袋复合式除尘器机组容量 2.0 亿千瓦，占全国燃煤机组容量的 22.24%。2014 年、2015 年我国燃煤电厂不同除尘器类型占比情况见图 9－4。

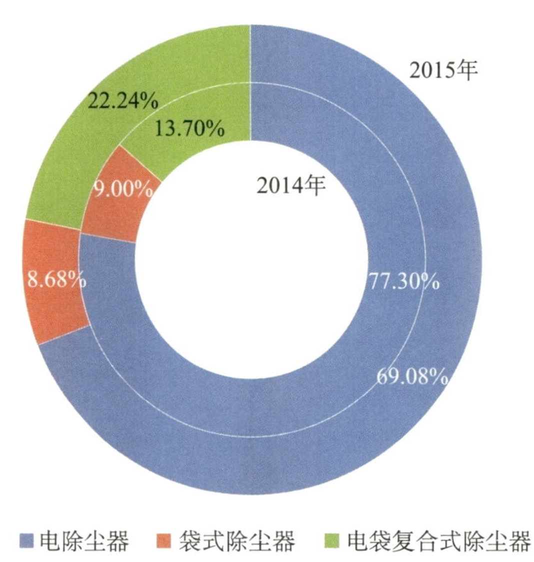

图 9－4　2014 年、2015 年我国燃煤电厂不同除尘器类型占比情况

截至 2015 年年底，参加 2015 年度火电厂环保产业登记的环保公司累计投运的袋式除尘器机组容量情况见附件 24，累计投运的电袋复合式除尘器机组容量情况见附件 25。

2. 二氧化硫

2015 年，全国二氧化硫排放 1 859.1 万吨，比上年下降 5.84%；电力二氧化硫排放约 200 万吨，比上年下降约 67.7%。电力二氧化硫排放量约占全国二氧化硫排放量的 10.8%，比上年降低约 20.6 个百分点。2015 年，每千瓦时火电发电量二氧化硫排放量约为 0.47 克，比上年下降 1 克。

2001—2015 年全国及电力二氧化硫排放情况见图 9－5，2005 年以来中美二氧化硫排放绩效对比见图 9－6。

2015 年，全国新投运火电厂烟气脱硫机组容量 0.53 亿千瓦；截至 2015 年年底，全国已投运火电厂烟气脱硫机组容量约 8.2 亿千瓦，占全国火电机组容量的 81.55%，占全国煤电机组容量的 91.20%，如果考虑具有脱硫作用的循环流化床锅炉，全国脱硫机组占煤电机组比例接近 100%。从脱硫机组技术采用方式看，截至 2015 年年底，石灰石—石膏湿法占 92.87%（含电石渣法等），海水法占 2.58%，烟气循环流化床法占 1.80%，氨法占 1.81%，其他占 0.93%。

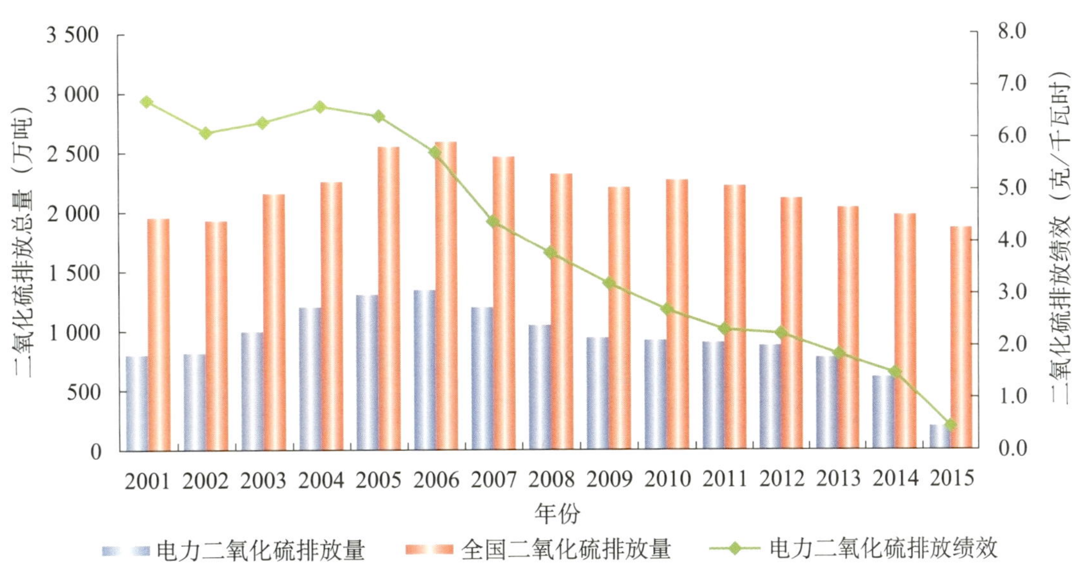

图9－5　2001—2015年全国及电力二氧化硫排放情况[1]

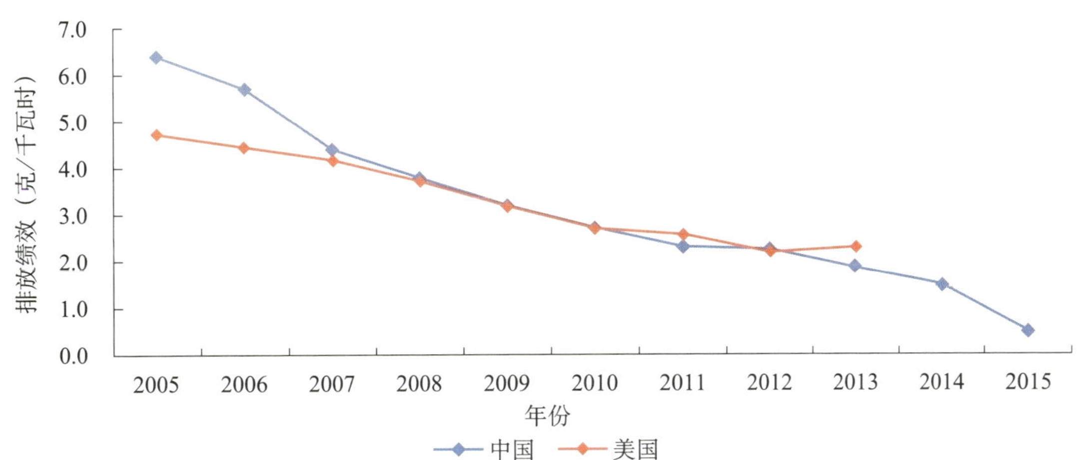

图9－6　2005年以来中美电力二氧化硫排放绩效对比[2]

截至2015年年底，已签订火电厂烟气脱硫特许经营合同的机组容量1.33亿千瓦，其中，1.067亿千瓦机组已按照特许经营模式运营。

2005—2015年全国烟气脱硫机组投运情况见图9－7；参加2015年度火电厂环保产业登记的环保公司中，2015年新投运的烟气脱硫机组容量情况见附件26，2015年年底累计投运的烟气脱硫机组容量情况见附件27，2015年年底累计签订合同的火电厂烟气脱硫特许经营机组容量情况见附件28。

[1]　全国二氧化硫数据来源于全国环境状况公报；电力二氧化硫排放量数据来源于电力行业统计分析，统计范围为全国装机容量6 000千瓦及以上火电厂。

[2]　中国为单位火电发电量SO_2排放量，美国为单位煤电发电量SO_2排放量。

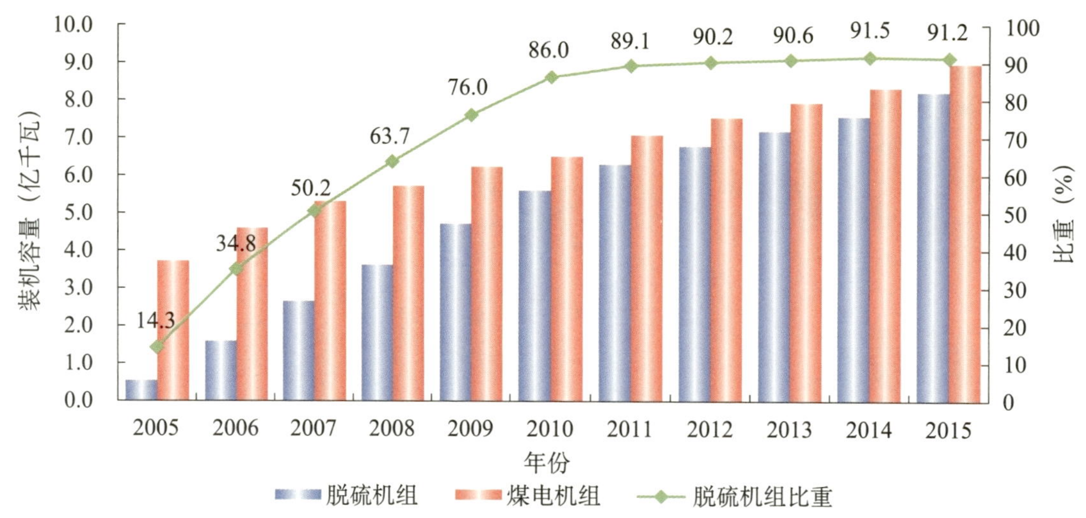

图 9－7　2005—2015 年全国烟气脱硫机组投运情况

3. 氮氧化物

2015 年，全国氮氧化物排放 1 851. 8 万吨，比上年下降 10. 9%；电力氮氧化物排放约 180 万吨，比上年约下降 71. 0%；电力氮氧化物排放量约占全国氮氧化物排放量的 9. 72%，比上年降低 20. 1 个百分点。2015 年，每千瓦时火电发电量氮氧化物排放量约 0. 43 克，比上年下降 1. 04 克。2005—2015 年全国及电力氮氧化物排放情况见图 9－8。

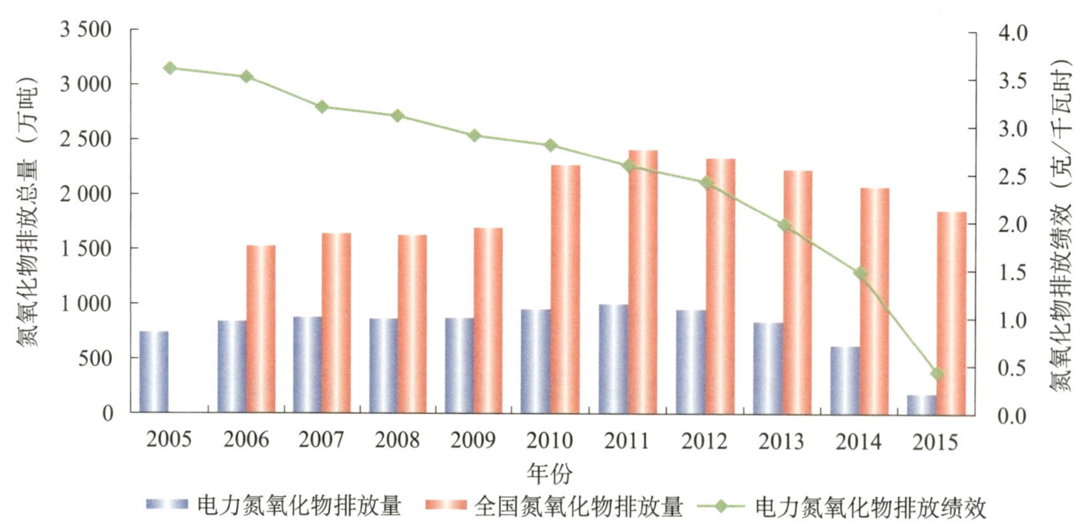

图 9－8　2005—2015 年全国及电力氮氧化物排放情况[1]

[1]　全国氮氧化物排放量数据来源于全国环境状况公报；电力氮氧化物排放量数据来源于电力行业统计分析，统计范围为全国装发电装机容量为 6 000 千瓦及以上火电厂。

2015 年，全国新投运火电厂烟气脱硝机组容量约 1.6 亿千瓦。截至 2015 年年底，全国已投运火电厂烟气脱硝机组容量约为 8.5 亿千瓦，占全国火电机组容量的 84.53%，占全国煤电机组容量的 94.54%。截至 2015 年年底，已签订火电厂烟气脱硝特许经营合同的机组容量 0.66 亿千瓦，其中，0.44 亿千瓦机组已按特许经营模式运营。

2005—2015 年全国火电厂烟气脱硝机组投运情况见图 9－9。在参加 2015 年度火电厂环保产业登记的环保公司中，2015 年新投运的火电厂烟气脱硝机组容量情况见附件 29，2015 年年底累计投运的火电厂烟气脱硝机组容量情况见附件 30，2015 年年底累计签订合同的火电厂烟气脱硝特许经营机组容量情况见附件 31。

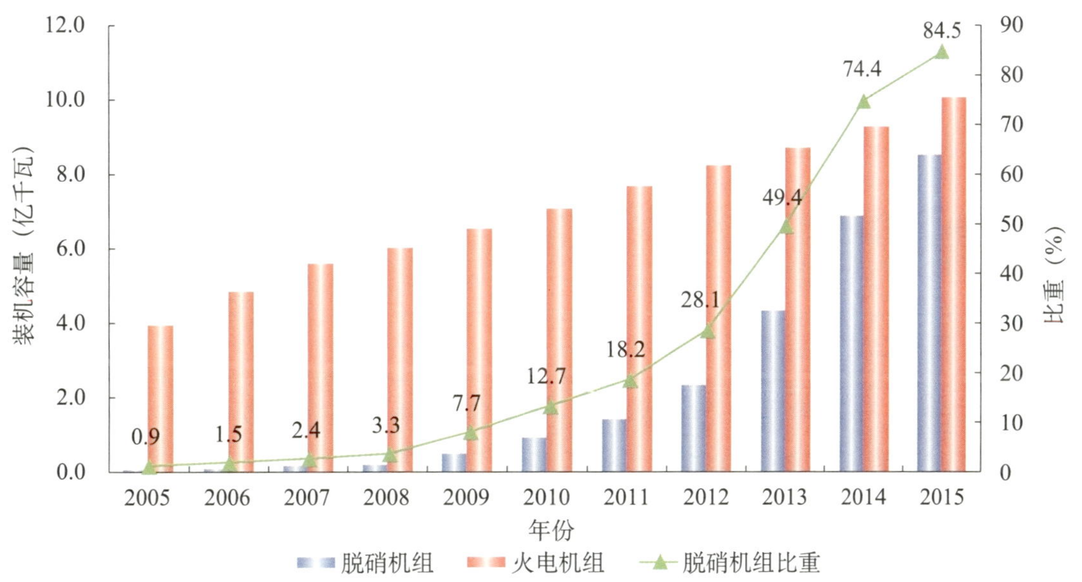

图 9－9　2005—2015 年全国火电厂烟气脱硝机组投运情况

（二）火电厂废水排放与控制

2015 年，全国火电厂每千瓦时发电量耗水量 1.4 千克，比上年降低 0.2 千克；每千瓦时发电量废水排放量 0.07 千克，比上年降低 0.01 千克。

2001—2015 年全国火电厂单位发电量耗水量和废水排放量情况见图 9－10。

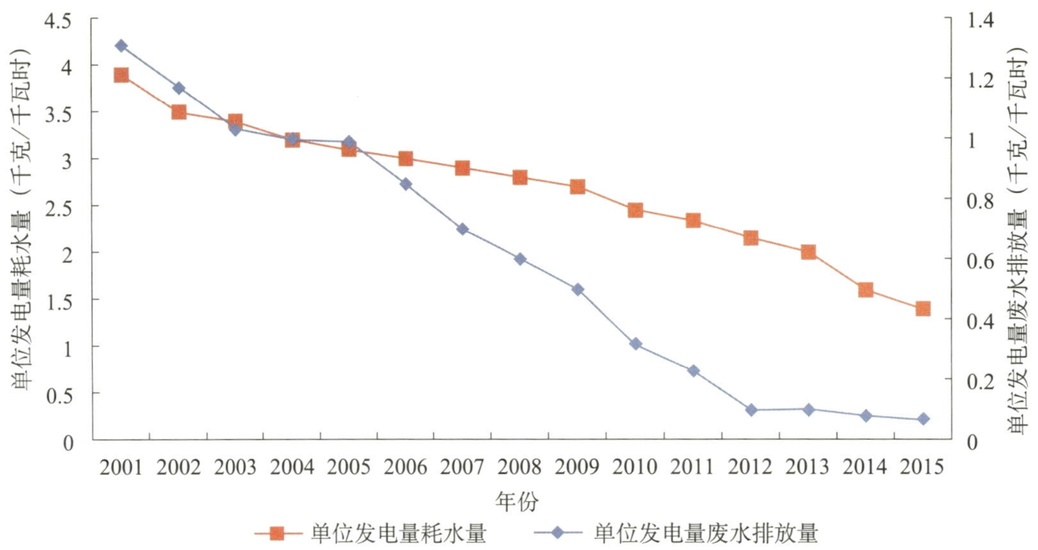

图 9－10　2001—2015 年全国火电厂单位发电量耗水量和废水排放量情况[1]

（三）固体废弃物排放与综合利用

2015 年，全国燃煤电厂产生粉煤灰约 5.0 亿吨，比上年下降 7%；综合利用率约为 70%，比上年提高 1 个百分点。2015 年，电力行业产生脱硫石膏约 7 200 万吨，比上年下降 3%；综合利用率约 72%，与上年持平。

2005—2015 年全国燃煤电厂粉煤灰产生与利用情况见图 9－11，2005—2015 年全国燃煤电厂脱硫石膏产生与利用情况见图 9－12。

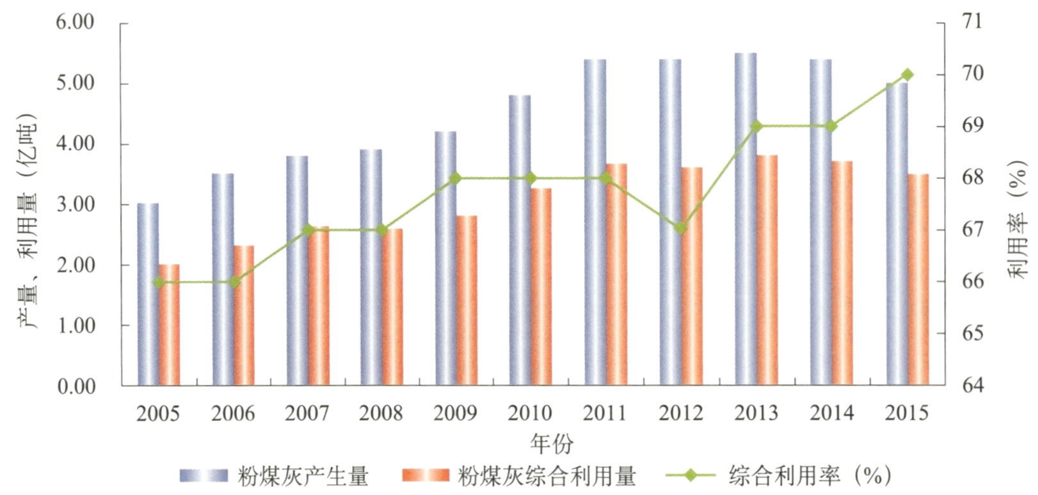

图 9－11　2005—2015 年全国燃煤电厂粉煤灰产生与利用情况[2]

[1]　数据来源于电力行业统计分析，统计范围为全国装机容量 6 000 千瓦及以上火电厂。

[2]　数据来源于电力行业统计分析，统计范围为全国装机容量 6 000 千瓦及以上火电厂。

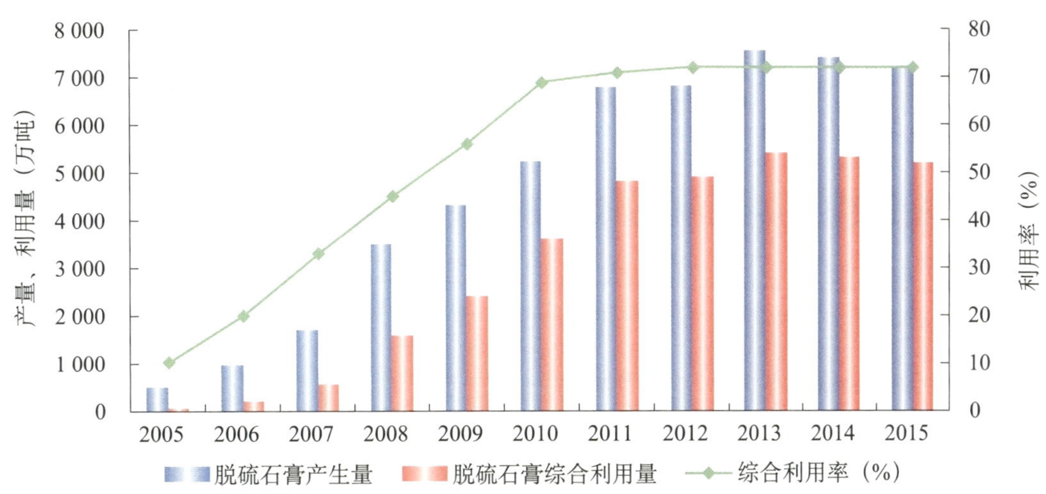

图 9－12　2005—2015 年全国燃煤电厂脱硫石膏产生与利用情况

三、应对气候变化

2005 年以来，随着发电结构及火电结构的优化，我国电力行业碳排放强度持续下降。经中电联初步统计分析，2015 年，全国每千瓦时火电发电量二氧化碳排放约 850 克，比 2005 年下降 18.9%；每千瓦时发电量二氧化碳排放约 627 克，比 2005 年下降 26.9%。

以 2005 年为基准年，2006—2015 年，通过发展非化石能源、降低供电煤耗和线损率等措施，电力行业累计减少二氧化碳排放约 76 亿吨，有效减缓了电力二氧化碳排放总量的增长。其中，供电煤耗降低对电力行业二氧化碳减排贡献率为 48%，非化石能源发展贡献率为 50%。以 2005 年为基准年，2006—2015 年各年减少二氧化碳排放情况见图 9－13。

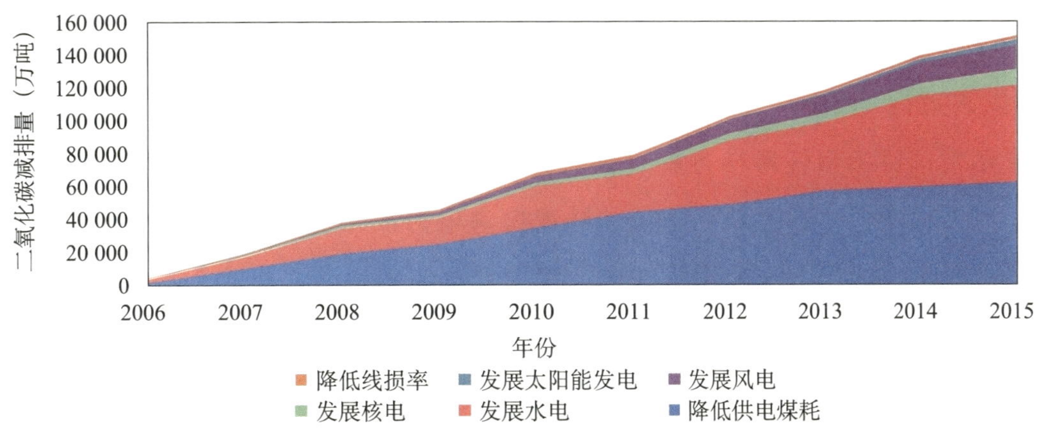

图 9－13　2006—2015 年各年减少二氧化碳排放情况

四、发电机组能耗对标

根据《全国火电燃煤机组能效水平对标管理办法》（2014 版）和《全国火电燃煤机组竞赛评比管理办法》（2014 版），中电联组织开展 2015 年度全国火电 60 万千瓦及以上机组能效水平对标工作。

2015 年，全国共有 57 台 100 万千瓦级超超临界机组（包括空冷机组 2 台、湿冷机组 55 台）、380 台 60 万千瓦级机组参加了火电机组能效对标。其中，55 台 100 万千瓦级湿冷机组平均每千瓦时供电标准煤耗为 284.77 克；57 台 60 万千瓦级超超临界湿冷机组平均每千瓦时供电标准煤耗为 286.45 克；144 台 60 万千瓦级超临界湿冷机组平均每千瓦时供电标准煤耗为 301.35 克；42 台 60 万千瓦级超临界空冷机组平均每千瓦时供电标准煤耗为 315.39 克；82 台 60 万千瓦级亚临界湿冷机组平均每千瓦时供电标准煤耗为 314.64 克；47 台 60 万千瓦级亚临界空冷机组平均每千瓦时供电标准煤耗为 329.93 克；6 台 60 万千瓦级俄（东欧）制机组平均每千瓦时供电标准煤耗为 316.14 克。2015 年度全国火电 100 万千瓦级超超临界机组能效指标见附件 32，60 万千瓦级超超临界机组能效指标见附件 33，60 万千瓦级超临界湿冷机组能效指标见附件 34，60 万千瓦级超临界空冷机组能效指标见附件 35，60 万千瓦级亚临界湿冷机组能效指标见附件 36，60 万千瓦级亚临界空冷机组能效指标见附件 37，60 万千瓦级俄（东欧）制机组能效指标见附件 38。

五、电力需求侧管理

2015 年，国家电网和南方电网根据《关于印发〈电力需求侧管理办法〉的通知》（发改运行〔2010〕2643 号）和《国家发展改革委关于印发〈电网企业实施电力需求侧管理目标责任考核方案（试行）〉的通知》（发改运行〔2011〕2407 号）要求，以深化电力体制改革为契机，继续推进电力需求侧管理，引导用户节约电力电量，创新平台应用，探索需求响应，大力实施电能替代，有力保障电力供需平衡和促进资源优化配置。

2015 年，西藏自治区加入实施电力需求侧管理目标责任考核，自此全国 31 个省份的电网企业均参加了考核，国网系统和南网系统全年超额完成了责任目标，共节约电量142.73亿千瓦时，节约电力327.25万千瓦。2015年电网企业实施电力需求侧管理目标责任完成情况见表9－7。

表9－7　2015年电网企业实施电力需求侧管理目标责任完成情况

地区	节约电量（亿千瓦时）		节约电力（万千瓦）	
	目标	实际完成	目标	实际完成
国家电网系统	99.81	118.75	196.36	268.80
北京	2.52	2.59	5.23	6.80
天津	1.96	2.23	3.93	4.38
河北	8.48	8.73	15.40	16.23
冀北	4.05	4.48	6.32	7.86
冀南	4.42	4.25	9.08	8.38
山西	4.11	5.12	7.32	10.93
内蒙古	2.82	3.08	4.01	6.44
蒙东	0.42	0.54	1.41	3.31
蒙西	2.40	2.54	2.60	3.13
山东	9.08	17.34	17.12	40.01
辽宁	4.75	5.69	7.67	13.84
吉林	1.11	1.33	2.66	3.60
黑龙江	1.44	1.44	3.57	3.64
上海	3.37	4.03	8.04	9.54
江苏	12.79	13.08	23.59	24.12
浙江	5.76	6.00	17.32	29.89
安徽	3.65	3.76	8.15	8.45
福建	4.45	6.23	7.62	12.47
湖北	3.94	4.06	7.94	8.55
湖南	3.02	3.64	6.41	9.47
河南	4.95	6.20	15.02	15.04
江西	2.49	2.52	4.60	5.96
四川	4.86	4.94	8.30	10.81
重庆	1.81	2.02	4.38	4.63
西藏	0.08	0.10	0.20	0.25
陕西	2.08	2.34	5.24	5.38
甘肃	2.48	3.01	4.15	9.00
青海	1.94	2.08	2.70	3.01
宁夏	3.57	4.00	2.15	2.18
新疆	2.31	3.18	3.64	4.18

续表

地　区	节约电量（亿千瓦时）		节约电力（万千瓦）	
	目　标	实际完成	目　标	实际完成
南网系统	22.62	23.98	44.13	58.45
广　东	14.02	14.80	29.28	34.84
广　西	2.34	2.42	4.10	5.37
贵　州	2.52	2.55	5.13	5.46
云　南	3.16	3.59	4.59	11.47
海　南	0.58	0.62	1.03	1.31

第十章

电力科技与信息化

一、电力装备与科技发展水平

2015 年是“十二五”收官之年，电力科技创新实现重大突破，特高压、智能电网、大容量高参数低损耗火电机组、高效洁净燃煤发电、第三代核电工程设计和设备制造、可再生能源发电等技术得到全面发展，对转变电力发展方式起到巨大的推动作用。

在特高压输电技术领域，高压直流断路器关键技术、大电网规划与运行控制技术深化研究重大专项等方面取得新的进展。超—特高压交直流同塔多回输电线路杆塔荷载及结构研究、±800 千伏特高压直流线路带电作业关键技术研究与工具研制及应用、特高压直流输电线路宽频域电晕电流测量技术研究及工程应用取得阶段性成果。

智能电网方面，高压大容量多端柔性直流输电关键技术开发、装备研制及工程应用取得成果。世界首次采用大容量柔性直流与常规直流组合模式的背靠背直流工程——鲁西背靠背直流工程正式开工建设。世界上首个采用真双极接线、额定电压和输送容量双双达到国际之最的 ±320 千伏柔性直流输电科技示范工程在厦门正式投运，象征着我国全面掌握和具备了高压大容量柔性直流输电关键技术和工程成套能力，实现了“中国创造”和“中国引领”。

我国二次再热发电技术获重大突破。二次再热发电技术是《国家能源技术“十二五”规划》重点攻关技术，是当前世界领先的发电技术，具有高效率、低能耗等优势。随着世界首台 66 万千瓦超超临界二次再热燃煤机组——江西华能安源电厂 1 号机组和世界首台 100 万千瓦超超临界二次再热燃煤发电机组——国电泰州电厂二期工程 3 号机组相继投运，标志着二次再热发电技术在国内得到推广应用，标志着我国电力设计、制造、安装和调试水平又迈上了新台阶，为二次再热发电技术在国内的推广应用做出了示范，对促进我国能源生产革命、建设创新型国家具有重要意义。

世界首台最大容量等级的四川白马60万千瓦超临界循环流化床示范电站的建成以及世界首台35万千瓦超临界循环流化床机组（山西国金电力公司1号机组）的投运，标志着我国已经完全掌握循环流化床锅炉的核心技术，在循环流化床燃烧大型化、高参数等方面达到了世界领先水平。2015年共有5台35万千瓦超临界循环流化床机组投入商业运行，并实现了超临界循环流化床锅炉技术的整体出口。

我国首个700℃关键部件验证试验平台在华能南京电厂成功投运并实现700℃稳定运行，验证平台建设取得圆满成功，标志着我国新一代先进发电技术——700℃超超临界燃煤发电技术的研究开发工作取得了重要阶段性成果。

我国自主三代核电技术“华龙一号”示范工程——中核集团福清5号核电机组正式开工建设。该工程的建设，使我国成为继美国、法国、俄罗斯之后又一个具有自主三代核电技术的国家，我国已正式迈入世界先进核电技术国家阵营。作为中国核电“走出去”的主打品牌，在设计创新上，“华龙一号”提出“能动和非能动相结合”的安全设计理念，采用177个燃料组件的反应堆堆芯、多重冗余的安全系统、单堆布置、双层安全壳，全面平衡贯彻了纵深防御的设计原则，设置了完善的严重事故预防和缓解措施等。其安全和性能指标达到了国际三代核电技术的先进水平，具有完整自主知识产权。

二、部分电力企业科技资源配置情况

（一）企业科技投入

对国家电网、南方电网、华能集团、大唐集团、华电集团、国电集团、国家电投集团、三峡集团、神华集团、中广核、中核集团、中国电力建设集团公司（以下简称“中国电建”）、中国能源建设集团公司（以下简称“中国能建”）、粤电集团、浙能集团等15家大型电力企业年度统计数据分析显示，2015年科技投入金额共计527.43亿元，占营业总收入的1.85%。科技投入中，自筹技术开发费用投入386.34亿元，占科技投入总额的73.25%。

（二）科研机构及人力资源情况

2015年，15家大型电力企业共有科研机构224家，从事科研活动职工196 049

人，占年末企业从业人员总数的 13.13%；从支撑结构来看，高级、中级和其他人员分别为 33 529 人、56 818 人、92 635 人，分别占科研机构职工总人数的 15.49%、27.13%、43.96%。

2015 年，15 家大型电力企业共有研发机构 957 家，其中国家重点实验室 16 家、国家工程实验室 4 家、国家工程技术研究中心 10 家、国家级企业技术中心 23 个、省部级认定的研发机构 249 家。

三、科技成果

2015 年，电力企业获得国家科学技术进步奖 5 项（其中，二等奖 5 项）（见附件 39）；获得中国电力科学技术奖 91 项，包括 2015 年度中国电力技术发明奖 5 项、中国电力科学技术进步奖 86 项（其中，一等奖 8 项，二等奖 26 项）（见附件 40）。

2015 年，15 家大型电力企业的国内专利申请量 32 002 项，本年度专利授权量和有效量分别为 16 214 项和 64 836 项，涉外专利授权量和有效量分别为 14 项和 41 项；累计发表论文 16 277 篇，其中 SCI 和 EI 收录论文分别为 397 篇和 1 437 篇，占论文发表总篇数的比重分别为 2.07% 和 3.72%。

（一）电网领域

1. 输变电技术成果

（1）高压大容量多端柔性直流输电关键技术开发、装备研制及工程应用。

项目由南方电网等单位完成。依托国家科技项目，组建了多家产学研团队，历经五年攻关，在多端柔性直流输电关键技术、设备研制、试验能力建设、多设备技术集成和工程技术等方面取得了一系列重大创新成果。在广东南澳风电基地建成了世界首个多端柔性直流输电工程，多个风电场通过多端柔性直流输电系统汇集并网输送，具有多端柔性直流输电系统与交流线路并联运行的协调控制和在线切换的功能。工程提高了风电场故障穿越能力，提高了南澳风电利用率，已成为南澳风电送出的主要通道，创造了良好的社会效益和经济效益。运行情况稳定，推动了柔性直流输电在大电网中的应用。

（2）电网大面积污闪事故防治关键技术及工程应用。

项目由中国电力科学研究院、清华大学等单位完成。项目建立全电网长周期自然积污监测体系，编制出基于可溶物与非可溶物双要素电网污区图，实现了全电网不同污区可靠、经济的外绝缘配置；开发出长期高机械可靠性的复合绝缘子，实现了有机外绝缘的更新换代；提出憎水性迁移、直流电蚀损等确保产品质量的检测新方法，显著提升了有机外绝缘的长期电气可靠性。项目形成成果已在国家电网公司新建和在运输变电工程得到广泛应用。

2. 电网安全稳定控制技术成果

(1) 预防交直流混联电网大面积停电的快速防控与故障隔离技术及应用。

项目由中国电力科学研究院、国网四川省电力公司等单位完成。从交直流混联电网故障传播理论研究入手，建立体系化评估方法，开发成套防控决策支撑软件；在此基础上，研发跨区交直流协调控制系统，研制具有自主知识产权的快速故障隔离装置，构建具有国际领先水平的快速安全防控系统。项目实现了特大型交直流混联电网快速安全防控技术，在预防电网大面积停电的关键技术上获得重大突破，为我国电网安全和跨区域清洁能源优化配置提供了技术保障，取得了巨大的经济效益和社会效益。

(2) 大型互联电网联络线安全运行与控制关键技术及应用。

项目由中国电力科学研究院、国家电力调度控制中心等单位完成。项目揭示了输电断面功率波动和振荡的机理，攻克了功率波动峰值预测、振荡性质辨识、扰动源定位和功率控制 4 项难题；提出了电网主导失稳模式辨识方法和国家电网动态电压支撑能力提升方案；研发出世界首套“毫秒级—秒级—分钟级”统一仿真的电力系统全过程动态仿真软件，为分析确定关键输电断面和电压失稳风险区域提供了必要手段。项目成果广泛应用于全国 34 个省级及以上电网规划调度运行和高校科研教学，以及巴西、印度尼西亚等国家和地区的电网安全分析。

3. 其他技术研发成果

电网信息安全主动防御关键技术与自主可控装备。项目由中国电力科学研究院、国网智能电网研究院等单位完成。项目攻克了电网异构终端安全自主防御、网络边界隔离与数据安全交互、面向电网业务应用的安全监控与感知等重大技术难题，开发了高准确率的终端恶意程序检测引擎，提出并研制了具有国际领先水平的信息网络强隔离装置。该项目成果实现了电力业务应用与各级信息网络的全对象安全威胁感知与预警，提升了我国在信息安全领域的自主创新能力和整体竞争能力。依托项目成果建成国内外最大规模企业级业务网络的安全监控与感知系统，成果应用于能源、电信、金融、铁路等多个重要国民经济行业及政府、公安、军队等特殊领域，并出口新加坡、日本、白俄罗斯等国，取得了重大的社会和经济效益。

（二）电源领域

1. 水电科技成果

（1）特大型水轮机控制系统关键技术、成套装备与产业化。

项目由华中科技大学、三峡集团等单位完成。项目围绕水轮机控制性能好和可靠性高这两个迫切需求，构建面向水库及引水管、水轮发电机组、电网的全系统研究分析平台，从理论方法研究、关键技术突破、高性能装备研发、机网协调运行等多方面开展工作，通过对水轮机控制系统、电/液转换、机械液压全过程优化，实现机组功率的快速平稳和可靠控制，阻尼电网功率低频振荡，提升线路输电能力，保证电网运行安全。项目成果自2009年首次投运以来，已在41台特大型水电机组上应用（包括世界最大的8台800MW机组），占国内全部已投运特大型机组的46%、全国产化成套装备的91%。

（2）300m级溪洛渡拱坝智能化建设关键技术。

项目由三峡集团、清华大学等单位完成。针对溪洛渡特高拱坝建设的特点和难点，围绕300m级溪洛渡拱坝优质高效建设的目标，研发了一整套300m级溪洛渡拱坝智能化建设关键技术，创建了特高拱坝智能化建设理论和体系，攻克了智能拱坝建设的关键技术；建立了特高拱坝施工进度与真实工作性态的动态耦合仿真分析模型与方法，实现了大坝建设全过程实时工作性态的动态可控；创建了全生命周期拱坝全景信息模型（DIM），研发了智能拱坝建设与运行信息化平台（iDam）。成果在溪洛渡特高拱坝建设中得到了成功应用。成果已在向家坝、白鹤滩、乌东德、藏木等工程应用推广，社会和经济效益显著。

（3）600m级高边坡开挖加固技术及安全控制。

项目由中国水利水电第七工程局有限公司、中国水利水电第四工程局有限公司等单位完成。项目主要研究了高边坡优质高效环保施工技术、高边坡开挖控制施工技术、高边坡加固处理施工技术、特高边坡施工安全预警和稳定控制技术、水电工程边坡施工信息三维可视化动态管理系统等内容。项目系统建立了高陡边坡治理施工理念和技术方法体系。项目成果在小湾、锦屏一级、溪洛渡、拉西瓦、白鹤滩、高摩赞（巴基斯坦）、巴贡（马来西亚）等国内外数十个水电工程边坡施工中成功应用，同时在交通、城建等行业中得到推广应用，社会和经济效益显著。

（4）超长输水发电系统水力特性及巨型差动式调压室关键技术。

项目由中国电建华东勘测设计研究院有限公司、雅砻江流域水电开发有限公司等单位完成。结合国家“西电东送”骨干工程锦屏二级水电站的设计建设，项目研究攻克了巨型差动式调压室涌浪振幅大、波动周期长、衰减慢、结构承压高等系列难题，保证了压差达70m量级差动式调压室的结构安全稳定，提高了电站运行的灵活性和电网系统的稳定性。

2. 火电科技成果

（1）250MW级整体煤气化联合循环发电（IGCC）关键技术及工程应用。

项目由华能集团等单位完成。本项目是国家“十一五”高技术研究发展计划（863计划）重大项目课题，包括25万千瓦IGCC系统试验和示范、2 000吨/天级干煤粉加压气化技术开发与示范、IGCC联产系统运行及控制技术、25万千瓦级IGCC煤气显热回收技术的开发与示范。开发出具有自主知识产权的IGCC关键技术成套设备，建成我国第一座IGCC示范电站。

（2）60万千瓦超临界循环流化床锅炉技术开发与工程示范。

项目由神华集团、东方电气集团东方锅炉股份有限公司等单位完成。项目创造性地建立了60万千瓦超临界循环流化床锅炉发电系统集成技术，研究开发了60万千瓦超临界CFB锅炉机组的辅机选型技术，完成了60万千瓦超临界循环流化床锅炉发电示范工程设计，主要技术指标和排放指标实际运行值符合设计期望值。该项目的成功，为解决我国电力生产和绿色煤炭中低热值燃料的高效清洁利用问题提供了条件，缓解了煤炭生产地区的劣质燃料堆弃污染，推动了锅炉制造厂的产业结构调整和优化升级，提高了企业和相关行业竞争能力，具有显著的社会和经济效益。

（3）加氧少油点火与稳燃技术的研发及应用。

项目由西安热工研究院有限公司等单位完成。项目技术在传统的微油点火技术基础上增加了氧气供应系统，采用布置多级加氧枪的新型点火燃烧器，促进低挥发分煤在少量燃油条件下稳定着火，实现低挥发分煤锅炉安全、节油点火启动和稳燃。该技术已成功应用于多台无烟煤、劣质贫煤锅炉，大幅推动了燃煤电站锅炉点火及稳燃技术领域的进步。

（4）“W”火焰锅炉低NOx煤粉燃烧技术。

项目由烟台龙源电力技术股份有限公司、国电荥阳煤电一体化有限公司等单位完成。“W”火焰锅炉下炉膛截面积偏大且四周敷设卫燃带，易造成煤粉火焰冲刷炉墙，结渣倾向大；锅炉 NOx 排放量普遍偏高。该技术的特点是在煤粉燃烧过程中通过采用高效稳燃燃烧器和配风精细控制保证煤粉的高效燃烧和燃尽，并在此基础上通过深度到位的上下炉膛空气分级和下炉膛温度均匀性控制实现降低 NOx 排放。该技术集防结渣、防腐蚀、高效燃烧、低 NOx 排放多功能于一体，大大降低火电厂对环境的污染，为燃煤电厂开辟了清洁、高效、经济运行的新途径。

3. 核电科技成果

（1）压水堆核电站热态功能试验技术创新与应用。

项目由中广核完成。核电站热态功能试验作为机组装料前最重要的综合性能试验，面临着设备质量问题集中暴露、试验项目众多、技术复杂等难题。项目为保证热试质量、进度和风险控制，提高机组调试启动能力而开展研究，研发了核电机组热试阶段一回路抽真空排气的新方法和抽真空及轴封压差平衡新装置；制定 BAS、COC 试验新方案；创建了调试运行一体化热试操作程序；制定了与 SOP 形成优势互补的重大试验控制策略；研发了核电站压力释放阀标定等若干专用工具。项目成果已成功应用于辽宁红沿河核电 2 号机组、福建宁德核电 2 号机组、广东阳江核电 1 号机组的调试，经实践检验，在明显提高热态功能试验质量的前提下，提高了效率，降低了风险。该项成果申请多项专利，具有广泛的应用推广价值和前景。

（2）AMX 型主给水泵的研制及工程应用。

项目由中广核完成。针对岭东 APA 主给水泵可靠性低、存在轴承油封泄漏、低负荷振动等问题，项目组进行 AMX 型主给水泵的研制。自 2013 年 8 月开始，样机在岭东 L3APA302PO 上保持持续运行，并顺利通过了 L304 大修的解体检查验证，同时将泵组的相关改进拓展到其他主给水泵，彻底解决了岭东 APA 主给水泵可靠性低的问题，提高了机组运行的安全性，实现了核电站主给水泵的国产化。同时，样机在其他新项目中也得到了肯定与应用，该型主给水泵已经获取福清、红沿河与巴基斯坦等后续新项目合同。

（3）CAP1400PCS 水分配设计、分析及试验相关技术。

项目由国家电投集团完成。项目重点研究了 PCS 水分配装置的分析、试验技术，通过开展水膜流动特性 CFD 分析、CAP1400 水分配试验等，形成了完整的、功能明确的、参数可调的 PCS 水分配装置设计方法，获得水膜覆盖规律，建立了完整的水分配装置系统级的研究体系，为 PCS 系统设计和安全评审提供了技术支持。

（4）内陆核电厂址大气扩散模拟分析技术。

项目由国家电投集团完成。结合我国内陆核电厂址的气象和地形特征，通过现场示踪试验，项目模拟了内陆核电厂放射性气载流出物的释放，获得了大型自然通风冷却塔对污染物扩散和对局地环境影响的试验数据；针对冷却塔底部进风口对局地环流的影响开展研究，揭示了冷却塔对气态流出物扩散的影响规律；基于 CFD 软件，自主开发了核电厂近区大气扩散参数的模拟程序。该成果研究方法、试验数据和研究结论为今后分析内陆核电厂址气载放射性流出物的扩散提供了有力的技术支撑，推动了核电厂大气环评领域的技术发展，形成的研究体系不但为今后开展内陆核电厂大气环境影响评价工作指明方向，也为国家审管部门制定相应的规范导则提供技术依据，具有良好的社会效益。

4. 非水可再生能源科技成果

（1）新能源发电优化调度关键技术及应用。

项目由中国电力科学研究院、国网吉林省电力有限公司等单位完成。项目提出了新能源功率波动过程预测方法，显著提高了预测精度；提出了含相关性随机变量的优化模型快速求解方法，实现了新能源在线随机优化调度；提出了电网—场站—发电单元三层新能源有功功率控制方法；发明了风电机组和光伏逆变器低电压穿越控制策略；提出了适应新能源功率波动及故障穿越的输电通道安全稳定控制方法，形成具有自主知识产权的新能源发电调度运行核心技术及相应的系列产品。研发的新能源调度技术支持平台已应用于23 个省级及以上电力调度控制中心，覆盖新能源总装机容量超过 1 亿千瓦；研发的低电压穿越装置已应用于近 4 000 万千瓦风电机组和光伏逆变器，并出口到美国、德国等 50 多个国家。

（2）风电场光伏电站集群控制系统研究与开发。

项目由国网甘肃省电力公司、国网电力科学研究院等单位完成。该项目依托甘肃酒泉千万千瓦级风电基地、百万千瓦级光电基地，围绕我国“规模化开发、集中式并网、远距离输送”新能源开发模式面临的可控性不足，开展了风电机组/光伏组件、风电场/光伏电站及其集群的出力特性研究，建立了机—场—群模型，制定了大型风电基地和光伏基地的集群控制策略，研发了控制系统，并应用于示范工程设计集成和运行管理，对我国大规模风电、光伏基地的建设起到了示范和推动作用。

（3）光伏发电并网检测评价技术研究及平台开发。

项目由中国电力科学研究院、国网青海省电力公司等单位完成。针对目前并网光伏发电检测与分析评价领域存在的问题，项目通过深入的理论研究、机电暂态和电磁暂态仿真建模研究、实验室型式试验以及现场检测试验，进行检测方法和分析评价技术的研究与探索，并制定相关标准，开发并网光伏发电检测分析与评价软件，研制光伏逆变器与光伏电站检测平台，构建了完整的光伏发电并网检测和分析评价体系。依托项目建成了目前世界唯一覆盖全部逆变器容量、电压等级、拓扑结构和检测项目的检测实验室，也是世界首个具备零电压穿越和高电压穿越测试能力的大容量光伏逆变器检测实验室。项目建成了大规模光伏电站和分布式光伏发电系统两套移动检测平台，为我国光伏发电特别是在西北高海拔区域开展并网性能检测解决了关键装备问题。

四、电力信息化

（一）电力信息化水平

“十二五”期间，电力企业信息化建设从规模化向科学化发展，信息技术标准化、规范化加强，信息化建设项目的成功率和实用性显著提高；信息化基础设施建设满足系统应用的需求，信息通信网为建设坚强智能电网提供了保障；信息技术已经融入电力企业生产运营管理过程中的各个环节，信息系统实现了对电力企业运营管理的全面支撑；信息数据成为电力企业生产、管理、运行、决策、服务的重要依据，成为电力规划、设计、建设、运营等业务高效运行的重要纽带。信息安全水平稳步提升，分区分域的安全机制基本形成。

随着国家信息化与工业化深度融合方针的贯彻以及促进智能电网发展指导意见的出台，电力企业围绕能源互联网、智能电厂、多源互补、智能电网和微电网等智能能源相关领域在积极地探索和试点建设中。

2015 年，由中电联组织的电力行业信息化优秀成果评选共收集成果 427 项，选出 199 项优秀成果，其中一等奖 39 项、二等奖 63 项、优秀奖 97 项。获奖成果在智能电网、互联网 +、云计算数据中心、移动办公平台建设等方面均有建树和发展，部分成果成为企业生产经营管理的主体和核心系统，产生了巨大的经济效益和社会效益，对电力行业的发展方向产生了积极影响并起到了重要支撑作用。

2015 年，由中电联向工业与信息化部互联网与工业融合创新联盟推荐的中国电力科学研究院的《基于云计算技术的智能电网在线分析系统研发与应用》和国网冀北电力公司的《提高系统故障事前监测能力管理创新》电力信息化优秀成果，成功入选《2015 年中国互联网与工业融合发展报告》蓝皮书。

（二）信息化优秀成果

1. 基于大数据的配网故障分析及运行优化辅助决策系统

该项目由国网江苏省电力公司完成。决策系统内容涵盖配网故障分析及预警、配电自动化系统成效分析与配网负荷统计分析及运行方式优化三大领域，建成了集信息采集、传输、模型分析、故障诊断、风险预警、运行绩效分析于一体的综合监控及辅助决策系统，实现了全省配网运行状况的实时监测和预警，通过构建统一的配网数据模型集成分散于营、配、调等业务领域的配网数据，及时准确的诊断分析配网故障、分析配网网架的自动化系统运行情况及负荷状况，实现了配网管理的集约化、精益化，有力支撑了电网的安全运行。

2. 电力大数据技术研究与应用

该项目由国网江苏省电力公司完成。通过构建电力大数据技术研究与应用平台，从电力企业不同数据源汇集相关信息，对海量的电力数据进行统一的管理和分析，找出用户行为的相关性，指导系统功能的完善和优化，使系统更加安全、可靠、稳定和友好；利用大数据存储技术及搜索引擎技术对各省（地市）公司各类建设信息及情况进行高效的存储解析，为用户提供关键信息检索及热点信息查询服务；研究大数据平台的多用户任务控制与调度技术研究与应用，实现大数据平台对于不同任务类型的可管理性，促进大数据平台在用户、任务、资源的可管、可控和可运营。

3. 企业级移动安全接入关键技术研究与应用

该项目由南方电网完成。为了有效保障企业内外网应用和移动应用的安全，整合并监控远程/移动接入通道，进行了移动安全接入方法和关键技术研究、移动互联网数据加密算法研究、移动安全接入管理模型研究，解决本地移动应用接入安全和移动终端安全问题，实现移动终端接入的信息安全全程管控，完成移动安全接入平台建设，为企业移动信息化的落实及推进提供支持。

4. 省级电网企业综合信息安全技术研究与应用

该项目由国网辽宁省电力有限公司完成。该项目研发了多通道、低带宽的并行加密技术，实现了数据在传输过程中的加密，解决了大型企业信息系统集中部署环境下业务高效安全传输的难题。研发了移动作业终端安全接入防护系统，解决了大型供电企业异构终端和数据安全接入的难题。提出了软件固化技术结合内核过滤技术控制内网计算机网络通信的方法，攻克了常规探测方式易被规避的难题。研发了办公桌面应用软件可信任进程识别技术，解决了企业办公终端使用管理的难题。研发了全面动态监测信息网络、信息系统和终端设备等安全状态技术，实现了信息系统前期预警、运行监测、事后审计的全过程动态管控，攻克了智能电网分布式海量数据访问权限控制与隐私保护难题。研发了适合大型供电企业信息内外网高强度安全隔离技术，实现了内网核心数据库与外网业务应用之间的安全隔离与实时交互，有效阻断了外界对电力企业核心信息系统及业务数据的攻击。

5. 面向电力应急通信的高抗毁柔性无线安全接入技术研究

该项目由北京国电通网络技术有限公司完成。研究的主要目的是根据国网公司科技规划及应急通信业务需求，通过深入研究无线/移动通信技术在电力应急通信中的应用，以高抗毁柔性无线安全接入技术为重点开发装置并进行验证应用，为电力应急通信提供高效实用、安全可靠的通信手段，为进一步完善电力应急通信体系和电力安全生产提供服务和支持。

研究的主要成果是通过系列通信手段在应急指挥中心到无线综合接入装置及业务终端之间构建一条安全通道；通过无线综合接入装置的研发实现多种无线通信技术综合柔性接入和智能切换，实现多种无线通信技术的协调通信。

6. 设计一体化平台建设

该项目由中国能建集团广东省电力设计研究院有限公司完成。设计一体化平台是以一体化核心数据库平台为支撑，以工程数据库为信息存储和管理的载体，以 PID 系统图设计软件为联合设计工具，以 PDMS 为三维布置联合设计工具，以自定义可视化计算为设计灵活拓展辅助工具，应用信息化技术提高设计深度和设计效率，将所有设计输入和计算信息贯穿全部设计过程和阶段的信息化设计平台，是利用信息化手段对广东电力设计院全流程设计及多专业配合过程进行的系统化改革和创新。该系统建立、改进多种专业计算，集成多种设计软件平台，标准化数据库，将设计过程自动贯通，将系统和布置设计构成有机整体，使热控和工艺专业能够一张图设计系统流程，进行“无缝”设计提资。使用该系统后，可以有效提高全流程各阶段设计成品质量和设计效率，能够为数字化电厂设计方案和移交方案提供平台支持和技术保障。在发电工程公司统一部署协调下，在发电工程设计中已实现全工艺专业与热控专业的全流程协同的二维和三维一体化设计。设计一体化平台已在广东电力设计院所有发电设计项目中全面推广。

2015 年度电力信息化优秀成果获奖项目名单（一等奖部分）见附件 41。

第十一章

电力企业发展与经营

一、电力企业总体情况

（一）电力企业概况

根据国家统计局统计，截至2015年年底，全国规模以上电力企业5 581家。其中，电力供应企业1 483家，占电力企业总数的26.57%；发电企业4 098家，占电力企业总数的73.43%，其中，火电企业占比30.75%，比上年降低3.39个百分点，水电企业占比34.09%，比上年降低2.74个百分点。国有控股电力企业3 800家，占电力企业总数的68.09%，其中，国有控股电力供应企业1 405家，占电力供应企业总数的94.74%；国有控股发电企业2 395家，占发电企业总数的58.44%，其中，国有控股的火电、水电、核电、风电、太阳能发电企业数分别占全国同类型发电企业总数的66.03%、49.89%、100%、77.53%、41.49%。私人控股电力企业1 088家，占电力企业总数的19.49%。其他控股企业占电力企业的比重相对较小。2015年年底按电力企业属性划分的各类控股企业单位数及其比重情况分别见表11－1和表11－2。2015年年底全国各省份电力供应企业和发电企业单位数见附件42。

表11－1　2015年年底按电力企业属性划分的各类控股企业单位数情况

单位：家

	电力企业	其中							
		电力供应企业	发电企业	其中					
				火电	水电	核电	风电	太阳能	其他
总　计	5 581	1 483	4 098	1 260	1 397	12	801	323	305
国有控股	3 800	1 405	2 395	832	697	12	621	134	99
集体控股	173	32	141	32	89		10	2	8
私人控股	1 088	33	1 055	208	471		97	143	136
港澳台商控股	165		165	78	24		32	8	23
外商控股	89	1	88	41	21		12	3	11
其他	266	12	254	69	95		29	33	28

表 11－2　2015 年底按电力企业属性划分的各类控股企业单位数所占比重情况

单位:%

	电力企业	其中							
		电力供应企业	发电企业	其　中					
				火电	水电	核电	风电	太阳能	其他
总　计	100	100	100	100	100	100	100	100	100
国有控股	68.09	94.74	58.44	66.03	49.89	100.00	77.53	41.49	32.46
集体控股	3.10	2.16	3.44	2.54	6.37		1.25	0.62	2.62
私人控股	19.49	2.23	25.74	16.51	33.72		12.11	44.27	44.59
港澳台商控股	2.96	0.00	4.03	6.19	1.72		4.00	2.48	7.54
外商控股	1.59	0.07	2.15	3.25	1.50		1.50	0.93	3.61
其他	4.77	0.81	6.20	5.48	6.80		3.62	10.22	9.18

（二）大型电力企业人力资源情况

据中电联对全国 15 家[1]大型电力企业人力资源情况统计调查，截至 2015 年年底，15 家电力企业的人力资源有关指标情况如下：

1. 八类优秀人才情况

15 家电力企业共有中国科学院院士 1 人，中国工程院院士 14 人，有突出贡献的中青年科学、技术专家 29 人，享受国务院政府特殊津贴的科学、技术专家 452 人，新世纪“百千万人才工程”国家级人选 38 人，“中华技能大奖”获得者 5 人，全国技术能手 213 人，全国青年岗位能手 123 人。2015 年年底 15 家电力企业八类优秀人才情况见附件 43。

2. 职工人员构成情况

15 家电力企业职工总数 2 136 535 人，其中，技能人员人数占职工总数比重为 52.53%，管理人员、专业技术人员比重分别为 17.77%、17.40%。15 家企业的人员结构中，管理人员比重变化较大的是陕西地电和华能集团，分别比上年降低 4.71 和 3.95 个百分点；专业技术人员比重变化较大的是中广核集团、华能集团、陕西地电和粤电集团，分别比上年提高 7.24、5.33、5.18 个百分点和下降 3.62 个百分

[1] 国家电网（未含西藏电力有限公司）、南方电网、华能集团、大唐集团、华电集团、国电集团、国家电投集团、三峡集团、中广核、中国电建、中国能建、粤电集团、内蒙古电力、北京能源投资（集团）有限公司（简称“北京能源”）、陕西地电。

点；技能人员比重变化较大的是粤电集团、内蒙古电力和中国能建，比重分别比上年提高 5.34、4.45 百分点和降低 5.13 个百分点。2015 年年底 15 家电力企业职工人员分类结构情况见附件 44，2015 年年底 15 家电力企业职工人员分类结构与上年比较变化情况见附件 45。

3. 职工年龄、职称、技能等级结构情况

（1）年龄结构。15 家电力企业职工队伍中，管理人员平均年龄比重最大的年龄段是 36 ~45 岁，专业技术人员平均年龄比重最大的年龄段是 35 岁及以下，技能人员平均年龄比重最大的年龄段是 36 ~45 岁。

（2）职称结构和技能等级结构。15 家电力企业职工队伍中，管理人员拥有中级职称的比重最高，为 29.03%；专业技术人员拥有初级职称的比重最高，为 34.90%；技能人员具有高级工技能等级的比重最高，为 30.17%。

2015 年年底，15 家电力企业管理人员、专业技术人员年龄结构和职称结构情况，以及技能人员年龄结构和技能等级结构情况分别见附件 46 ~48。

4. 分省分领域电力企业职工分布情况

（1）总体情况。15 家电力企业职工队伍中，供电、发电、电力建设领域职工比重分别为 59.02%、21.35% 和 16.42%。在发电领域中，火电领域职工人数占同口径发电领域职工总人数的比重为 69.14%，水电领域职工比重为 15.85%，风电领域职工比重为 5.94%。在电力建设领域中，水电建设领域职工人数占同口径电力建设领域职工总人数的比重为 46.37%。

（2）分省分领域情况。15 家电力企业供电领域职工分省结构中，广东比重最高（11.42%），青海比重最低（0.45%）。15 家电力企业发电领域职工分省结构中，内蒙古比重最高（11.56%），海南比重最低（0.68%）。15 家电力企业供电、发电领域职工分省结构情况见图 11 - 1。

15 家电力企业发电领域职工队伍中，火电领域职工人数占同口径火电职工总人数比重最高的省份是内蒙古（15.01%），青海比重最低（0.26%）；水电领域职工人数占同口径水电领域职工总人数比重最高的省份是四川（14.12%）；风电领域职工人数占同口径风电领域职工总人数比重最高的省份是内蒙古（17.88%），天津比重最低（0.23%）。

15 家电力企业电力建设领域职工队伍中，水电建设职工分省结构比重最高的省份是四川（21.42%）；除水电建设人员以外的电力建设职工分省结构比重最高的省

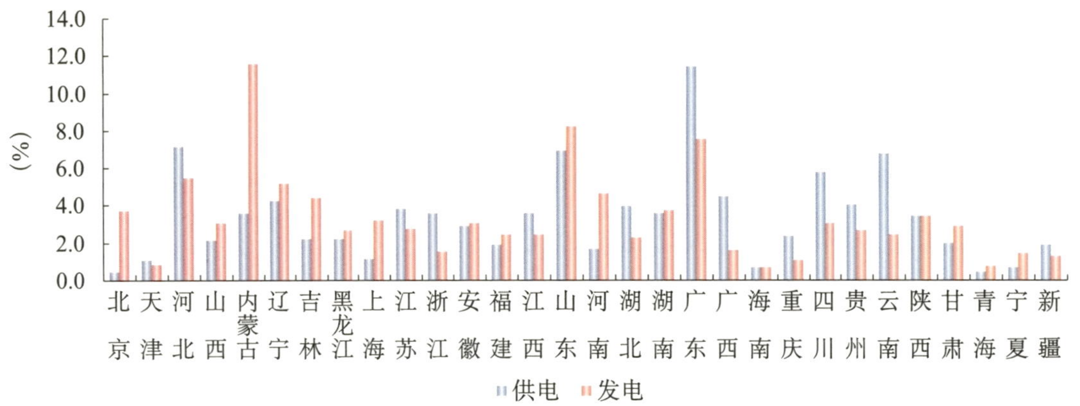

图 11－1　15 家电力企业供电、发电领域职工分省结构情况

份是广东（17.64%）。2015 年年底 15 家电力企业职工比重分省分布情况见附件 49。

二、电力企业发展经营情况

（一）电力企业经营总体情况

根据国家统计局统计，截至 2015 年年底，全国规模以上电力企业资产总额 115 859 亿元，比上年增长 8.64%。其中，电力供应企业资产总额 50 869 亿元，比上年增长 13.59%，占全国电力企业资产总额的 43.91%，比上年提高 1.91 个百分点；发电企业资产总额 64 989 亿元，比上年增长 5.06%，占全国电力企业资产总额的 56.09%，比上年降低 1.91 个百分点。

截至 2015 年年底，全国电力企业负债总额 71 116 亿元，比上年增长 4.44%。在电力企业负债总额中，电力供应企业负债总额 27 589 亿元，比上年增长 6.59%，占全国电力企业负债总额的 38.79%，比上年提高 0.78 个百分点；发电企业负债总额 43 527 亿元，比上年增长 3.12%，占全国电力企业负债总额的 61.21%，比上年降低 0.78 个百分点。

截至 2015 年年底，全国电力企业资产负债率为 61.38%，比上年降低 2.47 个百分点。电力供应企业资产负债率 54.24%，比上年降低 3.56 个百分点，低于全国电力企业整体水平 7.14 个百分点。发电企业资产负债率 66.98%，比上年降低 1.26 个百分点，高于全国电力企业整体水平 5.60 个百分点。其中，火电企业、水电企业、核电企业、风电企业和太阳能发电企业资产负债率分别为65.74%、67.58%、77.43%、65.20%和66.66%。

2015年，全国电力企业利润总额4 680亿元，比上年增长13.57%。其中，电力供应企业利润总额1 213亿元，比上年增长13.02%，占全国电力企业利润总额的25.93%，比上年降低0.13个百分点；发电企业利润总额3 467亿元，比上年增长13.77%，占全国电力企业利润总额的74.07%，比上年提高0.13个百分点。

2015年全国火电企业利润总额2 266亿元，火电利润额居前5位的省份依次为江苏（376亿元）、山东（296亿元）、广东（255亿元）、浙江（196亿元）和河北（178亿元），5省火电利润总额占全国火电利润总额的57.43%，其中江苏、山东和广东3省火电利润总额占全国火电利润总额40.29%，显然火电企业的利润集中度较高。吉林、甘肃和云南省火电企业总体亏损。

2015年全国水电企业利润总额735亿元，水电利润额居前5位的省份依次为四川（220亿元）、湖北（164亿元）、云南（103亿元）、广西（69亿元）和贵州（52亿元），5省水电利润总额占全国水电利润总额的82.73%，其中四川、湖北和云南3省水电利润总额占全国水电利润总额的66.29%，利润高度集中，这与水电分省布局高度相关。海南、辽宁和西藏水电企业总体亏损。

2015年全国风电企业利润总额182亿元，风电利润额居前3位的省份依次为内蒙古（30亿元）、云南（22亿元）和山东（17亿元），3省风电利润总额占全国风电利润总额的37.50%。

2015年全国太阳能发电企业利润总额59亿元，太阳能发电利润额居前3位的省份依次为青海（16亿元）、浙江（11亿元）和内蒙古（7亿元），3省太阳能发电利润总额占全国太阳能发电利润总额的57.63%。

2015年全国电力企业主要经营效益指标见表11－3。

表11－3　2015年电力企业主要经营效益指标

企业类型	资产		负债		利润	
	总额（亿元）	同比增长（%）	总额（亿元）	同比增长（%）	总额（亿元）	同比增长（%）
电力企业	115 859	8.64	71 116	4.44	4 680	13.57
电力供应企业	50 869	13.59	27 589	6.59	1 213	13.02
发电企业	64 989	5.06	43 527	3.12	3 467	13.77
火电企业	29 994	−0.10	19 719	−3.57	2 266	13.32

续表

企业类型	资 产		负 债		利 润	
	总额（亿元）	同比增长（%）	总额（亿元）	同比增长（%）	总额（亿元）	同比增长（%）
水电企业	19 667	7. 02	13 291	6. 49	735	10. 44
核电企业	4 326	9. 22	3 349	10. 96	183	21. 62
风电企业	7 353	10. 81	4 794	9. 41	182	11. 14
太阳能发电企业	2 392	37. 89	1 594	29. 98	59	69. 69
其他电力生产企业	1 257	11. 22	779	19. 21	42	25. 89

2015 年，在全国 5 581 家规模以上电力企业中，亏损企业 1 168 家，亏损面（亏损企业数占行业企业总数的比重）达到 20. 93%。其中，电网企业亏损面为 26. 10%，发电企业亏损面为 19. 06%。在发电企业中，火电企业亏损面 18. 97%，水电企业亏损面 20. 90%，风电企业亏损面 16. 73%，太阳能发电企业亏损面 17. 34%。

2015 年电网企业生产经营数据、部分大型发电企业生产经营数据、电力辅业集团生产经营数据分别见附件 50 ~52。

（二）电力企业融资情况

2015 年，电力企业通过股权和债券融资规模合计为 4 084. 3 亿元，比上年增加 682. 5 亿元。其中，股权融资 452. 4 亿元，包括中国核电通过首次非公开发行融资 131. 9 亿元，桂冠电力等 7 家公司通过定向增发融资 320. 5 亿元；债券融资规模为 3 631. 9 亿元，其中，短期融资券融资 1 392. 0 亿元，中期票据融资 1 047. 5 亿元，企业债融资 690. 0 亿元。企业整体通过信用债融资规模为 3 631. 9 亿元。2015 年电力企业融资情况一览见附件 53。

（三）重大并购和资产重组情况

2015 年 6 月，经党中央、国务院批准，中国电力投资集团与国家核电公司合并重组为国家电力投资集团公司。根据对 23 家[1] 大型电力企业统计，2015 年，发生与电力业务相关的境内外重大并购与出售活动的企业共 12 家，分别是国家电网、南

[1] 23 家大型电力企业分别是国家电网、南方电网、华能集团、大唐集团、华电集团、国电集团、国家电投集团、中国电建、中国能源、中核集团、三峡集团、神华集团、中广核、粤电集团、浙能集团、国投电力、华润电力、内蒙古电力、北京能源、申能股份、陕西地电、河北建设投资集团有限责任公司（简称“河北建投”）、甘肃省电力投资集团公司（简称“甘肃省投”）。

方电网、华能集团、大唐集团、华电集团、国电集团、国家电投集团、三峡集团、中广核、粤电集团、申能股份、甘肃省投。

1. 境内并购

南方电网分别以 2.53 亿元和 8 100 万元收购云南华联马关电力有限责任公司和云南麻坡县电力有限责任公司 100% 股权；华能集团分别以 119 亿元和 19.95 亿元收购华能国际电力开发有限公司 27.25% 的股权和北方联合电力有限责任公司 39.2% 的股权；国电集团分别以 3.04 亿元、9 700 万元、9 000 万元、8 100 万元、7 300 万元、600 万元和 200 万元出售国电电力吴忠热电有限责任公司、陕西国电置业有限公司、利川峡口塘水电开发有限公司、江苏宝隆设备制造有限公司、菏泽市恒达热力有限公司、国电清远能源开发有限公司和荔波长源水电发展有限责任公司的全部或部分股权；国家电投以 1.15 亿元收购河南商丘民生热电公司 100% 的股权，其旗下的云南国际所属滇能集团以 1 950 万元收购新桥河电站 100% 的股权；三峡集团以 50 亿元认购湖北能源股票，最终以持有 39.31% 股权控股湖北能源；粤电集团分别以 10.17 亿元和 9 190 万元完成对粤黔电力的 4 个小股东和广东粤电联投资开发有限公司、广州长合实业有限公司所持茂名臻能电力公司股权收购，最终对粤黔电力和臻能电力的股权分别达到 97% 和 88.1%；申能股份分别以 8.1 亿元和 3.04 亿元收购申能新能源投资有限公司和吴忠热电有限责任公司 100% 和 95% 的股权。另外，大唐集团旗下的华银电力向大唐集团及其地电公司和耒阳电厂非公开发行股份，购买大唐集团所持湘潭公司 60.93% 股权、张水公司 35% 股权，地电公司所持湘潭公司 39.07% 股权，以及耒阳全部经营性资产（包括相关负债），实现华银电力资产重组；大唐集团旗下桂冠电力向大唐集团、广西投资公司、贵州省投公司发行股份，购买其分别所持龙滩公司 65%、30% 和 5% 的股权，实现桂冠电力资产重组。

大型电力企业发生与非电业务并购活动的有：华能集团以 4 600 万元出售山西石港煤业有限责任公司 39.2% 的股权；国家电投集团旗下中电远达以 5 000 万元收购江苏紫光吉地达环境科技有限公司 51% 的股权。

2. 境外并购

国家电网公司分别以 2.4 亿元和 4 300 万元收购巴西 LTMC 和 ACTE 变电项目 100% 股权；华电集团旗下的华电科工以 6 600 万美元收购越南沿海二期在建燃煤电厂项目 51% 的股权；三峡集团以 228.9 亿元中标巴西朱比亚、伊利亚水电站 30 年特许经营权，以 22.6 亿元收购巴西 TPI 水电项目；中广核集团以 154 亿元收购马来西亚埃德拉全球能源公司下属电力项目公司100%的股权及项目开发权；甘肃省投向韩国LG商事出售甘肃武威热电联产项目30%的股权。

2015年部分大型电力企业发生的重大并购（出售）活动项目统计见附件54。

（四）电力企业综合能源业务发展情况

在煤炭领域，截至2015年年底，23家大型电力企业中除神华集团外，涉及煤炭产业的有9家，合计煤炭生产能力已达34 534万吨，2015年煤炭产量27 017万吨，在建项目预计年生产能力为8 450万吨。其中，国家电投集团煤炭年产能达到8 040万吨，2015年煤炭产量7 369万吨。由于近年煤炭价格持续下降，煤炭行业利润大幅下滑，各发电企业主动调整发展战略，陆续关停一些产能落后的煤矿，2015年煤炭新开工项目仅有1项。

在运输物流领域，华电集团福建可门储运项目4个泊位，已投运2个，工程全部建成投运后，将成为我国东南沿海集储存、中转、混配加工为一体，兼营煤炭、矿石的现代化散货集散中心，可为闽粤湘赣和台湾等地区散货市场提供服务，为海峡西岸经济区和区域经济的发展发挥重要作用；浙能集团投资5.1亿元新建3艘5万吨级散货轮。

在天然气等其他领域，浙能集团投资3.15亿元新建北仑—大榭天然气管道工程，管线全长21.3千米，截至2015年集团已建成、管理省级天然气管网1 036千米，天然气供应能力达到75.86亿立方米。中广核集团投资2.7亿元在阳江市开工建设先进燃料工程试验中心；国家电投集团完成多晶硅产量2 007吨，完成光伏组件产量355MW。

2015年部分大型电力企业煤炭、煤化工、运输物流等在建项目统计见附件55。

三、电力上市公司[1]情况

（一）总体情况

以2015年年报业务占比分类，沪、深两市共有58家电力上市公司。其中，火电（含燃机、热电）企业36家，总市值占电力板块比重为62.3%，比上年降低9.3

[1] 上市公司一节各图、表的资料来源为Wind资讯、中信证券研究部。

个百分点；水电企业 10 家，总市值占比 22.7%；电网企业 9 家，总市值占比 2.7%。以 2015 年 12 月 31 日收盘价计算，电力板块总市值为 16 476.1 亿元，比上年增长 39.1%；占全市场比重约 3.0%，比上年降低 0.1 个百分点；不含限售股的流通 A 股市值为 10 720.5 亿元，比上年增长 23.7%，占不含限售股的流通 A 股市值约 2.7%，比上年降低 0.1 个百分点。

2015 年不同类型电力上市企业总市值占电力板块总市值的比重情况见图 11－2。2015 年电力板块上市公司基本情况见附件 56。

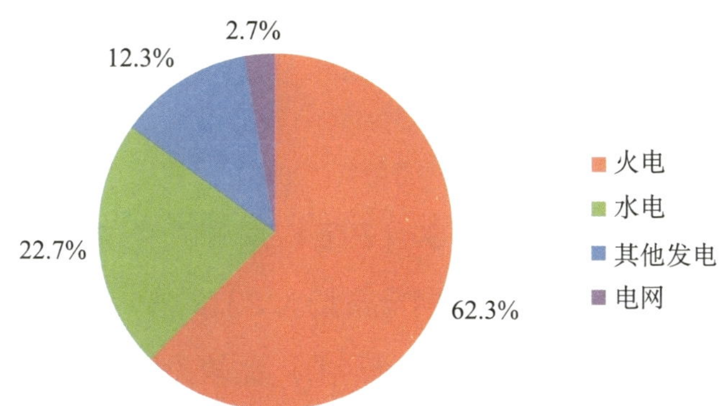

图 11－2　2015 年不同类型电力上市企业总市值占电力板块总市值的比重情况

（二）走势回顾

受国内流动性宽松及我国证券市场结构及监管机制不够完善影响，2015 年我国证券市场呈上半年暴涨、下半年暴跌的走势，沪深 300 指数全年涨幅为 5.6%；电力行业指数全年涨幅为 5.9%，走势强于大盘。

2015 年电力板块及大盘走势比较见图 11－3。

图 11－3　2015 年电力板块及大盘走势比较

在电力板块中，火电板块全年微涨 2.9%，水电全年涨幅为 12.6%，电网全年涨幅为 28.6%。

2015 年电力各子板块走势比较见图 11－4。

图 11－4　2015 年电力各子板块走势比较

（三）估值情况

2015 年，电力板块的动态市盈率（P/E）从年初的 16.2 倍（同期全市场为 17.4 倍）上升至年底的 18.3 倍（同期全市场为 23.2 倍）。

2015 年电力板块及大盘动态市盈率（P/E）比较见图 11－5。

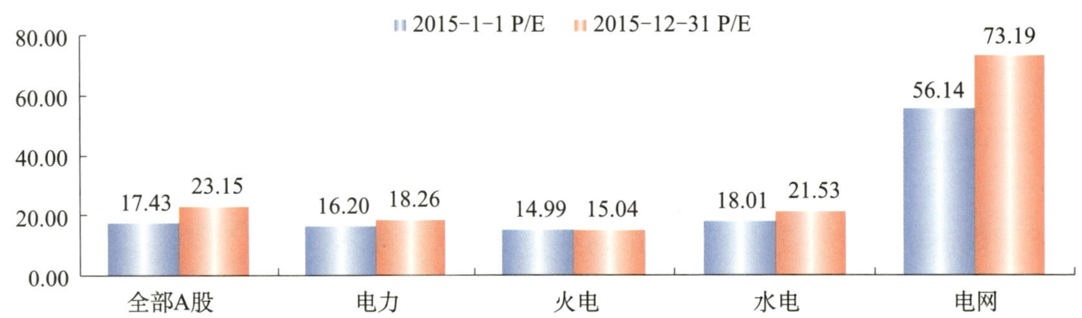

图 11－5　2015 年电力板块及大盘动态市盈率（P/E）比较

2015 年，电力板块的市净率（P/B）从年初的 2.2 倍（同期全市场为 2.2 倍）上升至年底的 2.3 倍（同期全市场为 2.5 倍）。

2015 年电力板块及大盘市净率（P/B）比较见图 11－6。

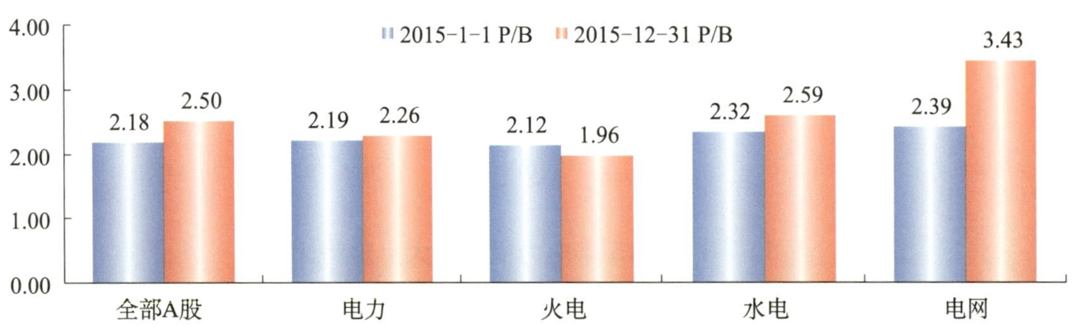

图 11－6　2015 年电力板块及大盘市净率（P/B）比较

（四）业绩情况

2015 年，电力行业上市公司主营业务收入合计 7 198.2 亿元，比上年增长 2.0%；受煤价下跌影响，行业总体毛利率比上年提高 3.1 个百分点，为 31.0%；电力板块投资收益与上年持平，为 239.9 亿元。

2015 年电力板块主营收入、毛利率及投资收益情况见表 11－4。

表 11－4　2015 年电力板块主营收入、毛利率及投资收益情况

		2015 年主营收入（亿元）	2015 年主营收入增长率（%）	2015 年毛利率（%）	2014 年毛利率（%）	2015 年投资收益（亿元）	2015 年投资收益增长率（%）
电力合计		7 198.2	2.0	31.0	27.9	239.9	0.0
其中	火电	6 278.2	-2.6	28.9	26.2	165.0	-6.6
	水电	449.7	4.8	55.2	54.7	63.0	33.7
	电网	159.7	13.3	20.9	22.2	9.9	-39.1

2015 年，电力板块营业费用率为 1.1%，比上年提高 0.2 个百分点；管理费用率 3.6%，比上年提高 0.3 个百分点；财务费用率则比上年提高 0.1 个百分点，为 8.6%。2014—2015 年电力板块三项费用率情况见表 11－5。

表 11－5　2014—2015 年电力板块三项费用率情况

		营业费用率（%）		管理费用率（%）		财务费用率（%）	
		2015 年	2014 年	2015 年	2014 年	2015 年	2014 年
电力合计		1.1	0.9	3.6	3.3	8.6	8.5
其中	火电	1.0	0.9	3.5	3.2	8.0	8.1
	水电	1.9	1.9	3.3	3.2	14.2	14.4
	电网	0.9	1.1	8.1	8.7	4.1	5.8

2015 年，电力板块盈利 894.7 亿元，比上年增长 17.2%。其中，火电盈利增长 8.7%，为 647.6 亿元，是电力板块利润的主要来源；水电板块受 2015 年水情偏丰影响，盈利 188.7 亿元，比上年增长 11.8%；电网公司盈利 14.7 亿元。总体净资产收益率为 13.4%，比上年降低 0.3 个百分点，其中电网净资产收益率大幅提升，而火电、水电则有所回落。2015 年电力板块净利润及净资产收益率情况见表 11－6。

表 11－6　2014—2015 年电力板块净利润及净资产收益率情况

		2015 年净利润（亿元）	2015 年净利润增长率（%）	2015 年净资产收益率（%）	2014 年净资产收益率（%）
电力合计		894.7	17.2	13.4	13.7
其中	火电	647.6	8.7	13.1	14.1
	水电	188.7	11.8	14.5	14.7
	电网	14.7	378.3	9.8	-4.0

（五）新能源上市公司情况

主业为新能源的上市公司包括龙源电力、大唐新能源、中国电力新能源、华能新能源、京能清洁能源、新天绿色能源及华电福新，均为港交所上市公司。以 2015 年 12 月 31 日收盘价计算，新能源上市公司市值合计为 1 278.2 亿港元，其中龙源电力市值为 470.1 亿港元，大唐新能源市值为 70.6 亿港元，中电新能源市值为 90.2 亿港元，华能新能源市值为 225.7 亿港元，京能清洁能源市值为 188.9 亿港元，新天绿色能源市值为 46.1 亿港元，华电福新市值为 186.7 亿港元。

2015 年反映港股综合走势的恒生指数全年降幅为 7.2%；龙源电力、大唐新能源、中电新能源、华能新能源、京能清洁能源、新天绿色能源及华电福新全年变动幅度分别为 -26.9%、-5.8%、55.7%、-6.8%、-17.0%、-21.8%及 -38.3%。

2015 年新能源类上市公司及大盘走势比较见图 11－7，2015 年新能源类上市公司市盈率（P/E）比较见图 11－8，市净率（P/B）比较见图 11－9。

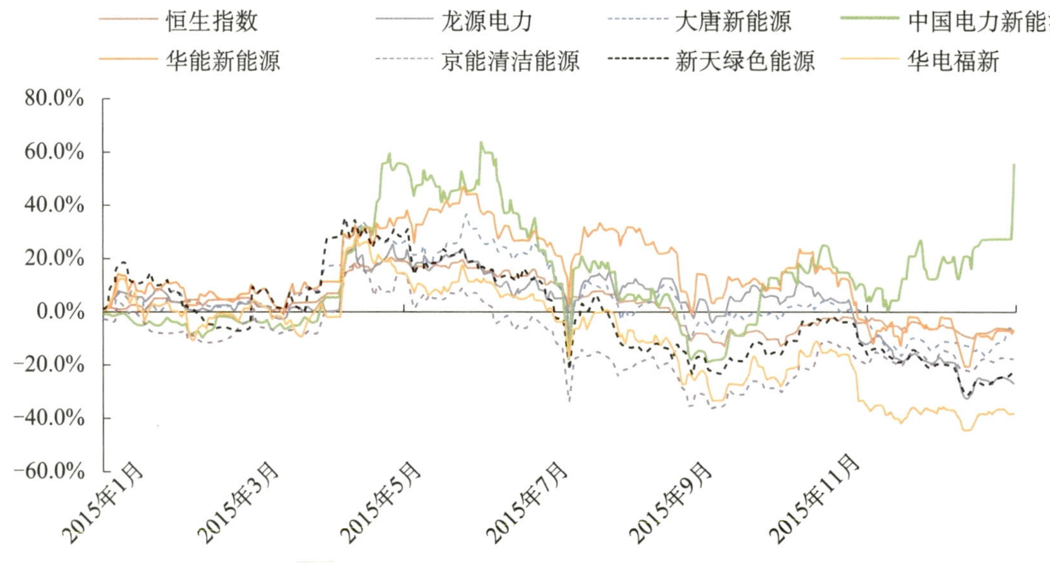

图 11－7　2015 年新能源类上市公司及大盘走势比较

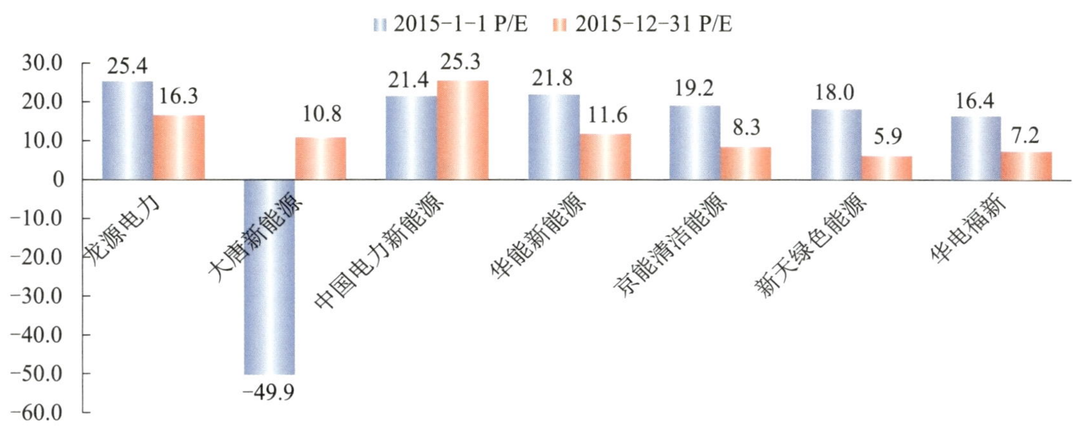

图 11－8　2015 年新能源类上市公司市盈率（P/E）比较

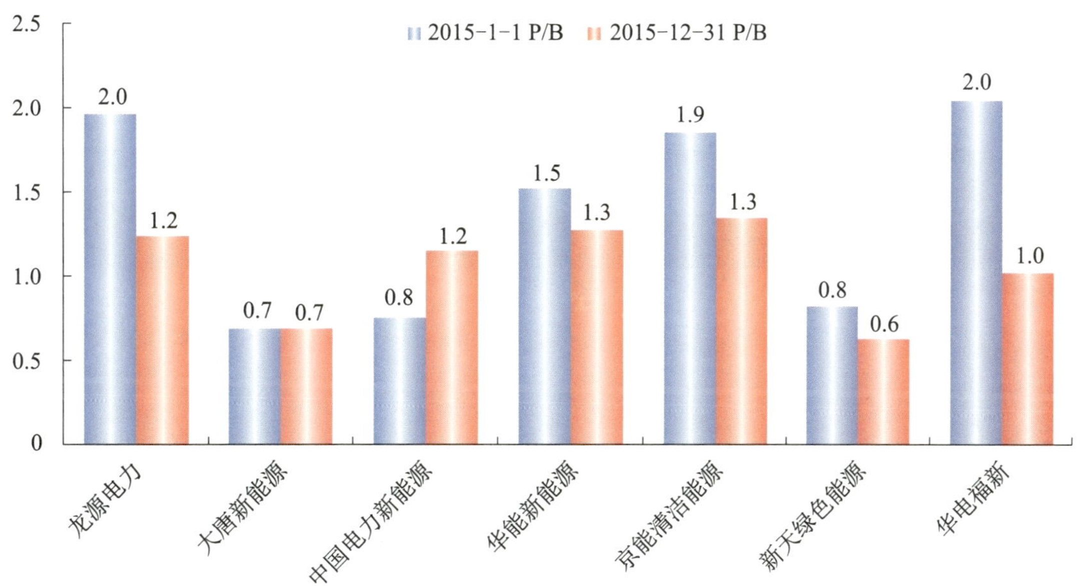

图 11－9　2015 年新能源上市公司市净率（P/B）比较

2015 年，新能源类上市公司主营业务收入合计 692.1 亿港元，比上年增长 15.7%；总体毛利率为 26.9%，比上年降低 4.1 个百分点。

2015 年新能源类上市公司主营收入、毛利率及投资收益情况见表 11－7。

表 11－7　2015 年新能源类上市公司主营收入、毛利率及投资收益情况

上市公司	2015 年主营收入（亿港元）	2015 年主营收入增长率（%）	2015 年毛利率（%）	2014 年毛利率（%）	2015 年投资收益（亿港元）	2015 年投资收益增长率（%）
龙源电力	196.9	8.0	34.1	33.7	6.5	19.5
大唐新能源	55.9	7.5	35.1	36.7	0.1	-77.5
中国电力新能源	24.2	1.2	25.1	29.9	—	—

续表

上市公司	2015 年主营收入（亿港元）	2015 年主营收入增长率（%）	2015 年毛利率（%）	2014 年毛利率（%）	2015 年投资收益（亿港元）	2015 年投资收益增长率（%）
华能新能源	73.7	19.6	50.1	51.7	0.1	23.7
京能清洁能源	145.2	66.0	2.4	9.4	3.5	-7.0
新天绿色能源	42.3	-17.9	15.0	20.2	0.7	-14.4
华电福新	153.9	10.4	30.3	34.1	4.9	163.2
总　体	692	15.7	26.9	31.0	15.9	26.8

2015 年，新能源类上市公司其他营业费用合计费用率为 4.07%，比上年提高 0.98 个百分点。2014—2015 年新能源类上市公司费用率情况见表 11－8。

表 11－8　2014—2015 年新能源类上市公司费用率情况

上市公司	2015 年其他营业费用合计费用率（%）	2014 年其他营业费用合计费用率（%）
龙源电力	2.96	2.60
大唐新能源	4.76	6.76
中电新能源	10.52	9.84
华能新能源	3.70	2.21
京能清洁能源	4.66	5.62
新天绿色能源	5.12	0.07
华电福新	3.57	2.45
总　体	4.07	3.40

2015 年，新能源类上市公司净利润比上年增长 21.5%，全年盈利 87.6 亿港元（2014 年盈利 72.1 亿港元）。2015 年新能源类上市公司净利润及净资产收益率情况见表 11－9。

表 11－9　2015 年新能源类上市公司净利润及净资产收益率情况

上市公司	2015 年净利润（亿港元）	2015 年净利润增长率（%）	2015 年净资产收益率（%）	2014 年净资产收益率（%）
龙源电力	28.8	12.6	8.1	8.0
大唐新能源	0.1	-109.1	0.1	-1.5
中电新能源	1.1	-60.6	1.4	3.6
华能新能源	18.6	65.9	11.0	7.5

续表

上市公司	2015 年净利润（亿港元）	2015 年净利润增长率（%）	2015 年净资产收益率（%）	2014 年净资产收益率（%）
京能清洁能源	19. 1	58. 1	14. 4	10. 4
新天绿色能源	1. 7	-49. 8	2. 3	5. 0
华电福新	18. 2	-2. 5	10. 9	14. 2
总　体	87. 6	21. 5	8. 1	7. 5

第十二章

电力国际合作

近年来，我国电力企业积极实施“走出去”与“一带一路”战略，充分利用两个市场、两种资源，大力开拓国际市场，培育了一批核心技术、创新能力、资源整合能力突出的国际化市场竞争主体，推动资源向重点国别和关键领域集中，电力行业国际合作不断取得突破，整体效益获得较大增长。2015 年，纳入中电联统计调查口径的 11 家主要电力企业提供了电力国际合作有关情况。

一、电力国际交流

2015 年，中电联按照“立足行业、服务企业、联系政府、沟通社会”的功能定位，根据《中电联服务电力企业“走出去”工作意见》，努力将服务电力企业“走出去”工作落到实处，着重从以下五个方面开展相关工作：一是建立联系机制，打造行业“走出去”交流和信息服务平台；二是关注区域合作，推进周边国家和更大范围的电力互联与合作；三是拓展国际交流，提升行业国际影响力；四是加快标准建设，推动电力标准国际化；五是做强做大国际展会，促进电力产业升级。

2015 年，我国电力企业通过高层互访、参加国际组织活动、参与大型国际会议展览、提供培训等方式，加强与国际能源电力同行的交流及项目合作，进一步提升我国在国际能源事务中的话语权和影响力，加快了我国电力企业实施“走出去”和“一带一路”战略步伐。

（一）加入国际组织及参加活动

为了有效利用国际资源，提高我国电力行业在国际上的影响力，2015 年国家电网、南方电网、华能集团、大唐集团、国电集团和中核集团分别加入了爱迪生电气协会、APEC 中国工商理事会、世界经济论坛和世界核电运营者协会等国际组织，并积极参与国际组织开展的有关会议及活动。

（二）国际会议和展览

2015 年，中电联组织企业参与国际会展 6 个，主要包括中国国际电力设备及技术展览会、中国国际清洁能源博览会等，为推动电力行业技术和装备发展搭建平台。展会总展示面积近 6 万平方米，吸引专业观众 6 万余人次；展会同期紧扣电力发展趋势和展示内容举办论坛，与展会形成互动，与会代表 3 000 多人次。

2015 年，11 家主要电力企业全年参加境内外重要国际会议 185 个，参加境内外重要国际展览 41 个。其中，境内外主要会议有国家电网公司参加的 APEC 工商领导人峰会、南方电网参加的东亚清洁能源论坛、华能集团参加的亚太电协 CEO 会议、中国能建集团公司参加的第六届中非合作论坛南非峰会等。境内外展览主要有中国—东盟博览会、南非核能展和第七届世界水论坛暨世界水展等。

（三）对外签署的重要交流与合作协议、备忘录

2015 年 3 月，中电联与英国皇家特许测量师学会续签了双方合作备忘录，在巩固前期合作成果的基础上，为进一步深化电力工程造价专业人才国际交流合作奠定了基础。

2015 年，11 家主要电力企业分别与美国、俄罗斯、英国、法国、德国、西班牙、比利时、葡萄牙、罗马尼亚、立陶宛、哈萨克斯坦、秘鲁、厄瓜多尔、南非、埃塞俄比亚、肯尼亚、津巴布韦、韩国、巴基斯坦、马来西亚、印度尼西亚、蒙古国、老挝等 20 多个国家的地方政府、企业、大学签署合作协议和备忘录，共同开展战略合作。其中，国家电网中国电力技术装备有限公司与埃塞俄比亚国家电力公司和肯尼亚输电公司签署合同，承建东非地区第一条高压直流输电线路“埃塞—肯尼亚 500 千伏直流输电线路”；中国广核集团有限公司与法国电力集团签订英国新建核电项目的投资协议，其中巴拉德维尔 B 核电项目拟采用“华龙一号”技术，这是我国核电“走出去”的里程碑式事件，也标志着该技术得到欧洲发达国家的认可；中国长江三峡集团公司与俄罗斯水电公司签署《关于双方成立合资公司开发俄罗斯下布列亚水电项目的合作意向协议》。

（四）国外同行来华培训项目

2015 年，11 家主要电力企业对国外同行的来华培训项目有 15 批次，共计 341

人次。外方参加培训单位有柬埔寨矿产能源部、老挝能源矿产部、泰国能源部、埃塞俄比亚电力能源部、越南电力集团、法国电力公司、东盟能源中心等，培训内容主要集中在核电项目管理、电网规划建设、水电站运营、新能源开发利用及其他管理岗位培训等。

二、电力对外投资

11 家主要电力企业当年实际完成对外投资总额 28.98 亿美元，较上年同比下降约 75.3%。2015 年，电力对外投资项目共 68 项，其中重大电力对外投资项目（投资超过 3 000 万美元以上项目）共有 23 项，较 2014 年减少 1 项。2015 年主要电力企业对外投资总体情况见表 12－1。

表 12－1　2015 年主要电力企业对外投资总体情况

单位：万美元

企业名称	截至 2015 年年底境外累计实际投资总额	其中：2015 年实际完成投资额
国家电网公司	1 283 534.00	37 319.00
中国南方电网有限责任公司	166 406.30	752.58
中国华能集团公司	335 952.00	
中国大唐集团公司	78 626.00	2015.00
中国华电集团公司	232 450.68	26 987.17
中国国电集团公司	34 718.45	6 897.85
国家电力投资集团公司	546 545.77	15 160.00
中国长江三峡集团公司	565 648.50	96 564.00
神华集团有限责任公司	249 722.20	
中国广核集团有限公司		78 841.70
中国能源建设集团公司	32 088.74	25 235.34

电力企业对外投资区域广泛，涉及亚洲的越南、老挝、巴基斯坦、印度尼西亚、缅甸、以色列和香港地区，美洲的巴西和加拿大，欧洲的法国和俄罗斯，以及非洲的南非和纳米比亚等国家和地区。投资模式有绿地投资、股权投资、BOT（建设—经营—转让）、BOO（建设—所有—经营）、BOOT（建设—所有—经营—转让）、PPP（公共部门—私人企业—合作）等，股权投资为主要投资类型，其中 PPP 模式在 2015 年首次出现。投资领域包括风电、水电、火电、核电、输变电、矿产资源和水务环保等。

三、电力对外承包工程

2015 年，11 家主要电力企业在对外承包工作中除继续深度开发常规能源市场，也在逐步增加对清洁能源市场的开发力度，取得了较好的经济效益和社会效益。截至2015 年年底，11 家电力企业在建项目数量1 639 个，同比减少399 项；在建项目合同额累计 1 547. 71 亿美元，同比增长约 17. 3%；新签合同额合计 472. 05 亿美元，同比增长约8. 8%。2015 年主要电力企业对外承包项目总体情况见表 12 – 2。

表 12 – 2　2015 年主要电力企业对外承包项目总体情况

企业名称	2015 年年底在建项目数量（个）	2015 年年底在建项目合同额累计（万美元）	2015 年新签合同额合计（万美元）	2015 年对外承包项目年度营业额（万美元）
国家电网公司	83	620 173. 00	263 918. 00	71 237. 00
中国南方电网有限责任公司				22 621. 63
中国大唐集团公司	3	19 892. 00		6 956. 00
中国华电集团公司	1	7 777. 20		6 628. 80
中国国电集团公司	2	33 900. 00	33 900. 00	
国家电力投资集团公司	10	69 418. 01	6 368. 98	4 123. 17
中国长江三峡集团公司	85	1 149 164. 00	78 300. 00	154 465. 00
中国电力建设集团公司	1 143	10 697 500. 00	2 658 000. 00	1 128 000. 00
中国能源建设集团公司	312	2 879 305. 94	1 680 024. 88	415 223. 02

2015 年，在美国工程新闻记录（ENR）公布的 2015 年全球最大 250 家国际承包商榜单中，中国电力企业有 6 家入围，较 2014 年新增两家。2015 年入选国际承包商 250 强的中国电力企业见表 12 – 3。

表 12 – 3　2015 年入选国际承包商 250 强的中国电力企业

序号	企业名称	2015 年度排名	2014 年度排名
1	中国电力建设集团公司	11	
2	中国葛洲坝集团股份有限公司	44	51
3	中国水利电力对外公司	74	84
4	中国中原对外工程有限公司	110	149
5	天津电力建设公司	138	229
6	中国电力工程顾问集团有限公司	234	

2015 年，在商务部发布的 2015 年我国对外承包工程业务新签合同额前 100 名企业排行榜上，电力企业有 20 家上榜。2015 年入选中国对外承包工程业务新签合同额前 100 名的电力企业见表 12－4。

表 12－4　2015 年入选中国对外承包工程业务新签合同额前 100 名的电力企业

序号	企业名称	2015 新签合同额排名
1	中国水电建设集团国际工程有限公司	4
2	中国葛洲坝集团股份有限公司	6
3	中国电力技术装备有限公司	13
4	山东电力工程咨询院有限公司	16
5	上海电力建设有限责任公司	17
6	山东电力建设第三工程公司	18
7	东方电气股份有限公司	19
8	上海电气输配电工程成套有限公司	20
9	哈尔滨电气国际工程有限责任公司	30
10	中国水利电力对外公司	35
11	中国电建华东勘测设计研究院有限公司	45
12	许继集团国际工程有限公司	50
13	上海电气集团股份有限公司	51
14	中国水电工程顾问集团有限公司	52
15	山东电力基本建设总公司	57
16	中国能建东北电力第一工程有限公司	61
17	中国电建昆明勘测设计研究院有限公司	63
18	中国能建广东省电力设计研究院有限公司	71
19	中国电力工程有限公司	86
20	中国电建中南勘测设计研究院有限公司	97

四、电力设备、技术出口

2015 年，电力设备和技术出口规模增长较快，但仍以境外工程带动为主。2015 年，11 家主要电力企业电力设备和技术出口金额为 136.59 亿美元，同比增加约 153%。其中，2015 年境外工程带动出口设备总额 95.9 亿美元，同比增加约 161%；直接出口设备总额也大幅提升，达到 28.95 亿美元，同比增加约 459%。2015 年主要电力企业设备出口情况见表 12－5，2015 年主要电力企业技术出口情况见表 12－6。

表 12－5　2015 年主要电力企业设备出口情况

单位：万美元

企业名称	直接出口设备总额	境外工程带动出口设备总额
国家电网公司	43 976.00	8 415.00
中国南方电网有限责任公司		4 563.00
中国华电集团公司	7 210.63	11 016.00
中国国电集团公司	16 874.00	12 605.00
国家电力投资集团公司		1 300.00
中国长江三峡集团公司	758.83	5 070.95
中国电力建设集团公司		835 509.84
中国能源建设集团公司	220 679.37	80 438.02

表 12－6　2015 年主要电力企业技术出口情况

单位：万美元

企业名称	直接出口技术服务费	境外工程带动出口技术服务费
国家电网公司	317.00	1 151.00
中国大唐集团公司	1 435.00	
中国华电集团公司	6.13	
国家电力投资集团公司	17 378.00	
中国电力建设集团公司		22 608.09
中国能源建设集团公司	34 632.97	39 853.45

五、电力海外分支机构或办事处

2015 年，11 家主要电力企业在亚洲、欧洲、南美洲、北美洲、非洲和大洋洲的多个国家和地区新设立了 67 家主要驻外机构或办事处。其中，亚洲国家和香港地区有 36 家，欧洲国家有 6 家，南美洲国家有 17 家，北美洲国家有 1 家，非洲国家有 5 家，大洋洲国家有 2 家。

附　件

附件 1

2015 年电力行业大事记

1 月 9 日，中共中央、国务院在北京隆重举行国家科学技术奖励大会。国家电网组织申报的“国家电网智能电网创新工程”项目荣获 2014 年度国家科学技术进步一等奖。

1 月 16 日，国家能源局发布《关于鼓励社会资本投资水电站的指导意见》。意见明确，通过建立完备的开发管理、财税价格、投资回报等政策体系，支持和引导社会资本投资水电站。

2 月 4 日，中国和阿根廷在京签署《关于在阿根廷合作建设压水堆核电站的协议》。中国具有自主知识产权的核电技术——华龙一号获得阿根廷的青睐，标志着中国自主三代核电技术成功出口拉丁美洲，这也是第一台“走出去”的中国重水堆。

2 月 20 日，由中国电建集团总承包的尼日利亚奥贡 75 万千瓦联合循环燃机电站二期工程并网发电，标志着中国电建的海外业务总装机容量达到 10 872 万千瓦。

3 月 10 日，国家发展改革委发布文件确定红沿河核电厂二期项目两台百万千瓦核电机组获核准。

3 月 15 日，中共中央、国务院下发《关于进一步深化电力体制改革的若干意见》，标志着新一轮电力体制改革大幕开启。

4 月 13 日，国家发展改革委印发《关于降低燃煤发电上网电价和工商业用电价格的通知》，明确自 2015 年 4 月 20 日起，全国燃煤发电上网电价每千瓦时平均下调约 2 分钱，全国工商业用电价格每千瓦时平均下调约 1.8 分钱。

4 月 15 日，国务院常务会议决定在沿海地区核准开工建设“华龙一号”示范机组。“华龙一号”首个示范项目为中核控股的福清核电站二期工程（5、6 号机组），这是我国时隔 4 年重新启动的沿海地区核电开工建设项目。

4 月 16 日，安徽淮南平圩电厂三期扩建的 5 号百万千瓦机组成功并入特高压电网，这是世界上首个一次直接升压至 1 000 千伏接入特高压电网的发电厂。

4 月 20 日，在国家主席习近平和巴基斯坦总理谢里夫的见证下，国家电网、华能集团、中国电建集团分别与巴基斯坦水电部、国家输电公司、旁遮普省能源局、私营电力基础设施委员会签署了《默蒂亚里－拉合尔和默蒂亚里/卡西姆港－费萨拉巴德输变电项目合作协议》、《能源战略合作框架协议》、《卡西姆港燃煤电站项目和大沃风电项目相关协议》；三峡集团分别与巴基斯坦政府有关部门和机构签署了《关于私营水电项目开发的谅解备忘录》、《关于开发印度河上游大型水电项目的合作谅解备忘录》和《关于巴基斯坦72万千瓦卡洛特水电站项目的融资框架协议》。

4月20日，国家主席习近平和巴基斯坦总理纳瓦兹·谢里夫共同出席三峡集团投资的巴基斯坦卡洛特水电站项目动土仪式。

4月24日，第十二届全国人民代表大会常务委员会第十四次会议审议通过关于修改《中华人民共和国电力法》等六部法律的决定。

5月7日，中核集团福清核电5号机组主体工程正式浇筑第一罐混凝土，标志着中国自主三代核电技术“华龙一号”（HPR1000）的全球首堆工程正式开工。

5月8日，在国家主席习近平和俄罗斯总统普京出席的莫斯科克里姆林宫两国合作协议签字仪式上，国家电网、三峡集团分别与俄罗斯电网公司、俄罗斯水电公司签署《关于设立合资公司实施电网合作项目的协议》、《关于双方成立合资公司开发俄罗斯下布列亚水电项目的合作意向协议》。

5月12日，在国家主席习近平和白俄罗斯总统卢卡申科的共同见证下，华能集团旗下的永诚财产保险股份有限公司接受中国－白俄罗斯工业园管委会颁发的协议书，正式进驻中白工业园。这是中国目前对外合作层次最高、占地面积最大、政策条件最为优越的海外工业园区，也是中国“一带一路”战略的标志性项目。

5月12日，中国最长的特高压交流工程榆横—潍坊1 000千伏特高压交流输变电工程正式开工，列入大气污染防治行动计划的4条特高压交流工程已经全部开工建设，标志着特高压电网进入全面提速大规模建设的新阶段。

5月19日，在国务院总理李克强和巴西总统迪尔玛·罗塞夫见证下，三峡集团与葡电集团签订了《32.1万千瓦巴西风电项目股权交割协议》，两国领导人还共同出席了由国家电网中标的巴西美丽山±800千伏特高压直流输电线路工程奠基仪式并为工程奠基揭幕。

5月19日，以“塑造未来，推动水电可持续发展”为主题的2015世界水电大会在北京怀柔雁栖湖畔召开。这是第一次在中国举办并且规模最大的国际水电行业会议。

6月5日，华电集团目前最大的海外投资项目——印尼巴厘岛3×142MW燃煤电厂项目#1机组顺利通过168小时满负荷试运行，正式投产发电。

6 月 10 日，中国核能电力股份有限公司在上海证券交易所成功挂牌上市，成为 A 股第一家纯核电上市企业，此次中国核电发行股票是 A 股市场近 5 年来最大的 IPO 交易。

6 月 12 日，世界首次采用大容量柔性直流与常规直流组合模式的背靠背直流工程——鲁西背靠背直流工程正式开工建设。这是云南电网与南方电网主网背靠背直流异步联网工程，工程建成后，将有效化解交直流功率转移引起的电网安全问题，简化复杂故障下电网安全稳定策略，避免大面积停电风险，大幅度提高南方电网主网架的安全性、可靠性。

6 月 19 日，国家电网中国电力技术装备有限公司与埃塞俄比亚国家电力公司和肯尼亚输电公司签署合同，承建埃塞—肯尼亚 500 千伏直流输电线路。这是东非地区第一条超高压直流输电线路。

6 月 23 日，在国家主席习近平和比利时国王菲利普的见证下，国家电投与 SARENS 集团在北京签署了战略合作协议，双方拟在核能、可再生能源以及核电站退役等业务领域开展合作。

6 月 29 日，国电龙源江苏如东海上风电 20 万千瓦示范项目共计 50 台单机 4MW 风机全部并网发电，标志着国内单机容量最大的海上潮间带风场建成投产。

7 月 6 日，国家发展改革委、国家能源局发布《关于促进智能电网发展的指导意见》。提出到 2020 年，初步建成安全可靠、开放兼容、双向互动、高效经济、清洁环保的智能电网体系。

7 月 15 日，中国电力投资集团公司与国家核电技术公司重组组建国家电力投资集团公司，在京举行揭牌仪式，宣布正式成立。

7 月 18 日，由南方电网投资的越南永新燃煤电厂一期 BOT 项目开工建设仪式在越南首都河内举行。这是目前中国企业在越南投资规模最大的电厂项目，也是中国企业在越南的第一个 BOT 电力项目。

7 月 22 日，美国《财富》杂志发布 2015 年世界 500 强企业名单，国家电网、南方电网、神华集团、华能集团、中国电建、国电集团、华电集团、中国能建、大唐集团、中电投集团分列第 7 位、第 113 位、第 196 位、第 224 位、第 253 位、第 343 位、第 345 位、第 391 位、第 392 位和第 403 位。

7 月 31 日，世界上首台交流网侧接入 750kV 的 800kV 特高压换流变压器通过了全部型式试验项目，标志着灵州—绍兴 ±800kV 特高压直流输电工程关键设备研制取得重大突破，为特高压直流输电技术发展确立了新的高度。

7月31日，中巴经济走廊首个能源项目——华能巴基斯坦萨希瓦尔燃煤电站举行主厂房第一方混凝土浇筑仪式，标志着萨希瓦尔燃煤电站建设全面启动。

8月7日，国华电力公司北京燃气热电厂“二拖一”950MW机组顺利通过168小时试运行，各生产指标均优于设计值。至此，这座被誉为全国智能化程度最高电厂正式投产。

8月24日，三峡集团与巴西TPI公司在圣保罗签署股权收购协议，成功收购其所拥有的两个运行水电项目公司和一个电力交易平台公司的全部股权。

8月31日，在国家主席习近平和老挝国家主席朱马利的见证下，中国电建集团与老挝计划投资部及老挝国家电力公司签署了老挝南欧江流域梯级水电站项目（二期）的《特许经营协议》和《购电协议》。

9月1日，我国首座动力堆核燃料后处理技术研发设施（放化大楼）在中核集团所属的中国原子能科学研究院投入使用。

9月3日，在国家主席习近平和俄罗斯总统普京的见证下，国家电网与俄罗斯电网公司在京签署了《中国国家电网公司与俄罗斯电网公共股份公司关于合作实施托木斯克州500千伏输变电项目的备忘录》。

9月3日，在国家主席习近平和南非总统祖马的共同见证下，国家电网与南非电力公司在比勒陀利亚总统府签署了《中国国家电网公司与南非电力Eskom国有控股有限公司战略合作备忘录》。

9月25日，由中电工程华东院设计、江苏电建三公司承建的世界首台百万千瓦超超临界二次再热火电机组——国电泰州电厂3号机组顺利通过168小时满负荷试运行，投产发电。

9月26日，国家主席习近平在联合国发展峰会上发表重要讲话，倡议探讨构建全球能源互联网，推动以清洁和绿色的方式满足全球电力需求。

10月14—16日，中国电力企业联合会主办的2015中国国际电力设备及技术展览会（简称“EP展”）在上海举办，900余家来自25个国家和地区的中外知名展商参与展示，总展出面积35 000平方米。

10月19日，在国家主席习近平见证下，三峡集团与葡萄牙国家电力公司签署了《关于合作开发英国Moray海上风电项目的合作协议》，成为首家进入全球领先海上风电市场的中国企业。

10月21日，在国家主席习近平和英国首相卡梅伦的见证下，中广核集团与法国电力集团在伦敦正式签订英国新建核电项目的投资协议，其中布拉德韦尔B核电项目拟采用“华龙一号”技术，这是我国核电走进欧洲发达国家的里程碑式事件。

10月29日，在中德两国总理李克强、默克尔见证下，三峡集团与德国福伊特签署了《中国长江三峡集团公司与福伊特战略合作协议》。

10月29日，国家核电技术公司与美国西屋电气公司、柯蒂斯·怀特公司共同宣布，首台AP1000核电机组反应堆冷却剂屏蔽主泵最终性能试验与试验后检查圆满完成。

11月2日，在国家主席习近平和法国总统奥朗德的共同见证下，华能集团、大唐集团分别与法国ENGIE集团公司、法国电力集团和三门峡市政府在人民大会堂签署了《中国华能集团公司与法国ENGIE集团公司战略合作谅解备忘录》、《中国大唐集团公司与法电集团关于三门峡市热电联产项目合作意向书》。

11月5日，国家发展改革委印发《国家发展改革委关于金沙江苏洼龙水电站项目核准的批复》，正式核准金沙江苏洼龙水电站项目，这是金沙江上游干流获得核准的首座电站。

11月23日，中国能建承建的首座长江大桥——宜昌至喜长江大桥主桥顺利合龙，从此具备在大跨度、高难度桥梁施工中与国内桥梁施工劲旅同台竞技的完备实力。

11月25日，三峡集团在巴西圣保罗参加朱比亚（装机容量155万千瓦）和伊利亚（装机容量344万千瓦）水电站特许权项目竞拍并顺利中标，获得30年运营权，成为巴西第二大私营发电企业。

11月30日，《国家发展改革委、国家能源局关于印发电力体制改革配套文件的通知》出台。该文件具体包括：《关于推进输配电价改革的实施意见》、《关于推进电力市场建设的实施意见》、《关于电力交易机构组建和规范运行的实施意见》、《关于有序放开发用电计划的实施意见》、《关于推进售电侧改革的实施意见》、《关于加强和规范燃煤自备电厂监督管理的指导意见》等6个电力改革配套文件。

11月30日，深圳前海蛇口自贸区供电有限公司正式成立。该公司成为落实国家电力体制改革政策，率先在全国引入社会资本投资增量配网、推进混合所有制改革的供电企业。

12月1日，华能集团援建西藏墨脱县亚让水电站首台机组及其线路延伸工程完成试运行联调各项试验，正式并网送电，标志着西藏首个可再生能源局域网示范工程初步建成，墨脱县各族同胞就此结束严重缺电历史。

12月1日，在国家主席习近平与津巴布韦总统穆加贝共同见证下，中国电建集团与津巴布韦能源及电力发展部共同签署了合同金额约11.74亿美元的旺吉电站扩机项目协议。

12月2日，在国家主席习近平与南非总统祖马共同见证下，国家电投集团与南非核能集团签署《CAP1400项目管理合作协议》。

12月2日，国务院总理李克强主持召开国务院常务会议，决定全面实施燃煤电厂超低排放和节能改造。到2020年前，燃煤机组全面实施超低排放和节能改造，落后产能和不符合相关强制性标准要求的坚决淘汰关停，东中部地区要提前至2017年和2018年达标。

12月11日，环境保护部、国家发展改革委、国家能源局联合印发《全面实施燃煤电厂超低排放和节能改造工作方案》的通知，在全国范围内推广燃煤电超低排放要求和新的能耗标准，建成世界上最大的清洁高效煤电体系。

12月15日，上海庙—临沂±800千伏特高压直流输电工程、锡盟—泰州±800千伏特高压直流输电工程开工动员大会在京召开，标志着“大气污染防治行动计划”的12条输电通道全部开工。

12月16日，标普、穆迪和惠誉三大国际评级机构正式发布公告，授予南方电网国家主权级国际信用评级（标普AA-、穆迪Aa3、惠誉A+）。这是中国企业获得的最高国际信用评级。

12月17日，世界上电压等级最高、输送容量最大的真双极柔性直流输电工程——厦门±320千伏柔性直流输电科技示范工程正式投运。

12月17日，我国首套自主研发的核电软件包和一体化软件集成平台（NESTOR）在京正式发布。这标志着我国已具备成套核电技术独立出口的能力，与美、法等核电强国并驾齐驱，跻身世界核电第一阵营。

12月21日，国家电投集团在京成功发布我国首套完全自主知识产权的核电厂核设计与安全分析软件——COSINE，标志着我国核电软件自主化工作取得关键性突破。

12月23日，青海最后3.98万无电人口通电，全面解决无电人口用电问题任务圆满完成，实现了2015年《政府工作报告》让无电人口都用上电的庄严承诺。

12月23日，中国电力企业联合会召开第六次全国会员代表大会暨第六届理事会第一次会议，选举产生了新一届理事会理事单位、常务理事单位及理事会领导班子。

12月27日，国家发展改革委发布《降低燃煤发电上网电价和一般工商业用电价格的通知》，明确自2016年1月1日起，全国燃煤发电上网电价平均每千瓦时下调约3分钱，全国一般工商业销售电价平均每千瓦时下调约 3 分钱。

12 月 28 日，国家质检总局、国家标准委联合国家能源局、工信部、科技部等五部委发布新修订的电动汽车充电接口及通信协议 5 项国家标准。新国标重点统一了充电桩通信协议，这意味着电动车充电接口在硬件和软件的标准层面最终实现了统一。

12 月 30 日，由华能集团牵头、华能清洁能源技术研究院负责研发的我国首个 700℃关键部件验证试验平台在华能南京电厂成功投运并实现 700℃稳定运行，验证平台建设取得圆满成功，标志着我国新一代先进发电技术——700℃超超临界燃煤发电技术的研究开发工作取得了重要阶段性成果。

附件 2

2015 年国务院发布的涉及电力及其相关领域的文件

序号	发布单位	文件名称	文 号
1	国务院	关于促进云计算创新发展培育信息产业新业态的意见	国发〔2015〕5 号
2	国务院	关于印发深化标准化工作改革方案的通知	国发〔2015〕13 号
3	国务院	关于税收等优惠政策相关事项的通知	国发〔2015〕25 号
4	国务院	国务院批转发展改革委关于 2015 年深化经济体制改革重点工作意见的通知	国发〔2015〕26 号
5	国务院	关于印发《中国制造 2025》的通知	国发〔2015〕28 号
6	国务院	关于推进国际产能和装备制造合作的指导意见	国发〔2015〕30 号
7	国务院	关于积极推进“互联网 +”行动的指导意见	国发〔2015〕40 号
8	国务院	关于印发促进大数据发展行动纲要的通知	国发〔2015〕50 号
9	国务院	关于调整和完善固定资产投资项目资本金制度的通知	国发〔2015〕51 号
10	国务院	关于国有企业发展混合所有制经济的意见	国发〔2015〕54 号
11	国务院	关于实行市场准入负面清单制度的意见	国发〔2015〕55 号
12	国务院	关于改革和完善国有资产管理体制的若干意见	国发〔2015〕63 号
13	国务院	关于积极发挥新消费引领作用加快培育形成新供给新动力的指导意见	国发〔2015〕66 号
14	国务院办公厅	关于加强安全生产监管执法的通知	国办发〔2015〕20 号
15	国务院办公厅	关于运用大数据加强对市场主体服务和监管的若干意见	国办发〔2015〕51 号
16	国务院办公厅	关于印发三网融合推广方案的通知	国办发〔2015〕65 号
17	国务院办公厅	关于印发贯彻实施《深化标准化工作改革方案》行动计划（2015—2016 年）的通知	国办发〔2015〕67 号
18	国务院办公厅	关于加快电动汽车充电基础设施建设的指导意见	国办发〔2015〕73 号
19	国务院办公厅	关于加强和改进企业国有资产监督防止国有资产流失的意见	国办发〔2015〕79 号
20	国务院办公厅	关于印发国家标准化体系建设发展规划（2016—2020 年）的通知	国办发〔2015〕89 号

附件 3

2015 年国家发展改革委和国家能源局发布的涉及电力及其相关领域的文件

序号	发布单位	文件名称	文 号
1	国家发展改革委、国家能源局、工业和信息化部、住房和城乡建设部	关于印发《电动汽车充电基础设施发展指南(2015—2020 年)》的通知	发改能源〔2015〕1454 号
2	国家发展改革委	关于加快配电网建设改造的指导意见	发改能源〔2015〕1899 号
3	国家发展改革委	关于严格治理违法违规建设煤矿有关问题的通知	发改能源〔2015〕2002 号
4	国家发展改革委	关于从严控制新建煤矿项目有关问题的通知	发改能源〔2015〕2003 号
5	国家发展改革委	关于做好电力项目核准权限下放后规划建设有关工作的通知	发改能源〔2015〕2236 号
6	国家发展改革委	关于加强商品煤质量管理有关意见的通知	发改能源〔2015〕2782 号
7	国家发展改革委	关于改善电力运行调节促进清洁能源多发满发的指导意见	发改运行〔2015〕518 号
8	国家发展改革委	关于完善电力应急机制做好电力需求侧管理城市综合试点工作的通知	发改运行〔2015〕703 号
9	国家发展改革委	关于落实违法违规煤矿煤炭相关治理措施的通知	发改运行〔2015〕1136 号
10	国家发展改革委	关于促进智能电网发展的指导意见	发改运行〔2015〕1518 号
11	国家发展改革委	关于降低燃煤发电上网电价和工商业用电价格的通知	发改价格〔2015〕748 号
12	国家发展改革委	关于完善跨省跨区电能交易价格形成机制有关问题的通知	发改价格〔2015〕962 号
13	国家发展改革委	关于贵州省列入输配电价改革试点范围的批复	发改价格〔2015〕1182 号
14	国家发展改革委	关于内蒙古西部电网输配电价改革试点方案的批复	发改价格〔2015〕1344 号
15	国家发展改革委	关于印发《输配电定价成本监审办法（试行)》的通知	发改价格〔2015〕1347 号
16	国家发展改革委	关于实行燃煤电厂超低排放电价支持政策有关问题的通知	发改价格〔2015〕2835 号
17	国家发展改革委	关于降低燃煤发电上网电价和一般工商业用电价格的通知	发改价格〔2015〕3105 号
18	国家发展改革委	关于完善陆上风电光伏发电上网标杆电价政策的通知	发改价格〔2015〕3044 号
19	国家发展改革委	关于国家电网公司发行企业债券核准的批复	发改财金〔2015〕2360 号
20	国家发展改革委	关于进一步加快推进农作物秸秆综合利用和禁烧工作的通知	发改环资〔2015〕2651 号

续表

序号	发布单位	文件名称	文 号
21	国家发展改革委	关于同意云南省、贵州省开展电力体制改革综合试点的复函	发改经体〔2015〕2604 号
22	国家发展改革委	关于印发电力体制改革配套文件的通知	发改经体〔2015〕2752 号
23	国家发展改革委	国家发展改革委关于切实做好安全生产相关工作的紧急通知	发改电〔2015〕504 号
24	国家发展改革委	关于鼓励和引导社会资本参与重大水利工程建设运营的实施意见	发改农经〔2015〕488 号
25	国家发展改革委	关于印发《河北省张家口市可再生能源示范区发展规划》的通知	发改高技〔2015〕1714 号
26	国家发展改革委	关于同意重庆市、广东省开展售电侧改革试点的复函	发改办经体〔2015〕3117 号
27	国家发展改革委	关于开展可再生能源就近消纳试点的通知	发改办运行〔2015〕2554 号
28	国家发展改革委	关于开展 2014 年度单位国内生产总值二氧化碳排放降低目标责任考核评估的通知	发改办气候〔2015〕958 号
29	国家发展改革委	2014 年度电网企业实施电力需求侧管理目标责任完成情况	2015 年第 13 号公告
30	国家能源局	国家能源局关于印发《电动汽车充电设施标准体系项目表（2015 年版）》的通知	国能科技〔2015〕394 号
31	国家能源局	国家能源局关于印发 2015 年中央发电企业煤电节能减排升级改造目标任务的通知	国能电力〔2015〕93 号
32	国家能源局	国家能源局关于下达 2015 年电力行业淘汰落后产能目标任务的通知	国能电力〔2015〕119 号
33	国家能源局	国家能源局关于颁布《电网技术改造工程定额及费用计算规定》（2015 年版）和《电网检修工程定额及费用计算规定》(2015 年版）的通知	国能电力〔2015〕270 号
34	国家能源局	国家能源局关于印发配电网建设改造行动计划(2015—2020 年）的通知	国能电力〔2015〕290 号
35	国家能源局	国家能源局关于做好 2015 年度风电并网消纳有关工作的通知	国能新能〔2015〕82 号
36	国家能源局	国家能源局关于开展全国光伏发电工程质量检查的通知	国能新能〔2015〕110 号
37	国家能源局	国家能源局关于印发“十二五”第五批风电项目核准计划的通知	国能新能〔2015〕134 号
38	国家能源局	国家能源局关于进一步完善风电年度开发方案管理工作的通知	国能新能〔2015〕163 号
39	国家能源局	国家能源局关于推进新能源微电网示范项目建设的指导意见	国能新能〔2015〕265 号
40	国家能源局	国家能源局关于组织太阳能热发电示范项目建设的通知	国能新能〔2015〕355 号

续表

序号	发布单位	文件名称	文 号
41	国家能源局	国家能源局关于调增部分地区2015年光伏电站建设规模的通知	国能新能〔2015〕356号
42	国家能源局	国家能源局关于实行可再生能源发电项目信息化管理的通知	国能新能〔2015〕358号
43	国家能源局	国家能源局关于印发《水电工程验收管理办法》(2015年修订版)的通知	国能新能〔2015〕426号
44	国家能源局	国家能源局关于公布2014年度能源软科学研究优秀成果奖获奖成果名单的通知	国能法改〔2015〕440号
45	国家能源局	国家能源局、国家安全监管总局关于推进电力安全生产标准化建设工作有关事项的通知	国能安全〔2015〕126号
46	国家能源局	国家能源局关于印发《水电站大坝安全定期检查监督管理办法》的通知	国能安全〔2015〕145号
47	国家能源局	国家能源局关于印发《燃气电站天然气系统安全管理规定》的通知	国能安全〔2015〕450号
48	国家能源局	国家能源局综合司关于进一步做好可再生能源发展“十三五”规划编制工作的指导意见	国能综新能〔2015〕177号
49	国家能源局	国家能源局综合司关于开展风电清洁供暖工作的通知	国能综新能〔2015〕306号
50	国家能源局	国家能源局综合司关于评选2014年度能源软科学研究优秀成果奖的通知	国能综法改〔2015〕217号
51	国家能源局	国家能源局综合司关于做好当前电力安全生产工作坚决遏制电力事故发生的紧急通知	国能综安全〔2015〕115号
52	国家能源局	国家能源局综合司关于开展2015年电力行业“安全生产月”活动的通知	国能综安全〔2015〕272号
53	国家能源局	国家能源局综合司关于深入开展电力行业防范粉尘爆炸安全大检查的通知	国能综安全〔2015〕397号
54	国家能源局	国家能源局综合司关于进一步强化发电企业生产项目外包安全管理防范人身伤亡事故的通知	国能综安全〔2015〕694号

附件 4

2015 年财政部和国家税务总局发布的涉及电力及其相关领域的文件

序号	发布单位	文件名称	文 号
1	财政部、国家税务总局、工业和信息化部	关于节约能源 使用新能源车船车船税优惠政策的通知	财税〔2015〕51 号
2	财政部、国家税务总局	关于风力发电增值税政策的通知	财税〔2015〕74 号
3	财政部、国家发展改革委、工业和信息化部、海关总署、国家税务总局、国家能源局	关于调整重大技术装备进口税收政策有关目录及规定的通知	财关税〔2015〕51 号
4	财政部、科技部、工业和信息化部、国家发展改革委	关于 2016—2020 年新能源汽车推广应用财政支持政策的通知	财建〔2015〕134 号
5	财政部	关于印发《可再生能源发展专项资金管理暂行办法》的通知	财建〔2015〕87 号

附件 5

2015 年环境保护部和国家核安全局发布的涉及电力及其相关领域的文件

序号	发布单位	文件名称	文 号
1	环境保护部	关于规范火电等七个行业建设项目环境影响评价文件审批的通知	环办〔2015〕112 号
2	环境保护部、国家发展改革委	关于加强企业环境信用体系建设的指导意见	环发〔2015〕161 号
3	环境保护部	关于印发《建设项目环境影响评价信息公开机制方案》的通知	环发〔2015〕162 号
4	环境保护部、国家发展改革委、国家能源局	关于印发《全面实施燃煤电厂超低排放和节能改造工作方案》的通知	环发〔2015〕164 号
5	环境保护部	关于加强规划环境影响评价与建设项目环境影响评价联动工作的意见	环发〔2015〕178 号
6	环境保护部	关于开展规划环境影响评价会商的指导意见（试行）	环发〔2015〕179 号
7	环境保护部	建设项目环境影响后评价管理办法（试行）	部令 第 37 号
8	国家核安全局	关于印发《〈核电厂运行许可证〉有效期限延续的技术政策（试行）》的通知	国核安发〔2015〕280 号
9	国家核安全局	关于印发《核电厂内乏燃料干法贮存系统核安全监管要求（试行）》的通知	国核安发〔2015〕281 号

附件 6

2015 年发布的涉及电力及其相关领域的其他文件

序号	发布单位	文件名称	文 号
1	工业和信息化部	关于印发《2015 年工业绿色发展专项行动实施方案》的通知	工信部节〔2015〕61 号
2	工业和信息化部	关于印发贯彻落实《国务院关于积极推进“互联网 +”行动的指导意见》行动计划(2015—2018 年)的通知	工信部信软〔2015〕440 号
3	工业和信息化部信息化推进司	关于全面开展企业两化融合评估诊断和对标引导工作的通知	工信函〔2015〕32 号
4	工业和信息化部信息化推进司	关于继续开展互联网与工业融合创新试点工作的通知	工信函〔2015〕50 号
5	工业和信息化部办公厅	关于组织推荐 2015 年全国工业领域电力需求侧管理示范企业的通知	工信厅运行函〔2015〕337 号
6	工业和信息化部	光伏制造行业规范条件(2015 年本)	2015 年第 23 号公告
7	工业和信息化部	工业企业实施电力需求侧管理工作评价办法(试行)	
8	国土资源部	关于煤炭矿业权审批管理改革试点有关问题的通知	国土资规〔2015〕4 号
9	国土资源部	关于发布《光伏发电站工程项目用地控制指标》的通知	国土资规〔2015〕11 号
10	国土资源部	关于开展矿山和水电工地地质灾害防治工作检查的通知	国土资电发〔2015〕35 号
11	国资委	关于国有企业功能界定与分类的指导意见	国资发研究〔2015〕170 号
12	国资委办公厅	关于开展中央企业“十三五”发展战略和规划编制工作的通知	国资厅规划〔2015〕83 号
13	国家安全监管总局	关于修改《生产安全事故报告和调查处理条例》罚款处罚暂行规定等四部规章的决定	国家安全监管总局第 77 号令
14	国家安全监管总局	关于修改《煤矿安全监察员管理办法》等五部煤矿安全规章的决定	国家安全监管总局第 81 号令

附件 7

2015 年国家标准化管理委员会发布的国家标准

序号	标准编号	标准名称	标委会	代替标准号
1	GB/T 27930—2015	电动汽车非车载传导式充电机与电池管理系统之间的通信协议	能源行业电动汽车充电设施标准化技术委员会	GB/T 27930—2011
2	GB/T 18487. 1—2015	电动汽车传导充电系统 第 1 部分：通用要求	中电联标准化中心	GB/T 18487. 1—2001
3	GB/T 18479. 1—2015	电动车辆传导充电系统通用要求	能源行业电动汽车充电设施标准化技术委员会	GB/T 18487. 1—2001
4	GB/T 31960. 8—2015	电力能效监测系统技术规范 第 8 部分：安全防护规范	中电联标准化中心	
5	GB/T 31997—2015	风力发电场项目建设工程验收规程	中电联标准化中心	
6	GB/T 32128—2015	海上风电场运行维护规程	中电联标准化中心	
7	GB/T 31999—2015	光伏发电系统并网特性评价技术规范	中电联标准化中心	
8	GB/T 31998—2015	电力软交换系统技术规范	全国电力系统管理及其信息交换标准化技术委员会	
9	GB/T 31960. 1—2015	电力能效监测系统技术规范 第 1 部分：总则	中电联标准化中心	
10	GB/T 31960. 2—2015	电力能效监测系统技术规范 第 2 部分：主站功能规范	中电联标准化中心	
11	GB/T 31960. 3—2015	电力能效监测系统技术规范 第 3 部分：通信协议	中电联标准化中心	
12	GB/T 31960. 4—2015	电力能效监测系统技术规范 第 4 部分：子站功能设计规范	中电联标准化中心	
13	GB/T 31960. 5—2015	电力能效监测系统技术规范 第 5 部分：主站设计规范	中电联标准化中心	
14	GB/T 31960. 6—2015	电力能效监测系统技术规范 第 6 部分：电力能效信息集中与交换终端技术条件	中电联标准化中心	
15	GB/T 31992—2015	电力系统设备通用告警规范	全国电网运行与控制标准化技术委员会	

续表

序号	标准编号	标准名称	标委会	代替标准号
16	GB/T 31993—2015	电能服务管理平台管理规范	中电联标准化中心	
17	GB/T 31991.1—2015	电能服务管理平台技术规范 第1部分：总则	中电联标准化中心	
18	GB/T 31991.2—2015	电能服务管理平台技术规范 第2部分：功能规范	中电联标准化中心	
19	GB/T 31991.3—2015	电能服务管理平台技术规范 第3部分：接口规范	中电联标准化中心	
20	GB/T 31991.4—2015	电能服务管理平台技术规范 第4部分：设计规范	中电联标准化中心	
21	GB/T 31991.5—2015	电能服务管理平台技术规范 第5部分：安全防护规范	中电联标准化中心	
22	GB/T 31990.1—2015	塑料光纤电力信息传输系统技术规范 第1部分：技术要求	中电联标准化中心	
23	GB/T 31990.2—2015	塑料光纤电力信息传输系统技术规范 第2部分：收发通信单元	中电联标准化中心	
24	GB/T 31990.3—2015	塑料光纤电力信息传输系统技术规范 第3部分：光电收发模块	中电联标准化中心	
25	GB/T 31994—2015	智能远动网关技术规范	全国电力系统管理及其信息交换标准化技术委员会	
26	GB/T 31989—2015	高压电力用户用电安全	全国高压电气安全标准化技术委员会	
27	GB/T 31840.1—2015	额定电压1kV（Um=1.2kV）到35kV（Um=40.5kV）铝合金芯挤包绝缘电力电缆 第1部分：额定电压1kV（Um=1.2kV）和3kV（Um=3.6kV）电缆	中电联标准化中心	
28	GB/T 31840.3—2015	额定电压1kV（Um=1.2kV）到35kV（Um=40.5kV）铝合金芯挤包绝缘电力电缆 第3部分：额定电压35kV（Um=40.5kV）电缆	中电联标准化中心	

续表

序号	标准编号	标准名称	标委会	代替标准号
29	GB/T 31840. 2—2015	额定电压 1kV（Um = 1. 2kV）到 35kV（Um = 40. 5kV）铝合金芯挤包绝缘电力电缆　第 2 部分：额定电压 6kV（Um =7. 2kV）到 30kV（Um =36kV）电缆	中电联标准化中心	
30	GB/T 31464—2015	电网运行准则	全国电网运行与控制标准化技术委员会	
31	GB/T 31460—2015	高压直流换流站无功补偿与配置技术导则	全国高压直流输电工程标准化技术委员会	
32	GB/T 31461—2015	火力发电机组快速减负荷技术导则	全国电站过程监控及信息标准化技术委员会	
33	GB/Z 25320. 7—2015	电力系统管理及其信息交换 数据和通讯安全　第7部分：网络和系统管理（NSM）的数据对象模型	全国电力系统管理及其信息交换标准化技术委员会	
34	GB/T 31365—2015	光伏发电站接入电网检测规程	中电联标准化中心	
35	GB/T 31366—2015	光伏发电站监控系统技术要求	中电联标准化中心	
36	GB/T 31367—2015	中低压配电网能效评估导则	电力行业供用电标准化技术委员会	

附件 8

2015 年住房和城乡建设部发布的电力工程建设国家标准

序号	标准号	标准名称	发布日期	实施日期	公告编号
1	GB 51096—2015	风力发电场设计规范	2015 -03 -08	2015 -11 -01	第 772 号
2	GB/T 51106—2015	火力发电厂节能设计规范	2015 -05 -11	2016 -02 -01	第 815 号
3	GB/T 51121—2015	风力发电工程施工与验收规范	2015 -12 -03	2016 -08 -01	第 1004 号

附件 9

2015 年国家能源局发布的电力行业标准

序号	标准编号	标准名称	标委会	代替标准号
1	DL/T 392—2015	1 000kV 交流同塔双回输电线路带电作业技术导则	全国带电作业标准化技术委员会	DL/T 392—2010
2	DL/T 422—2015	火电厂用工业合成盐酸试验方法	电力行业电厂化学标准化技术委员会	DL/T 422—1991
3	DL/T 425—2015	火电厂用工业氢氧化钠试验方法	电力行业电厂化学标准化技术委员会	DL/T 425—1991
4	DL/T 429. 6—2015	电力用油开口杯老化测定法	全国电气化学标准化技术委员会	DL/T 429. 6—1991
5	DL/T 449—2015	油浸纤维质绝缘材料含水量测定法	全国电气化学标准化技术委员会	DL/T 449—1991
6	DL/T 626—2015	劣化悬式绝缘子检测规程	电力行业绝缘子标准化技术委员会	DL/T 626—2005
7	DL/T 641—2015	电站阀门电动执行机构	电力行业热工自动化与信息标准化技术委员会	DL/T 641—2005
8	DL/T 657—2015	火力发电厂模拟量控制系统验收测试规程	电力行业热工自动化与信息标准化技术委员会	DL/T 657—2006
9	DL/T 703—2015	绝缘油中含气量的气相色谱测定法	全国电气化学标准化技术委员会	DL/T 703—1999
10	DL/T 753—2015	汽轮机铸钢件补焊技术导则	电力行业电站焊接标准化技术委员会	DL/T 753—2001
11	DL/T 774—2015	火力发电厂热工自动化系统检修运行维护规程	电力行业热工自动化与信息标准化技术委员会	DL/T 774—2004
12	DL/T 853—2015	带电作业用绝缘垫	全国带电作业标准化技术委员会	DL/T 853—2004
13	DL/T 803—2015	带电作业用绝缘毯	全国带电作业标准化技术委员会	DL/T 803—2002
14	DL/T 859—2015	高压交直流系统用复合绝缘子人工污秽试验	电力行业绝缘子标准化技术委员会	DL/T 859—2004
15	DL/T 889—2015	电力基本建设热力设备化学监督导则	电力行业电厂化学标准化技术委员会	DL/T 889—2004
16	DL/T 903—2015	磨煤机耐磨件堆焊技术导则	电力行业电站焊接标准化技术委员会	DL/T 903—2004
17	DL/T 1000. 2—2015	标称电压高于 1 000V 架空线路绝缘子使用导则　第 2 部分：直流系统用瓷或玻璃绝缘子	电力行业绝缘子标准化技术委员会	DL/T 1000. 2 —2006

续表

序号	标准编号	标准名称	标委会	代替标准号
18	DL/T 1000. 3—2015	标称电压高于1 000V交流架空线路复合绝缘子使用导则 第3部分：交流系统用棒形悬式复合绝缘子	电力行业绝缘子标准化技术委员会	DL/T 864—2004
19	DL/T 1022—2015	火电机组仿真机技术规范	中电联标准化中心	DL/T 1022—2006
20	DL/T 1023—2015	变电站仿真机技术规范	中电联标准化中心	DL/T 1023—2006
21	DL/T 1024—2015	水电仿真机技术规范	中电联标准化中心	DL/T 1024—2006
22	DL/T 1454—2015	电力系统自动低压减负荷技术规范	全国电网运行与控制标准化技术委员会	
23	DL/T 1455—2015	电力系统控制类软件安全性及其测评技术要求	全国电网运行与控制标准化技术委员会	
24	DL/T 1456—2015	电力系统数据库通用访问接口规范	全国电网运行与控制标准化技术委员会	
25	DL/T 1457—2015	电力工程接地用锌包钢技术条件	中电联标准化中心	
26	DL/T 1458—2015	绝缘油中铜、铁、铝、锌含量的测定 原子吸收光谱法	全国电气化学标准化技术委员会	
27	DL/T 1459—2015	矿物绝缘油中金属钝化剂含量测定方法 高效液相色谱法	全国电气化学标准化技术委员会	
28	DL/T 1460—2015	矿物绝缘油腐蚀性硫定量测试方法 铜粉腐蚀法	全国电气化学标准化技术委员会	
29	DL/T 1461—2015	发电厂齿轮用油运行及维护管理导则	全国电气化学标准化技术委员会	
30	DL/T 1462—2015	发电厂在线氢气系统仪表检测规程	全国电气化学标准化技术委员会	
31	DL/T 1463—2015	变压器油中溶解气体组分含量分析用工作标准油的配制	全国电气化学标准化技术委员会	
32	DL/T 1464—2015	燃煤电厂节能诊断技术导则	电力行业电站汽轮机标准化技术委员会	
33	DL/T 1465—2015	10kV带电作业用绝缘平台	全国带电作业标准化技术委员会	
34	DL/T 1466—2015	750kV交流同塔双回输电线路带电作业技术导则	全国带电作业标准化技术委员会	
35	DL/T 1467—2015	500kV输变电设备带电水冲洗作业技术规范	全国带电作业标准化技术委员会	
36	DL/T 1468—2015	电力用车载式带电水冲洗装置	全国带电作业标准化技术委员会	

续表

序号	标准编号	标准名称	标委会	代替标准号
37	DL/T 1469—2015	输变电设备外绝缘用硅橡胶辅助伞裙使用导则	电力行业绝缘子标准化技术委员会	
38	DL/T 1470—2015	交流系统用盘形悬式复合瓷或玻璃绝缘子串元件	电力行业绝缘子标准化技术委员会	
39	DL/T 1471—2015	高压直流线路用盘形悬式复合瓷或玻璃绝缘子串元件	电力行业绝缘子标准化技术委员会	
40	DL/T 1472. 1—2015	换流站直流场用支柱绝缘子 第1部分：技术条件	电力行业绝缘子标准化技术委员会	
41	DL/T 1472. 2—2015	换流站直流场用支柱绝缘子 第2部分：尺寸与特性	电力行业绝缘子标准化技术委员会	
42	DL/T 1474—2015	标称电压高于1 000V交、直流系统用复合绝缘子憎水性测量方法	电力行业绝缘子标准化技术委员会	
43	DL/T 1475—2015	电力安全工器具配置与存放技术要求	全国高压电气安全标准化技术委员会	
44	DL/T 1476—2015	电力安全工器具预防性试验规程	全国高压电气安全标准化技术委员会	
45	DL/T 1477—2015	火力发电厂脱硫装置技术监督导则	电力行业环境保护标准化技术委员会	
46	DL/T 1478—2015	电子式交流电能表现场检验规程	电力行业电测量标准化技术委员会	
47	DL/T 1479—2015	发电厂水汽中乙醇胺浓度的测定 离子色谱法	电力行业电厂化学标准化技术委员会	
48	DL/T 1480—2015	水的氧化还原电位测量方法	电力行业电厂化学标准化技术委员会	
49	DL/T 1481—2015	输电线路运行状态专家系统技术导则	全国架空线路标准化技术委员会线路运行分技术委员会	
50	DL/T 1482—2015	架空输电线路无人机巡检作业技术导则	全国架空线路标准化技术委员会线路运行分技术委员会	
51	DL/T 1483—2015	石灰石—石膏湿法烟气脱硫系统化学及物理特性试验方法	电力行业环境保护标准化技术委员会	
52	DL/T 5725—2015	35kV及以下电力用户变电所建设规范	电力行业供用电标准化技术委员会	
53	DL/T 5726—2015	1 000kV串联电容器补偿装置施工工艺导则	特高压交流标准化工作委员会	
54	NB/T 25045—2015	核电厂消防设施性能评价与监督导则	电力行业核电标准化技术委员会	

续表

序号	标准编号	标准名称	标委会	代替标准号
55	DL/T 1484—2015	直流电能表技术规范	电力行业电测量标准化技术委员会	
56	DL/T 1485—2015	三相智能电能表技术规范	电力行业电测量标准化技术委员会	
57	DL/T 1486—2015	单相静止式多费率电能表技术规范	电力行业电测量标准化技术委员会	
58	DL/T 1487—2015	单相智能电能表技术规范	电力行业电测量标准化技术委员会	
59	DL/T 1488—2015	单相智能电能表型式规范	电力行业电测量标准化技术委员会	
60	DL/T 1489—2015	三相智能电能表型式规范	电力行业电测量标准化技术委员会	
61	DL/T 1490—2015	智能电能表功能规范	电力行业电测量标准化技术委员会	
62	DL/T 1491—2015	智能电能表信息交换安全认证技术规范	电力行业电测量标准化技术委员会	
63	DL/T 246—2015	化学监督导则	电力行业电厂化学标准化技术委员会	DL/T 246—2006
64	DL/T 419—2015	电力用油名词术语	全国电气化学标准化技术委员会	DL 419—1991
65	DL/T 433—2015	抗燃油中氯含量测定方法 氧弹法	全国电气化学标准化技术委员会	DL 433—1992
66	DL 493—2015	农村低压安全用电规程	电力行业农村电气化标准化技术委员会	DL 493—2001
67	DL/T 567. 5—2015	火力发电厂燃料试验方法 第5部分：煤粉细度的测定	电力行业电厂化学标准化技术委员会	DL/T 567. 5—1995
68	DL/T 1431—2015	煤（飞灰、渣）中碳酸盐二氧化碳的测定 盐酸分解-库伦滴定法	电力行业电厂化学标准化技术委员会	
69	DL/T 1430—2015	变电设备在线监测系统技术导则	全国电力设备状态维修与在线监测标准化技术委员会	
70	DL/T 943—2015	烟气湿法脱硫用石灰石粉反应速率的测定	电力行业环境保护标准化技术委员会	DL/T 943—2005
71	DL/T 673—2015	火力发电厂水处理用0017强酸性离子交换树脂报废标准	电力行业电厂化学标准化技术委员会	DL/T 673—1999
72	DL/T 588—2015	水质污染指数的测定	电力行业电厂化学标准化技术委员会	DL/T 588—1996

续表

序号	标准编号	标准名称	标委会	代替标准号
73	DL/T 1433—2015	变压器铁芯接地电流测量装置通用技术条件	全国高电压试验技术和绝缘配合标准化技术委员会高电压试验技术分技术委员会	
74	DL/T 1435—2015	速差式防坠器疲劳试验装置技术要求	中电联标准化中心	
75	DL/T 1436—2015	架空绞线用复合芯棒缠绕试验机技术要求	中电联标准化中心	
76	DL/T 1429—2015	电站煤粉锅炉技术条件	电力行业电站锅炉标准化技术委员会	SD 268—1988
77	DL/T 1439—2015	镇村户配电技术导则	电力行业农村电气化标准化技术委员会	
78	DL/T 1425—2015	变电站金属材料腐蚀防护技术导则	电力行业电站金属材料标准化技术委员会	
79	DL/T 1406—2015	配电自动化技术导则	全国电力系统管理及其信息交换标准化技术委员会	
80	DL/T 1401—2015	输变电钢结构用钢管制造技术条件	中电联标准化中心	
81	DL/T 1428—2015	直接空冷系统验收导则	电力行业电站汽轮机标准化技术委员会	
82	DL/T 831—2015	大容量煤粉燃烧锅炉炉膛选型导则	电力行业电站锅炉标准化技术委员会	DL/T 831—2002
83	DL/T 904—2015	火力发电厂技术经济指标计算方法	电力行业节能标准化技术委员会	DL/T 904—2004
84	DL/T 5131—2015	农村电网建设与改造技术导则	电力行业农村电气化标准化技术委员会	DL/T 5131—2001
85	DL/T 5144—2015	水工混凝土施工规范	电力行业水电施工标准化技术委员会	DL/T 5144—2001
86	DL/T 5330—2015	水工混凝土配合比设计规程	电力行业水电施工标准化技术委员会	DL/T 5330—2005
87	DL/T 1432. 1—2015	变电设备在线监测装置检验规范 第1部分：通用检验规范	全国电力设备状态维修与在线监测标准化技术委员会	
88	DL/T 1437—2015	手拉葫芦无载动作试验装置技术要求	中电联标准化中心	
89	DL/T 1438—2015	单相配电变压器选用导则	电力行业农村电气化标准化技术委员会	
90	DL/T 1440—2015	智能高压设备通信技术规范	全国电力设备状态维修与在线监测标准化技术委员会	

续表

序号	标准编号	标准名称	标委会	代替标准号
91	DL/T 1441—2015	智能低压配电箱技术条件	电力行业农村电气化标准化技术委员会	
92	DL/T 1442—2015	智能配变终端技术条件	电力行业农村电气化标准化技术委员会	
93	DL/T 1443—2015	农网工频载波通用信息系统技术规范	电力行业农村电气化标准化技术委员会	
94	DL/T 1445—2015	电站煤粉锅炉燃煤掺烧技术导则	电力行业电站锅炉标准化技术委员会	
95	DL/T 1446—2015	煤粉气流着火温度的测定方法	电力行业电站锅炉标准化技术委员会	
96	DL/T 1447—2015	燃煤电厂电袋复合除尘器运行维护导则	电力行业电站锅炉标准化技术委员会	
97	DL/T 1448—2015	发电工程混凝土试验规程	中电联标准化中心	
98	DL/T 1449—2015	电力行业统计编码规范	中电联标准化中心	
99	DL/T 1450—2015	电力行业统计数据接口规范	中电联标准化中心	
100	DL/T 1451—2015	在役冷凝器非铁磁性管涡流检测技术导则	电力行业电站金属材料标准化技术委员会	
101	DL/T 1452—2015	火力发电厂管道超声导波检测	电力行业电站金属材料标准化技术委员会	
102	DL/T 1453—2015	输电线路铁塔防腐蚀保护涂装	电力行业电站金属材料标准化技术委员会	
103	DL/T 5113. 7—2015	水电水利基本建设工程单元工程质量等级评定标准 第 7 部分：碾压式土石坝和浆砌石坝工程	电力行业水电施工标准化技术委员会	
104	DL/T 5717—2015	农村住宅电气工程技术规范	电力行业农村电气化标准化技术委员会	
105	DL/T 5718—2015	单三相混合配电方式设计规范	电力行业农村电气化标准化技术委员会	
106	DL/T 5719—2015	水电水利工程施工基坑排水技术规范	电力行业水电施工标准化技术委员会	
107	DL/T 5720—2015	水工自密实混凝土技术规程	电力行业水电施工标准化技术委员会	
108	DL/T 5721—2015	水工喷射混凝土试验规程	电力行业水电施工标准化技术委员会	
109	DL/T 5722—2015	水电水利工程施工机械安全操作规程 塔带机	电力行业水电施工标准化技术委员会	
110	DL/T 5723—2015	水电水利施工机械安全操作规程 履带式布料机	电力行业水电施工标准化技术委员会	

续表

序号	标准编号	标准名称	标委会	代替标准号
111	DL/T 5724—2015	水电工程砂石系统废水处理技术规范	电力行业水电施工标准化技术委员会	
112	DL/T 680—2015	电力行业耐磨管道技术条件	电力行业电站金属材料标准化技术委员会	DL/T 680—1999
113	DL/T 715—2015	火力发电厂金属材料选用导则	电力行业电站金属材料标准化技术委员会	DL/T 715—2000
114	DL/T 842—2015	低压并联电容器装置使用技术条件	电力行业电力电容器标准化技术委员会	DL/T 842—2003
115	DL 5027—2015	电力设备典型消防规程	中电联标准化中心	DL 5027—1993
116	DL/T 1400—2015	油浸式变压器测温装置现场校准规范	全国高电压试验技术和绝缘配合标准化技术委员会高电压试验技术分技术委员会	
117	DL/T 1402—2015	厂站端同步相量应用技术规范	全国电力系统管理及其信息交换标准化技术委员会	
118	DL/T 1404—2015	变电站监控系统防止电气误操作技术规范	全国电力系统管理及其信息交换标准化技术委员会	
119	DL/T 1407—2015	低压电力线载波通信设备通用技术条件	全国电力系统管理及其信息交换标准化技术委员会	
120	DL/T 1408—2015	1 000kV 交流系统用油－六氟化硫套管技术规范	特高压交流标准化工作委员会	
121	DL/T 1410—2015	1 000kV 可控并联电抗器技术规范	特高压交流标准化工作委员会	
122	DL/T 1409—2015	发电厂用 1 000kV 升压变压器技术规范	特高压交流标准化工作委员会	
123	DL/T 1412—2015	优质电力园区供电技术规范	电力行业电能质量及柔性输电标准化技术委员会	
124	DL/T 1413—2015	变电站用接地线绕线装置	全国高压电气安全标准化技术委员会	
125	DL/T 1414. 301—2015	电力市场通信　第 301 部分：公共信息模型	全国电力系统管理及其信息交换标准化技术委员会	
126	DL/T 1415—2015	高压并联电容器装置保护技术导则	电力行业电力电容器标准化技术委员会	
127	DL/T 1416—2015	超声波局部放电测试仪通用技术条件	全国高电压试验技术和绝缘配合标准化技术委员会高电压试验技术分技术委员会	
128	DL/T 1417—2015	低压无功补偿装置运行规程	电力行业电力电容器标准化技术委员会	

续表

序号	标准编号	标准名称	标委会	代替标准号
129	DL/T 1418—2015	燃煤电厂 SCR 烟气脱硝流场模拟技术规范	电力行业环境保护标准化技术委员会	
130	DL/T 1419—2015	变压器油再生与使用导则	全国电气化学标准化技术委员会	
131	DL/T 1420—2015	磷酸酯抗燃油水解安定性试验方法	全国电气化学标准化技术委员会	
132	DL/T 1421—2015	脱硫浆液循环泵过流部件磨蚀损坏修复与防护技术导则	电力行业电站金属材料标准化技术委员会	
133	DL/T 1422—2015	18Cr－8Ni 系列奥氏体不锈钢锅炉管显微组织老化评级标准	电力行业电站金属材料标准化技术委员会	
134	DL/T 1423—2015	在役发电机护环超声波检验技术导则	电力行业电站金属材料标准化技术委员会	
135	DL/T 1424—2015	电网金属技术监督规程	电力行业电站金属材料标准化技术委员会	
136	DL/T 1426—2015	联合循环汽轮机性能试验规程	电力行业联合循环发电标准化技术委员会	
137	DL/T 1427—2015	联合循环余热锅炉性能试验规程	电力行业联合循环发电标准化技术委员会	
138	DL/T 5715—2015	电力光纤到户组网技术导则	全国电力系统管理及其信息交换标准化技术委员会	
139	DL/T 5716—2015	电力光纤到户施工及验收规范	全国电力系统管理及其信息交换标准化技术委员会	
140	NB/T 33017—2015	电动汽车智能充换电服务网络运营监控系统技术规范	能源行业电动汽车充电设施标准化技术委员会	
141	NB/T 33018—2015	电动汽车充换电设施供电系统技术规范	能源行业电动汽车充电设施标准化技术委员会	
142	NB/T 33019—2015	电动汽车充换电设施运行管理规范	能源行业电动汽车充电设施标准化技术委员会	
143	NB/T 33021—2015	电动汽车非车载充放电装置技术条件	能源行业电动汽车充电设施标准化技术委员会	
144	NB/T 33022—2015	电动汽车充电站初步设计内容深度规定	能源行业电动汽车充电设施标准化技术委员会	
145	NB/T 33020—2015	电动汽车动力蓄电池箱用充电机技术条件	能源行业电动汽车充电设施标准化技术委员会	
146	NB/T 33023—2015	电动汽车充换电设施规划导则	能源行业电动汽车充电设施标准化技术委员会	

续表

序号	标准编号	标准名称	标委会	代替标准号
147	NB/T 31065—2015	风力发电场调度运行规程	能源行业风电标准化技术委员会风电并网管理分技术委员会	
148	NB/T 31067—2015	风力发电场监控系统通信 信息模型	能源行业风电标准化技术委员会风电运行维护分技术委员会	
149	NB/T 31068—2015	风力发电场监控系统通信 信息交换模型	能源行业风电标准化技术委员会风电运行维护分技术委员会	
150	NB/T 31069—2015	风力发电场监控系统通信 映射到通信规约	能源行业风电标准化技术委员会风电运行维护分技术委员会	
151	NB/T 31070—2015	风力发电场监控系统通信 一致性测试	能源行业风电标准化技术委员会风电运行维护分技术委员会	
152	NB/T 31071—2015	风力发电场远程监控系统技术规程	能源行业风电标准化技术委员会风电运行维护分技术委员会	
153	NB/T 31072—2015	风电机组风轮系统技术监督规程	能源行业风电标准化技术委员会风电运行维护分技术委员会	
154	NB/T 31066—2015	风电机组电气仿真模型建模导则	能源行业风电标准化技术委员会风电并网管理分技术委员会	
155	DL/T 1403—2015	智能变电站监控系统技术规范	全国电力系统管理及其信息交换标准化技术委员会	
156	DL/T 1411—2015	智能高压设备技术导则	全国电力设备状态维修与在线监测标准化技术委员会	
157	NB/T 32026—2015	光伏发电站并网性能测试与评价方法	中电联标准化中心	
158	NB/T 32025—2015	光伏发电站调度技术规范	中电联标准化中心	
159	DL/T 1080. 11—2015	电力企业应用集成　配电管理的系统接口　第 11 部分：配电公告信息模型	全国电力系统管理及其信息交换标准化技术委员会	
160	DL/T 1405. 1—2015	智能变电站的同步相量测量装置　第 1 部分：技术规范	全国电力系统管理及其信息交换标准化技术委员会	
161	DL/T 552—2015	火力发电厂空冷凝汽器传热元件性能试验规程	电力行业电站汽轮机标准化技术委员会	
162	NB/T 42050—2015	光纤复合中压电缆	中电联标准化中心	

附件 10

2015 年国家标准化管理委员会下达的电力国家标准计划项目

序号	项目编号	中文标准名称	英文标准名称	被修订标准号	完成年限	归口单位
1	20151391 -T -524	电池组件检修标准	standard for maintenance of solar cell module		2016	中电联
2	20151976 -T -524	电力储能用锂离子电池	Lithium-ion battery used for electrical energy storage (EES) systems		2017	全国电力储能标准化技术委员会
3	20151974 -T -524	柔性直流输电术语	Terminnology for flexible HVDC power transmission		2017	中电联
4	20150349 -T -524	电化学储能系统接入电网技术规定	Technical guideline for electrochemical energy storage system intercon-necting with power grid		2017	全国电力储能标准化技术委员会
5	20150347 -T -524	电化学储能电站运行指标及评价	Operation index and evaluation of electrochemical energy storage station		2017	全国电力储能标准化技术委员会
6	20150668 -T -524	电动汽车传导充电系统 电动汽车与交流/直流电源的连接要求	Connect electric vehicles with AC/DC power supply	GB/T 18487. 2 -2001	2016	中电联
7	20150667 -T -524	电动车辆传导充电系统 电动车辆交流/直流充电机（站）	Electric vehicle conductive charging system AC/DC charging station	GB/T 18487. 3 -2001	2016	中电联
8	20150669 -T -524	电动汽车传导式充电设备安全性测试规范	Safety testing specification for electric vehicle conductive charging equipment		2016	中电联
9	20150348 -T -524	电化学储能系统接入电网测试规范	Code for testing of electrochemical energy storage system interconnecting with power grid		2017	全国电力储能标准化技术委员会
10	20150446 -T -524	灯泡贯流式水轮发电机组检修规程	Maintenance regulation of bulb turbine hydro generating unit		2017	中电联
11	20150474 -T -524	电力通信网风险评估指标体系	Risk Assessment Index System for Electric Power Communication Network		2017	全国电力系统管理及其信息交换标准化技术委员会
12	20150473 -T -524	远动终端设备	Remote Terminal Unit E-quipment	GB/T 13729 -2002	2016	全国电力系统管理及其信息交换标准化技术委员会

续表

序号	项目编号	中文标准名称	英文标准名称	被修订标准号	完成年限	归口单位
13	20150460 –T –524	光热发电站性能评估技术规范	Technical code of preformance evaluation for Solar thermal power generation		2017	中电联
14	20150445 –T –524	光伏发电站功率控制系统技术规范	Technical requirements for power control system of photovolatic power station		2017	中电联
15	20150456 –T –524	光伏发电站性能评估技术规范	Technical code of preformance evaluation for photovolatic power system stations		2017	中电联
16	20150476 –T –524	电力金具 标称破坏载荷系列及连接型式尺寸	Norminal failing load series and coupling dimensions for electric power fittings	GB/T 2315—2008	2017	全国架空线路标准化技术委员会
17	20150464 –T –524	塑料光纤电力信息传输系统技术规范 第 5 部分：综合布线	Technical Specification Of Electric Power Information Transmission System On Plastic Optical Part 5：Generic Cabling		2016	中电联
18	20150475 –T –524	无人值守变电站监控系统技术规范	Technical specifications for unattended substation monitoring and control system		2017	全国电力系统管理及其信息交换标准化技术委员会
19	20150546 –T –524	高压海底电缆风险评估导则	Directives for risk assessment of high voltage submarine cable		2017	中电联
20	20150544 –T –524	1 000kV 交流系统用电容式电压互感器技术规范	Technical specification for capacitor voltage trans-formers of 1 000 kV AC system	GB/Z 24841—2009	2016	中电联
21	20150543 –T –524	1 000kV 交流系统用油浸式并联电抗器技术规范	Technical specification for oil-immersed shunt reactor of 1 000kV AC syetem	GB/Z 24844—2009	2016	中电联
22	20150545 –T –524	水电厂标识系统（KKS）编码导则	Guide for hydropower station identificationsystem		2017	中电联
23	20150346 –T –524	电力需求响应系统功能规范	Power demand response system guidelines		2017	中电联
24	20150350 –T –524	交流 1kV 以上电力设施 第 1 部分：通则	Power installations exceeding 1 kV a. c. -Part 1：Common rules		2017	全国高压电气安全标准化技术委员会

续表

序号	项目编号	中文标准名称	英文标准名称	被修订标准号	完成年限	归口单位
25	20151975 -T -524	电力储能用铅炭电池	Lead-carbon Battery for Electric Strorage System		2017	全国电力储能标准化技术委员会
26	20153891 -T -524	输电线路铁塔制造技术条件	Specification of manufacturing for transmission line tower	GB/T 2694—2010	2016	中电联
27	20151680 -T -524	变电站物联网信息通信架构及接口技术规范	Technical specifications of information & communication framework and interface for IOT (internet of things) in substation		2016	全国电力系统管理及其信息交换标准化技术委员会
28	20153893 -T -524	电网安全设施配置技术规范 第 1 部分：变电站	Configuration for safety facilities of Grid Part 1：Substation		2016	全国高压电气安全标准化技术委员会
29	20153892 -T -524	电网安全设施配置技术规范 第 2 部分：线路	Configuration for safety facilities of Grid Part 2：Electric line		2016	全国高压电气安全标准化技术委员会
30	20150467 -T -524	电力突发事件信息报送技术规范	Information submitted Technical Standards of electric power emergencies		2017	中电联
31	20150466 -T -524	电力应急标识规范	Signs and specifications for electric power emergency		2017	中电联
32	20150468 -T -524	电力能效监测系统技术规范 第 12 部分：建设规范	Electric energy efficiency monitoring system technical specification-Part Ⅻ：the construct specification		2017	中电联
33	20150470 -T -524	牵引站供电线路的继电保护配置及整定计算原则	Specification for Protection configuration and Setting for transmission Line of Electrified Railway Traction Station		2017	中电联
34	20150463 -T -524	区域保护控制系统技术导则 第 1 部分：功能配置	Guideline for Regional-Area Protection and Control System. Part1：Functions Deployment		2017	中电联
35	20150469 -T -524	电力能效监测系统技术规范 第 13 部分：现场手持设备技术规范	Electric energy efficiency monitoring system technical specification-Part Ⅻ：The handheld equipment technical specification		2017	中电联

续表

序号	项目编号	中文标准名称	英文标准名称	被修订标准号	完成年限	归口单位
36	20150459 –T –524	电力线路升压运行节约电力电量测量与验证技术规范	Measurement and Verification Technical Specification of Electricity Savings for Voltage Boosting Operation of Power Line		2017	中电联
37	20150465 –T –524	大型核电发电机变压器组继电保护技术规范	Technical specification for the large nuclear power generator transformer unit relay protection		2017	中电联
38	20150462 –T –524	区域保护控制系统技术导则 第 2 部分：信息接口及通信	Guideline for Regional-Area Protection and Control System. Part 2：Data interface and communication		2017	中电联
39	20150457 –T –524	1 000kV 交流系统用套管技术规范	Technical specification for bushing of 1 000kV AC system	GB/Z 24840—2009	2016	中电联
40	20150461 –T –524	并联无功补偿节约电力电量测量与验证技术规范	Measurement and Verification Technical Specification of Electricity Saving for Parallel Reactive Power Compensation		2017	中电联
41	20150458 –T –524	1 000kV 交流系统电压和无功电力技术导则	Technical guide on 1 000kV AC system voltage and reactive power	GB/Z 24847—2009	2016	中电联
42	20150444 –T –524	1 000kV 交流系统用无间隙金属氧化物避雷器技术规范	Specification of metal-oxide surge arresters without gaps for 1 000 kV a. c. system	GB/Z 24845—2009	2016	中电联
43	20150455 –T –524	1 000kV 交流系统用支柱绝缘子技术规范	Technical specification of post porcelain insulators used in substation for 1 000kV a. c. system	GB/Z 24839—2009	2016	中电联
44	20150451 –T –524	1 100kV 气体绝缘金属封闭开关设备运行及维护规程	Regulation of operation and maintenance for 1 100kV gas-insulated metal-enclosed switchgear	GB/Z 24835—2009	2016	中电联
45	20150450 –T –524	城市公共设施 电动汽车充电站、电池更换站运行管理服务规范	Urban public facilities service specifications of operation management for electric vehicle charging station and battery replacing station		2016	中电联

续表

序号	项目编号	中文标准名称	英文标准名称	被修订标准号	完成年限	归口单位
46	20150454 -T -524	1 100kV 高压交流断路器技术规范	Specification for 1 100kV alternating-current high-voltage circuit-breakers	GB/Z 24838—2009	2016	中电联
47	20150449 -T -524	城市公共设施 电动汽车充电设施安全技术防范系统要求	Urban public facilities requirements for safe and technical protection system of electric vehicle charging facility		2016	中电联
48	20150472 -T -524	10kV 带电作业用绝缘斗臂车	Aerial devices with insulating boom used for live working in 10kV power network		2017	全国带电作业标准化技术委员会
49	20150452 -T -524	1 100kV 气体绝缘金属封闭开关设备技术规范	Specification for 1 100kV gas-insulated metal-enclosed switchgear	GB/Z 24836—2009	2016	中电联
50	20150453 -T -524	1 100kV 高压交流隔离开关和接地开关技术规范	Specification for 1 100kV alternating-current disconnectors and earthing switches	GB/Z 24837—2009	2016	中电联
51	20150471 -T -524	配电线路带电作业技术导则	Technical guide for live working in distribution line	GB/T 18857—2008	2017	全国带电作业标准化技术委员会
52	20150448 -T -524	抽水蓄能发电企业档案分类导则	Pumped Storage Power Generation Enterprises Files Classification Guide		2017	中电联
53	20150447 -T -524	水力发电厂消防设施运行维护规程	Fire Protection Facilities Operation and Maintenance Procedures of Hydropower Plant		2017	中电联
54	20150001 -T -524	电力物联网信息通信总体架构	Information and communication framework for power Internet of Things		2017	中电联
55	20151679 -T -524	架空输电线路涉鸟故障防治技术导则	Technology guide for preventing bird-related outages of overhead transmission lines		2017	全国架空线路标准化技术委员会
56	20151682 -T -524	火力发电厂汽轮机电液控制系统技术条件	Specification of steam turbine Digital Electro-Hydraulic Control System in fossil fuel power plant		2016	全国电站过程监控及信息标准化技术委员会

续表

序号	项目编号	中文标准名称	英文标准名称	被修订标准号	完成年限	归口单位
57	20151683-T-524	火力发电厂分散控制系统技术条件	Specification of Distributed Control System for fossil fuel power plant		2016	全国电站过程监控及信息标准化技术委员会
58	20151681-T-524	配电自动化智能终端技术规范	Technical Specification of Intelligent Remote Terminal Unit		2016	全国电力系统管理及其信息交换标准化技术委员会
59	20153554-T-524	高压输变电工程外绝缘放电电压海拔校正方法	Altitude Correction method for external insulation flashover voltage of high voltage power transmission projects		2018	中电联

附件 11

住房和城乡建设部下达的 2015 年度 电力工程建设国家标准计划项目

序号	项目名称	制修订	主编部门	主编单位	参编单位	报批时限
1	国家工程建设强制性标准体系（电力工程部分）	研编	中电联	中电联	由主编部门确定	2017 -06
2	柔性直流输电成套设计标准	制订	中电联	中电联、国家电网公司	国网北京经济技术研究院、福建省电力公司、浙江省电力公司、中南电力设计院、浙江省电力设计院、国网智能电网研究院、许继电气股份有限公司、南京南瑞继保电气有限公司	2018 -12
3	柔性直流输电换流站设计标准	制订	中电联	中电联、国家电网公司	国网北京经济技术研究院、浙江省电力公司、福建省电力公司、中南电力设计院、浙江省电力设计院、福建省电力设计院有限公司、国网智能电网研究院	2018 -12
4	分布式电源并网工程调试与验收标准	制订	中电联	中国电力科学研究院	国网浙江省电力公司等	2018 -12
5	330kV ~750kV 架空输电线路勘测标准 GB 50548—2010	修订	中电联	中电联、中国电力工程顾问集团中南电力设计院有限公司	中国电力工程顾问集团有限公司、中国电力工程顾问集团东北电力设计院有限公司、中国电力工程顾问集团西北电力设计院有限公司、中国电力工程顾问集团华北电力设计院有限公司、中国电力工程顾问集团华东电力设计院有限公司、中国电力工程顾问集团西南电力设计院有限公司、北京洛斯达数字遥感技术有限公司、广东省电力设计研究院有限公司、山西省电力勘测设计院有限公司	2018 -06

续表

序号	项目名称	制修订	主编部门	主编单位	参编单位	报批时限
6	电厂标识系统编码标准 GB/T 50549—2010	修订	中电联	中电联、中国电力工程顾问集团有限公司	中国水电工程顾问集团公司、中国核电工程有限公司、深圳中广核工程设计有限公司、华北电力设计院有限公司、西北电力设计院有限公司	2018－06
7	海上风力发电工程施工标准 GB/T 50571—2010	修订	中电联	中电联、中国长江三峡集团公司	中国三峡新能源公司、上海勘测设计研究院、龙源电力集团股份有限公司、中国电建集团华东勘测设计研究院有限公司、中国电建集团北京勘测设计研究院有限公司、水资源高效利用与工程安全国家工程研究中心、深圳大学、武汉大学	2018－06

附件 12

国家能源局下达的 2015 年度电力行业标准计划项目

序号	计划编号	名 称	下达日期
1	能源 20150211	电力应急充电方舱技术规范	2015 -09 -07
2	能源 20150212	电力应急移动照明灯技术要求	2015 -09 -07
3	能源 20150213	水电站大坝运行安全信息管理系统技术规范	2015 -09 -07
4	能源 20150214	水电工程边坡安全监测技术规范	2015 -09 -07
5	能源 20150215	水电站大坝安全应急预案编制导则	2015 -09 -07
6	能源 20150216	高压直流输电换流阀晶闸管试验装置使用技术条件	2015 -09 -07
7	能源 20150217	特高压直流 SF6 气体绝缘穿墙套管技术规范	2015 -09 -07
8	能源 20150218	绝缘子用常温固化硅橡胶防污闪涂料	2015 -09 -07
9	能源 20150219	标称电压高于 1 000V 架空线路绝缘子使用导则 第 1 部分：交流系统用瓷或玻璃绝缘子	2015 -09 -07
10	能源 20150220	高压交、直流复合套管运行和维护规范	2015 -09 -07
11	能源 20150221	电气装置安装工程质量检验及评定规程　第 5 部分：电缆线路施工质量检验	2015 -09 -07
12	能源 20150222	电气装置安装工程质量检验及评定规程　第 6 部分：接地装置施工质量检验	2015 -09 -07
13	能源 20150223	电气装置安装工程质量检验及评定规程　第 7 部分：旋转电机施工质量检验	2015 -09 -07
14	能源 20150224	电气装置安装工程质量检验及评定规程　第 11 部分：电梯电气装置施工质量检验	2015 -09 -07
15	能源 20150225	电气装置安装工程质量检验及评定规程　第 13 部分：电力变流设备施工质量检验	2015 -09 -07
16	能源 20150226	电气装置安装工程质量检验及评定规程　第 17 部分：电气照明装置施工质量检验	2015 -09 -07
17	能源 20150227	110kV ~750kV 架空输电线路铁塔组立施工工艺导则	2015 -09 -07
18	能源 20150228	绝缘（复合）管型母线施工技术导则	2015 -09 -07
19	能源 20150229	火力发电厂间接空冷传热元件性能试验规程	2015 -09 -07
20	能源 20150230	火力发电厂湿式冷却塔运行维护导则	2015 -09 -07
21	能源 20150231	燃煤电厂节能量计算方法	2015 -09 -07
22	能源 20150232	高载能负荷参与电网互动节能技术条件	2015 -09 -07
23	能源 20150233	火力发电厂热电联产供热技术导则	2015 -09 -07
24	能源 20150234	架空输电线路无人直升机巡检系统	2015 -09 -07
25	能源 20150235	架空输电线路机器人巡检技术导则	2015 -09 -07
26	能源 20150236	电力信息系统非功能性需求规范	2015 -09 -07

续表

序号	计划编号	名　称	下达日期
27	能源 20150237	电子数据恢复设备检测技术规范	2015 –09 –07
28	能源 20150238	电力行业电子数据恢复和销毁技术要求	2015 –09 –07
29	能源 20150239	电力行业公共信息模型	2015 –09 –07
30	能源 20150240	电子数据擦除、销毁设备检测技术规范	2015 –09 –07
31	能源 20150241	电力企业 SOA 应用技术标准	2015 –09 –07
32	能源 20150242	电力通信光缆安装技术要求	2015 –09 –07
33	能源 20150243	电力电缆用导管技术条件　第 2 部分：玻璃纤维增强塑料电缆导管	2015 –09 –07
34	能源 20150244	35kV 及以下冷缩电缆附件安装规程	2015 –09 –07
35	能源 20150245	35kV 及以下热缩电缆附件安装规程	2015 –09 –07
36	能源 20150246	35kV 及以下预制式电缆附件安装规程	2015 –09 –07
37	能源 20150247	±500kV 及以下直流输电用挤包绝缘电力电缆技术规范	2015 –09 –07
38	能源 20150248	水电水利工程斜井竖井施工规范	2015 –09 –07
39	能源 20150249	水电水利工程钢纤维混凝土施工规范	2015 –09 –07
40	能源 20150250	水电水利工程堆石混凝土施工规范	2015 –09 –07
41	能源 20150251	水电水利工程现场文明施工规范	2015 –09 –07
42	能源 20150252	水电水利工程抗滑桩施工技术规范	2015 –09 –07
43	能源 20150253	水工沥青混凝土试验规程	2015 –09 –07
44	能源 20150254	水电水利工程项目建设管理规范	2015 –09 –07
45	能源 20150255	水电水利工程过水围堰施工技术规范	2015 –09 –07
46	能源 20150256	水电水利工程道路抢修混凝土快速施工技术规程	2015 –09 –07
47	能源 20150257	水电水利工程施工机械安全操作规程 钢模台车	2015 –09 –07
48	能源 20150258	水利水电工程仓储转运运行规程	2015 –09 –07
49	能源 20150259	抗硫酸盐侵蚀混凝土应用技术规程	2015 –09 –07
50	能源 20150260	布袋式除尘器施工工艺导则	2015 –09 –07
51	能源 20150261	火电工程质量评价标准	2015 –09 –07
52	能源 20150262	电除尘器施工工艺导则	2015 –09 –07
53	能源 20150263	间接空冷系统调试导则	2015 –09 –07
54	能源 20150264	核级阴离子交换树脂氯型、碳酸型、硫酸型含量测定方法	2015 –09 –07
55	能源 20150265	水处理用强碱性阴离子交换树脂耐热性能及抗氧化性能测定方法	2015 –09 –07
56	能源 20150266	高压直流输电换流阀冷却水运行管理导则	2015 –09 –07
57	能源 20150267	发电厂在线化学仪表检验规程	2015 –09 –07
58	能源 20150268	化学清洗缓蚀剂应用性能评价指标及试验方法	2015 –09 –07
59	能源 20150269	煤中的氯的含量测定　氧弹燃烧　离子选择性电极法	2015 –09 –07

续表

序号	计划编号	名　称	下达日期
60	能源 20150270	燃气—蒸汽联合循环机组化学监督技术规程	2015 -09 -07
61	能源 20150271	移动式电力能效检测系统技术规范	2015 -09 -07
62	能源 20150272	电力负荷聚合服务商需求响应系统技术规范	2015 -09 -07
63	能源 20150273	3. 6kV ~40. 5kV 交流金属封闭开关设备和控制设备使用技术条件	2015 -09 -07
64	能源 20150274	电气设备用再生六氟化硫气体回收再利用技术规范	2015 -09 -07
65	能源 20150275	火力发电厂汽轮机电液控制系统技术条件	2015 -09 -07
66	能源 20150276	火力发电厂分散控制系统技术条件	2015 -09 -07
67	能源 20150277	火力发电厂锅炉炉膛安全监控系统技术规程	2015 -09 -07
68	能源 20150278	高压直流换流站用直流电容器选用导则	2015 -09 -07
69	能源 20150279	水电厂水机保护配置导则	2015 -09 -07
70	能源 20150280	水轮发电机组励磁系统配置技术规范	2015 -09 -07
71	能源 20150281	水轮发电机组状态在线监测系统运行维护与检修试验规程	2015 -09 -07
72	能源 20150282	水电站水调自动化系统技术条件	2015 -09 -07
73	能源 20150283	水电厂自动化元件基本技术条件	2015 -09 -07
74	能源 20150284	水轮机调节系统自动测试与实时仿真装置技术条件	2015 -09 -07
75	能源 20150285	水电厂培训仿真系统基本技术条件	2015 -09 -07
76	能源 20150286	水电厂自动滤水器技术条件	2015 -09 -07
77	能源 20150287	水电厂流量测量装置技术条件	2015 -09 -07
78	能源 20150288	水电厂转速监测装置技术条件	2015 -09 -07
79	能源 20150289	水电厂直流系统使用技术条件	2015 -09 -07
80	能源 20150290	可逆式水泵水轮机调节系统试验规程	2015 -09 -07
81	能源 20150291	抽水蓄能电站静止变频启动装置使用技术条件	2015 -09 -07
82	能源 20150292	水电站调速系统液压油运行维护导则	2015 -09 -07
83	能源 20150293	电容型油纸绝缘设备介电响应试验导则	2015 -09 -07
84	能源 20150294	现场直流和交流耐压试验电压测量系统的使用导则	2015 -09 -07
85	能源 20150295	高压开关柜地电波局部放电现场检测方法	2015 -09 -07
86	能源 20150296	电力通信站运行管理规程	2015 -09 -07
87	能源 20150297	同步发电机组涉网试验规程	2015 -09 -07
88	能源 20150298	电网短期超短期系统负荷预测技术规范	2015 -09 -07
89	能源 20150299	可逆式水轮发电机组及其附属设备出厂检验导则	2015 -09 -07
90	能源 20150300	可逆式水轮发电机组振动监测装置设置导则	2015 -09 -07
91	能源 20150301	冲击式水轮发电机组启动试验规程	2015 -09 -07
92	能源 20150302	蒸发冷却水轮发电机基本技术条件	2015 -09 -07
93	能源 20150303	反击式水轮机气蚀损坏评定标准	2015 -09 -07

续表

序号	计划编号	名　称	下达日期
94	能源 20150304	水轮机运行规程	2015－09－07
95	能源 20150305	轴流转浆式水轮发电机组检修规程	2015－09－07
96	能源 20150306	±500kV 直流输电线路带电作业技术导则	2015－09－07
97	能源 20150307	500kV 交流紧凑型输电线路带电作业技术导则	2015－09－07
98	能源 20150308	输电线路用带电作业机器人	2015－09－07
99	能源 20150309	变电站、换流站带电作业用绝缘平台	2015－09－07
100	能源 20150310	农村电网高过载能力配电变压器技术导则	2015－09－07
101	能源 20150311	氨法烟气脱硫装置性能验收试验规范	2015－09－07
102	能源 20150312	锅炉屋顶盖和紧身封闭技术规范	2015－09－07
103	能源 20150313	循环流化床锅炉检修导则	2015－09－07
104	能源 20150314	循环流化床锅炉炉膛防磨技术导则	2015－09－07
105	能源 20150315	燃煤电厂湿式电除尘（雾）器	2015－09－07
106	能源 20150316	电厂多腔孔陶瓷复合绝热材料技术规范	2015－09－07
107	能源 20150317	半工业试验台流化床锅炉燃料试烧试验技术规范	2015－09－07
108	能源 20150318	高海拔交流输电线路用复合外套避雷器选用导则	2015－09－07
109	能源 20150319	多雷区 110kV～500kV 交流同塔多回输电线路防雷技术导则	2015－09－07
110	能源 20150320	电站锅炉动力驱动泄放阀技术导则	2015－09－07
111	能源 20150321	火电站闸阀、截止阀检修导则	2015－09－07
112	能源 20150322	电站用抽汽止回阀技术导则	2015－09－07
113	能源 20150323	电站蝶阀选用导则	2015－09－07
114	能源 20150324	火力发电用止回阀技术条件	2015－09－07
115	能源 20150325	火力发电用钢制通用阀门订货、验收导则	2015－09－07
116	能源 20150326	大型电力变压器（电抗器）设备监造技术导则	2015－09－07
117	能源 20150327	感应滤波变压器成套设备使用技术条件	2015－09－07
118	能源 20150328	换流变压器直流局部放电测量现场试验方法	2015－09－07
119	能源 20150329	1 000kV 交流变压器本体与调压补偿变压器联合局部放电现场测量导则	2015－09－07
120	能源 20150330	换流变压器空载、负载和温升现场试验导则	2015－09－07
121	能源 20150331	换流变压器运行规程	2015－09－07
122	能源 20150332	换流变压器有载分接开关使用导则	2015－09－07
123	能源 20150333	直流电流互感器使用技术条件	2015－09－07
124	能源 20150334	直流电压互感器使用技术条件	2015－09－07
125	能源 20150335	干式空心电抗器匝间绝缘过电压检测装置技术规范	2015－09－07
126	能源 20150336	配电变压器退运更换评价导则	2015－09－07
127	能源 20150337	变压器电气试验集成式接线试验方法	2015－09－07

续表

序号	计划编号	名　称	下达日期
128	能源 20150338	变压器、组合电器、电缆复合式连接现场试验方法	2015－09－07
129	能源 20150339	发电设备可靠性评价规程　第 5 部分：燃气轮发电机组	2015－09－07
130	能源 20150340	变电站视频图像质量技术规范	2015－09－07
131	能源 20150341	变电站视频图像质量检测规范	2015－09－07
132	能源 20150342	电力视频监控系统及接口　第 1 部分：技术要求	2015－09－07
133	能源 20150343	电力视频监控系统及接口　第 2 部分：测试方法	2015－09－07
134	能源 20150344	电力视频监控系统及接口　第 3 部分：工程验收	2015－09－07
135	能源 20150345	电力自动化通信网络和系统　第 90－7 部分：分布式能源（DER）系统电力变换器对象模型	2015－09－07
136	能源 20150346	电力用－48V 通信直流电源系统使用技术条件	2015－09－07
137	能源 20150347	合并单元技术条件	2015－09－07
138	能源 20150348	能量管理系统应用程序接口（EMS－API）　第 453 部分：图层子集	2015－09－07
139	能源 20150349	配电网分布式馈线自动化技术导则	2015－09－07
140	能源 20150350	智能变电站多功能测试仪技术规范	2015－09－07
141	能源 20150351	智能变电站内同步相量测量装置　第 3 部分：检测规范	2015－09－07
142	能源 20150352	智能变电站网络交换机技术规范	2015－09－07
143	能源 20150353	智能变电站自动化系统配置工具技术规范	2015－09－07
144	能源 20150354	电力市场通信　第 351 部分：电力市场中长期业务模型交互子集	2015－09－07
145	能源 20150355	配电自动化系统调试验收技术导则	2015－09－07
146	能源 20150356	电力电子/可编程电子安全相关系统的功能安全	2015－09－07
147	能源 20150357	电力系统自动化通信网络和系统　第 1 部分：概述	2015－09－07
148	能源 20150358	电力设备 X 射线数字成像检测技术导则	2015－09－07
149	能源 20150359	电网直流偏磁电流分布同步监测技术导则	2015－09－07
150	能源 20150360	相对介损及电容检测仪校准规范	2015－09－07
151	能源 20150361	高电压测试设备通用技术条件　第 3 部分：高压开关综合测试仪	2015－09－07
152	能源 20150362	高电压测试设备通用技术条件　第 8 部分：有载分接开关测试仪	2015－09－07
153	能源 20150363	氧化锌避雷器阻性电流测试仪通用技术条件	2015－09－07
154	能源 20150364	高压直流互感器现场校验规范	2015－09－07
155	能源 20150365	光纤电流互感器技术规范	2015－09－07
156	能源 20150366	变压器现场局部放电测量用电源装置通用技术条件	2015－09－07
157	能源 20150367	电力巡检用头戴式红外成像测温仪技术规范	2015－09－07
158	能源 20150368	3kV～110kV 电网继电保护装置运行整定规程	2015－09－07

续表

序号	计划编号	名 称	下达日期
159	能源 20150369	500kV ~750kV 分级式可控电抗器继电保护配置及整定技术规范	2015 -09 -07
160	能源 20150370	燃气发电机组用静止变频启动系统通用技术条件	2015 -09 -07
161	能源 20150371	合并单元现场试验技术规范	2015 -09 -07
162	能源 20150372	核电厂常规岛继电保护及自动化设备柜（屏）通用技术条件	2015 -09 -07
163	能源 20150373	静止无功补偿装置继电保护配置及整定规范	2015 -09 -07
164	能源 20150374	发电机组功率突降切机装置通用技术条件	2015 -09 -07
165	能源 20150375	手持式光数字信号测试装置技术规范	2015 -09 -07
166	能源 20150376	高压直流输电系统换流变压器二次配置导则	2015 -09 -07
167	能源 20150377	架空配电线路金具技术条件	2015 -09 -07
168	能源 20150378	火力发电厂锅炉汽包焊接修复技术导则	2015 -09 -07
169	能源 20150379	管道焊接接头超声波检验技术规程	2015 -09 -07
170	能源 20150380	钢制承压管道对接焊接接头射线检验技术规程	2015 -09 -07
171	能源 20150381	钢管塔焊接技术规程	2015 -09 -07
172	能源 20150382	金属氧化物避雷器状态检修导则	2015 -09 -07
173	能源 20150383	金属氧化物避雷器状态评价导则	2015 -09 -07
174	能源 20150384	高压电缆接地电流在线监测系统技术规范	2015 -09 -07
175	能源 20150385	高压电缆局部放电在线监测系统技术规范	2015 -09 -07
176	能源 20150386	测量用互感器检验装置	2015 -09 -07
177	能源 20150387	数字多用表检定规程	2015 -09 -07
178	能源 20150388	电能表检测抽样要求	2015 -09 -07
179	能源 20150389	基于 IEC61850 的智能电能表通信规约	2015 -09 -07
180	能源 20150390	气体绝缘金属封闭输电线路技术条件	2015 -09 -07
181	能源 20150391	气体绝缘金属封闭开关设备 X 射线透视成像现场检测技术导则	2015 -09 -07
182	能源 20150392	真空净油机验收及使用维护导则	2015 -09 -07
183	能源 20150393	电力用油中颗粒污染度测量方法	2015 -09 -07
184	能源 20150394	矿物绝缘油、润滑油结构族组成的红外光谱测定法	2015 -09 -07
185	能源 20150395	六氟化硫气体中矿物油、可水解氟化物、酸度的现场检测方法	2015 -09 -07
186	能源 20150396	运行变压器油中丙酮含量的测量方法 顶空气相色谱法	2015 -09 -07
187	能源 20150397	六氟化硫在线湿度测量装置校验 静态法	2015 -09 -07
188	能源 20150398	旋转喷吹袋式除尘器	2015 -09 -07
189	能源 20150399	火电厂低浓度颗粒物测试技术规范	2015 -09 -07
190	能源 20150400	便携式氨逃逸测量系统技术要求及检测方法	2015 -09 -07

续表

序号	计划编号	名 称	下达日期
191	能源20150401	脱硫用石灰石/石灰采样与制作方法	2015-09-07
192	能源20150402	脱硫湿磨机石灰石制浆系统性能测试方法	2015-09-07
193	能源20150403	火电厂烟气脱硝再生催化剂	2015-09-07
194	能源20150404	湿式静电除尘器用导电玻璃阳极管检验规范	2015-09-07
195	能源20150405	火电厂袋式除尘器荧光粉检漏技术规范	2015-09-07
196	能源20150406	烟气集成净化专用碳基材料选用导则	2015-09-07
197	能源20150407	火力发电厂焊接接头相控阵超声检测技术规程	2015-09-07
198	能源20150408	电站金属部件便携式布氏硬度检测技术导则	2015-09-07
199	能源20150409	电力设备高合金钢里氏硬度试验方法	2015-09-07
200	能源20150410	火力发电厂高温紧固件技术导则	2015-09-07
201	能源20150411	整锻式汽轮机转子超声波检验技术导则	2015-09-07
202	能源20150412	电力行业理化检验人员资格考核规则	2015-09-07
203	能源20150413	电力用户业扩报装技术规范	2015-09-07
204	能源20150414	电力用户有序用电价值评估技术规范	2015-09-07
205	能源20150415	非生产性空调负荷柔性调控技术导则	2015-09-07
206	能源20150416	柔性直流输电设备监造技术导则	2015-09-07
207	能源20150417	柔性直流输电控制保护系统联调试验技术规程	2015-09-07
208	能源20150418	柔性直流输电换流站运行规程	2015-09-07
209	能源20150419	柔性直流输电换流站检修规程	2015-09-07
210	能源20150420	低压有源电力滤波装置使用技术条件	2015-09-07
211	能源20150421	电能质量监测终端检测技术规范	2015-09-07
212	能源20150422	配电网串联电容器补偿装置技术规范	2015-09-07
213	能源20150423	柔性直流输电换流阀检修规范	2015-09-07
214	能源20150424	氢冷发电机氢气湿度的技术要求	2015-09-07
215	能源20150425	水氢氢冷汽轮发电机检修导则 第一部分：总则	2015-09-07
216	能源20150426	发电机定子绕组现场更换处理试验项目及要求	2015-09-07
217	能源20150427	数字式励磁调节器辅助控制技术要求	2015-09-07
218	能源20150428	旋转电机预防性试验规程	2015-09-07
219	能源20150429	发电机封闭母线运行与维护导则	2015-09-07
220	能源20150430	水电工程岩体稳定性微震监测技术规范	2015-09-07
221	能源20150431	配电网改造技术导则	2015-09-07
222	能源20150432	配电网自动化技术导则	2015-09-07
223	能源20150433	分布式光伏发电并网接口装置测试规程	2015-09-07
224	能源20150434	光伏发电站绝缘技术监督规程	2015-09-07

续表

序号	计划编号	名 称	下达日期
225	能源 20150435	光伏发电站技术监督导则	2015 -09 -07
226	能源 20150436	离网型微网运行管理规范	2015 -09 -07
227	能源 20150437	离网型光伏发电站运行维护规程	2015 -09 -07
228	能源 20150438	离网型微电网监控技术规范	2015 -09 -07
229	能源 20150439	生物质直燃发电厂固体燃料中碱金属测定方法	2015 -09 -07
230	能源 20150440	电力工程建设项目安全生产标准化规程	2015 -09 -07
231	能源 20150441	变电站智能机器人系统验收规范	2015 -09 -07
232	能源 20150442	抽水蓄能电站水道充排水技术规程	2015 -09 -07
233	能源 20150443	大中型水电工程运行风险管理规范	2015 -09 -07
234	能源 20150444	火力发电企业安全风险预控管理体系建设导则	2015 -09 -07
235	能源 20150445	输变电工程环境监理规范	2015 -09 -07
236	能源 20150446	输电线路噪音控制技术导则	2015 -09 -07
237	能源 20150447	特高压主设备现场交接试验特殊试验监督规程	2015 -09 -07
238	能源 20150448	输电线路桩基础施工及验收规范	2015 -09 -07
239	能源 20150449	输电线路支盘桩基础施工及验收规范	2015 -09 -07
240	能源 20150450	变电站不锈钢复合材料耐腐蚀接地装置	2015 -09 -07
241	能源 20150451	电力工程接地用导电防腐涂料技术条件	2015 -09 -07
242	能源 20150452	电力工程用缓释型离子接地装置施工工艺导则	2015 -09 -07
243	能源 20150453	电气工程接地用铝铜合金技术条件	2015 -09 -07
244	能源 20150454	人货两用型便携式输电杆塔登塔装备	2015 -09 -07
245	能源 20150455	输变电工程施工机具产品型号编制方法	2015 -09 -07
246	能源 20150456	架空导体能耗试验方法	2015 -09 -07
247	能源 20150457	输变电工程钢构件热浸镀锌铝镁稀土合金镀层技术条件	2015 -09 -07
248	能源 20150458	垃圾发电厂启动验收规程	2015 -09 -07
249	能源 20150459	电力企业信用信息采集指南	2015 -09 -07
250	能源 20150460	质量、职业健康安全和环境整合管理体系规范及使用指南	2015 -09 -07
251	能源 20150461	电力企业标准体系表编制导则	2015 -09 -07
252	能源 20150462	配电网规划设计技术导则	2015 -09 -07

附件 13

2015 年度电力建设企业通过信用评价的企业名单

序号	企业名称	证书编号	信用等级
1	安徽新力电业高技术有限责任公司	201509100100001	A
2	国网新源控股有限公司技术中心	201509101100002	AA
3	国电科学技术研究院	201509101100003	AA
4	吉林省吉能电力建设监理有限责任公司	201509111100004	AAA
5	中国能源建设集团云南火电建设有限公司	201509111100005	AAA
6	江西省送变电建设公司	201509111100006	AAA
7	黑龙江省送变电工程公司	201509111100007	AAA
8	安徽送变电工程公司	201509111100008	AAA
9	海南送变电工程有限公司	201509101100009	AA
10	中国水利水电第七工程局有限公司	201509111100010	AAA
11	中国水利水电第十六工程局有限公司	201509111100011	AAA
12	中国葛洲坝集团第二工程有限公司	201509111100012	AAA
13	中国葛洲坝集团电力有限责任公司	201509111100013	AAA
14	中国葛洲坝集团三峡建设工程有限公司	201509111100014	AAA
15	中国葛洲坝集团第一工程有限公司	201509111100015	AAA
16	中国葛洲坝集团第五工程有限公司	201509111100016	AAA
17	中国葛洲坝集团股份有限公司	201509111100017	AAA
18	江西省水电工程局	201509111100018	AAA
19	云南凯胜电力监理咨询有限公司	201509111100019	AAA
20	福建省宏闽电力工程监理有限公司	201509111100020	AAA
21	云南电力建设监理咨询有限责任公司	201509111100021	AAA
22	西藏信和监理咨询有限公司	201509111100022	AAA
23	江门明浩电力工程监理有限公司	201509111100023	AAA
24	新疆康赛电力工程监理有限公司	201509101100024	AA
25	青海恒鑫工程建设监理有限责任公司	201509101100025	AA
26	武汉中超电网建设监理有限公司	201509111100026	AAA
27	湖北方源东力电力科学研究有限公司	201509111100027	AAA
28	新疆电力建设调试所	201509111100028	AAA
29	贵州创星电力科学研究院有限责任公司	201509111100029	AAA
30	西藏蕃盛生态科技有限公司	201509101100030	AA

附件 14

2015 年度电力建设企业通过信用评价复评的企业名单

序号	企业名称	证书编号	信用等级
1	重庆电力建设总公司	201509111100031	AAA
2	青海火电工程公司	201509111100032	AAA
3	四川电力建设二公司	201509111100033	AAA
4	中国能源建设集团黑龙江省火电第三工程有限公司	201509111100034	AAA
5	河北省电力建设第二工程公司	201509111100035	AAA
6	内蒙古第一电力建设工程有限责任公司	201509111100036	AAA
7	河北省电力建设第一工程公司	201509111100037	AAA
8	东北电力烟塔工程有限公司	201509111100038	AAA
9	中国能源建设集团东北电力第一工程有限公司	201509111100039	AAA
10	山东电力建设第一工程公司	201509111100040	AAA
11	中国能源建设集团江苏省电力建设第三工程有限公司	201509111100041	AAA
12	中国水利水电第十四工程局有限公司	201509111100042	AAA
13	中国水利水电第一工程局有限公司	201509111100043	AAA
14	中国水利水电第十工程局有限公司	201509111100044	AAA
15	中国水利水电第十三工程局有限公司	201509111100045	AAA
16	中国能源建设集团广西水电工程局有限公司	201509111100046	AAA
17	中国水利水电第三工程局有限公司	201509111100047	AAA
18	天津送变电工程公司	201509111100048	AAA
19	浙江省送变电工程公司	201509111100049	AAA
20	上海送变电工程公司	201509111100050	AAA
21	青海送变电工程公司	201509111100051	AAA
22	新疆维吾尔自治区送变电工程公司	201509111100052	AAA
23	内蒙古送变电有限责任公司	201509111100053	AAA
24	辽宁省送变电工程公司	201509111100054	AAA
25	湖南省送变电工程公司	201509111100055	AAA
26	四川电力送变电建设公司	201509111100056	AAA
27	湖北省送变电工程公司	201509111100057	AAA
28	湖北鄂电建设监理有限责任公司	201509111100058	AAA
29	内蒙古康远工程建设监理有限责任公司	201509111100059	AAA
30	广东天广工程监理咨询有限公司	201509111100060	AAA
31	上海电力监理咨询有限公司	201509111100061	AAA

续表

序号	企业名称	证书编号	信用等级
32	广东律诚工程咨询有限公司	201509111100062	AAA
33	珠海电力工程监理有限责任公司	201509101100063	AA
34	新疆电力工程监理有限责任公司	201509111100064	AAA
35	辽宁电力建设监理有限公司	201509111100065	AAA
36	上海市电力工程建设监理有限公司	201509111100066	AAA
37	江西诚达工程咨询监理有限公司	201509111100067	AAA
38	北京国电德胜工程项目管理有限公司	201509111100068	AAA
39	河北电力工程监理有限公司	201509111100069	AAA
40	西北电力工程监理公司	201509101100070	AA
41	山东诚信工程建设监理有限公司	201509111100071	AAA
42	西北电力建设工程监理有限责任公司	201509111100072	AAA
43	江苏兴源电力建设监理有限公司	201509111100073	AAA
44	甘肃光明电力工程咨询监理有限责任公司	201509101100074	AA
45	广东创成建设监理咨询有限公司	201509111100075	AAA
46	湖北中南电力工程建设监理有限责任公司	201509111100076	AAA
47	河南立新监理咨询有限公司	201509111100077	AAA
48	河南豫电电力建设监理有限公司	201509101100078	AA
49	中国电力建设工程咨询西北公司	201509101100079	AA
50	天津电力工程监理有限公司	201509111100080	AAA
51	特变电工新疆新能源股份有限公司	201509101100081	AA
52	山西世纪中试电力科学技术有限公司	201509101100082	AA
53	国网山西省电力公司电力科学研究院	201509111100083	AAA
54	中国电力科学研究院	201509111100084	AAA
55	国网湖南省电力公司检修公司	201509101100085	AA
56	陕西天禹电力工程（集团）有限公司	201509101100086	AA
57	上海岱山电力科技股份有限公司	201509101100087	AA
58	国网河北省电力公司电力科学研究院	201509111100088	AAA
59	甘肃电力科学研究院	201509111100089	AAA
60	湖南省湘电试验研究院有限公司	201509111100090	AAA
61	新疆新能咨询有限责任公司	201509101100091	AA

附件 15

2015 年新投产水电、火电、核电重点项目

序号	项目名称	建设地址	能源类型	台数（台）	容量（万千瓦）	投产时间
1	内蒙古呼和浩特抽水蓄能电站	内蒙古呼和浩特武川县	水电	2	60	2016－06－30
2	浙江青田三溪口水电站	浙江省丽水市青田县	水电	1	33	2015－02－05
3	广东清远抽水蓄能电站	广东省清远市清新区	水电	1	32	2015－11－29
4	四川大渡河大岗山水电站	四川省雅安市石棉县	水电	4	260	2015－10－01
5	云南金沙江梨园水电站	云南省丽江市	水电	1	60	2015－06－04
6	云南金沙江观音岩水电站	云南省丽江市华坪县	水电	3	180	2015－12－14
7	神华国华（北京）燃气热电工程	北京市朝阳区	火电	1	95	2015－08－01
8	河北渤海新区华润热电厂	河北省沧州渤海新区	火电	2	70	#1：2015－02－02 #2：2015－05－30
9	河北开滦古冶煤矸石坑口电厂	河北开滦	火电	2	60	2015－03－07 2015－09－01
10	山西吕梁国峰煤电有限责任公司 2×300MW 低热值煤综合利用电厂	山西省	火电	2	60	
11	山西朔州热电	山西省朔州市经济开发区	火电	2	70	2015－11－03 2015－12－14
12	内蒙古京能盛乐 2×350MW 冷热电联供机组	内蒙古呼和浩特市和林格尔县	火电	1	35	2015－12－21
13	黑龙江伊春热电	黑龙江省伊春市乌马河区	火电	2	70	2015－12－22
14	上海奉贤南桥燃机	上海市奉贤区金汇镇	火电	2	86	2015－08－19 2015－11－19
15	江苏协联燃气热电有限公司宜兴燃机热电联产工程	江苏省无锡市宜兴市	火电	2	84	2015－06－13 2015－08－08
16	江苏江阴利港发电股份有限公司	江苏省	火电	2	124	2015－02－01
17	江苏泰州上大压小火电二期	江苏省泰州市高港区	火电	1	100	2015－09－01
18	江苏戚墅堰 F 级燃机	江苏省常州市市辖区	火电	2	95	2015－09－25 2015－11－16
19	浙江台州第二发电厂	浙江省台州市三门县	火电	2	200	#1：2015－09－14 #2：2015－12－14
20	浙江温州电厂四期	浙江省温州市乐清市	火电	2	132	#8：2015－11－11 #7：2015－12－19

续表

序号	项目名称	建设地址	能源类型	台数（台）	容量（万千瓦）	投产时间
21	浙江江东燃机	浙江省杭州市杭州经济技术开发区	火电	2	96	2015－09－22 2015－12－05
22	安徽淮北平山电厂一期1号机组	安徽省淮北烈山	火电	1	66	2015－12－18
23	安徽安庆电厂二期扩建项目	安徽省安庆市迎江区	火电	2	200	2015－05 2015－06
24	安徽宣城电厂二期	安徽省宣城市向阳镇	火电	1	66	2015－07－06
25	安徽临涣中利发电有限公司（二期）	安徽省	火电	1	60	
26	安徽平圩三期扩建项目	安徽省淮南市潘集区	火电	2	200	2015－09－28
27	福建石狮鸿山电厂二期项目	福建省泉州市石狮市	火电	2	200	2015－03 2015－04
28	江西大唐抚州电厂工程	江西省抚州市临川区	火电	1	100	2015－12－30
29	江西安源“上大压小”工程	江西省萍乡市芦溪县	火电	2	132	1#：2015－06－27 2#：2015－08－24
30	山东泰安热电联产项目	山东省泰安市岱岳区	火电	2	70	2015－10－01
31	山东大唐滨州热电联产工程	山东省滨州市滨城区	火电	2	70	2015－12－15
32	山东莱芜电厂2×1 000MW工程	山东省莱芜市莱城区	火电	1	100	6#：2015－12－24
33	河南华润焦作电厂项目	河南省焦作市	火电	1	60	#2：2015－06－01
34	河南焦作电厂上大压小异地扩建工程	河南省焦作市修武县	火电	2	132	2015－05 2015－06
35	河南新乡垣中益电厂项目	河南省	火电	2	120	2015－01－01
36	河南义安公用2＊30	河南省	火电	1	60	2015－01－01
37	河南洛阳阳光热电	河南省洛阳市洛龙区	火电	2	70	1#：2015－05－17 2#：2015－06－07
38	湖北应城热电	湖北省孝感市应城市	火电	1	35	2#：2015－01－18
39	湖南常德电厂一期工程	湖南省常德市德山区	火电	2	132	2015－12－16 2015－12－29
40	广东华润海丰电厂	广东省汕尾市	火电	2	200	#2：2015－03－07 #1：2015－05－12
41	广东韶关电厂“上大压小”工程	广东省韶关市曲江区	火电	2	120	2015－09－24
42	广东大埔电厂“上大压小”项目	广东省梅州市梅县	火电	1	60	2015－12－26
43	海南西南部电厂新建工程	海南省乐东黎族自治县	火电	2	70	2015－10－01
44	重庆万州港电项目	重庆市万州区	火电	2	210	2015－02 2015－09

续表

序号	项目名称	建设地址	能源类型	台数（台）	容量（万千瓦）	投产时间
45	四川达州燃机电厂新建2号机组	四川省达州市	火电	2	70	2015－06－04
46	贵州习水二郎火电项目一期	贵州省遵义市习水县	火电	2	132	2015－12－25
47	贵州茶园发电项目（黔北电厂“上大压小”项目）	贵州省毕节地区金沙县	火电	1	66	2015－12－29
48	陕西杨凌热电	陕西省咸阳市杨凌区	火电	2	70	2015－11－23 2015－12－31
49	青海西宁火电项目	青海省西宁市湟中县	火电	1	66	2015－12－30
50	青海西宁热电	青海省西宁市湟中县	火电	1	35	
51	宁夏宁东临河火电项目	宁夏回族自治区银川市灵武市	火电	2	70	2015－08－28
52	新疆哈密电厂一期	新疆维吾尔自治区哈密市	火电	3	198	2015－01 2015－05 2015－07
53	新疆其亚电厂4号机组	新疆维吾尔自治区	火电	1	35	2015－03－10
54	新疆信发铝业四期6号机组	新疆维吾尔自治区	火电	1	110	2015－03－12
55	新疆哈密大南湖煤电一体化项目	新疆维吾尔自治区哈密地区哈密市	火电	1	66	2015－12－01
56	辽宁红沿河核电厂一期工程	辽宁省大连市瓦房店	核电	1	112	2015－08－16
57	浙江秦山一期扩建工程	浙江省嘉兴市海盐县	核电	1	109	2015－02－12
58	福建宁德核电一期工程	福建省宁德市福鼎市	核电	1	109	2015－06－10
59	福建福清核电一期工程	福建省福州市福清市	核电	1	109	2015－10－16
60	广东阳江核电站项目	广东省阳江市阳东县	核电	1	109	2015－06－05
61	海南昌江核电厂一期	海南省昌江	核电	1	65	2015－12－25

附件 16

2015 年部分新开工、年底在建重点电源项目

序号	项目名称	建设地址	能源类型	台数（台）	容量（万千瓦）	备注
1	河北丰宁抽水蓄能电站	河北省承德市丰宁满族自治县	水电	6	180	
2	河北丰宁抽水蓄能电站二期	河北省承德市丰宁满族自治县	水电	6	180	新开工
3	丰满大坝全面治理工程	吉林省吉林市丰满区	水电	6	120	
4	吉林敦化抽水蓄能电站	吉林省延边自治州敦化市	水电	4	140	
5	黑龙江牡丹江抽水蓄能电站	黑龙江省牡丹江市三道河子镇	水电	4	120	
6	浙江长龙山抽水蓄能电站	浙江省湖州市安吉县	水电	6	210	新开工
7	安徽绩溪抽水蓄能电站	安徽省宣城市绩溪县	水电	4	180	
8	安徽金寨抽水蓄能电站	安徽省六安市金寨县	水电	4	120	新开工
9	江苏溧阳抽水蓄能电站	江苏省常州市溧阳市	水电	2	50	
10	广东清远抽水蓄能电站	广东省清远市清新区	水电	3	96	
11	广东深圳抽水蓄能电站	广东省深圳市龙岗区	水电	4	120	
12	广东梅州抽水蓄能电站	广东省梅州市五华县	水电	4	120	新开工
13	广东阳江抽水蓄能电站	广东省阳江市阳春市	水电	3	120	新开工
14	浙江仙居抽水蓄能电站	浙江省台州市仙居县	水电	4	150	
15	海南琼中抽水蓄能电站	海南省琼中县	水电	3	60	
16	重庆蟠龙抽水蓄能电站	重庆市綦江区中峰镇	水电	4	120	新开工
17	四川两河口水电站	四川省甘孜州雅江县	水电	6	300	
18	四川杨房沟水电站	四川省凉山州木里县	水电	4	150	新开工
19	四川大渡河猴子岩水电站	四川省甘孜藏族自治州康定县	水电	4	170	
20	四川大渡河沙坪二级水电站	四川省乐山市峨边彝族自治县	水电	6	35	
21	四川木里河立州水电	四川省西昌市木里县	水电	5	36	
22	四川长河坝水电站	四川省甘孜藏族自治州康定县	水电	4	260	
23	山东沂蒙抽水蓄能电站	山东省临沂市费县	水电	4	120	新开工
24	河南天池抽水蓄能电站	河南省南阳市南召县	水电	4	120	新开工
25	云南乌东德水电站	云南省昆明市禄劝县	水电	12	1020	新开工
26	云南金沙江梨园水电站	云南省丽江市	水电	2	120	
27	云南金沙江观音岩水电站	云南省丽江市华坪县	水电	1	60	
28	云南大华桥水电站	云南省怒江傈僳族自治州兰坪白族普米族自治县	水电	4	92	
29	云南黄登水电站	云南省怒江傈僳族自治州兰坪白族普米族自治县	水电	4	190	

续表

序号	项目名称	建设地址	能源类型	台数（台）	容量（万千瓦）	备注
30	云南里底水电站	云南省迪庆藏族自治州维西傈僳族自治县	水电	3	42	
31	云南苗尾水电站	云南省大理白族自治州云龙县	水电	4	140	
32	云南乌弄龙水电站	云南省迪庆藏族自治州维西傈僳族自治县	水电	4	99	
33	西藏加查水电站	西藏自治区山南地区加查县	水电	3	36	新开工
34	江西洪屏抽水蓄能电站	江西省宜春市靖安县	水电	4	120	
35	山东文登抽水蓄能电站	山东省威海市文登区	水电	6	180	新开工
36	重庆奉节电厂一期	重庆市奉节县	火电	2	120	
37	北京热电厂三期	北京市朝阳区	火电	3	100	新开工
38	天津北疆发电厂二期	天津市滨海新区汉沽	火电	2	200	
39	天津华电南疆热电二期	天津市和平区	火电	1	90	新开工
40	河北京能涿州热电新建项目	河北省保定市涿州市	火电	2	70	新开工
41	河北廊坊热电厂项目	河北省廊坊市广阳区	火电	2	70	
42	国电电力河北邯郸东郊热电项目	河北省邯郸市肥乡县	火电	2	70	新开工
43	河北蔚县发电厂工程	河北省张家口市蔚县	火电	2	132	新开工
44	山西临县低热值煤 2 ×350MW 超临界发电机组新建工程	山西省吕梁市临县	火电	2	70	新开工
45	山西忻州广宇电厂二期	山西省忻州市	火电	2	70	
46	内蒙古华润五间房火电项目	内蒙古锡林郭勒盟	火电	2	132	
47	内蒙古京能集宁 2 ×350MW 供热机组工程	内蒙古乌兰察布市集宁区	火电	2	70	新开工
48	内蒙古京能盛乐 2 ×350MW 冷热电联供机组	内蒙古呼和浩特市和林格尔县	火电	1	35	
49	内蒙古京能五间房电厂一期 2 ×660MW 机组工程	内蒙古锡林郭勒盟西乌珠穆沁旗	火电	2	132	新开工
50	内蒙古华电土右电厂一期	内蒙古包头市土右旗	火电	2	132	
51	内蒙古不连沟矸石电厂项目	内蒙古鄂尔多斯市准格尔旗大路镇	火电	2	60	
52	内蒙古托克托电厂五期工程	内蒙古呼和浩特市托克托县	火电	2	132	新开工
53	内蒙古和林发电厂项目	内蒙古呼和浩特市和林格尔县	火电	2	132	
54	内蒙古魏家峁电厂“上大压小”项目	内蒙古鄂尔多斯市准格尔旗	火电	2	132	
55	国电电力辽宁朝阳热电厂 2 ×350MW“上大压小”项目	辽宁省朝阳市龙城区	火电	2	70	新开工

续表

序号	项目名称	建设地址	能源类型	台数（台）	容量（万千瓦）	备注
56	国电宁夏方家庄项目	宁夏回族自治区银川市灵武市	火电	2	200	新开工
57	安徽蚌埠电厂二期	安徽省蚌埠市怀远县	火电	2	132	新开工
58	辽宁沈东热电工程	辽宁省沈阳市和平区	火电	2	70	新开工
59	黑龙江宝清电厂新建工程	黑龙江省双鸭山市宝清县	火电	2	132	
60	黑龙江富拉尔基热电厂扩建工程	黑龙江省齐齐哈尔市富拉尔基区	火电	1	35	
61	黑龙江哈尔滨热电六期扩建工程	黑龙江省哈尔滨市香坊区	火电	1	35	新开工
62	大唐绥化热电工程	黑龙江省绥化市	火电	2	70	新开工
63	上海崇明燃气电厂一期工程	上海市崇明县	火电	2	85	
64	江苏泰州上大压小火电二期	江苏省泰州市高港区	火电	1	100	
65	江苏通州燃机热电联产项目	江苏省南通市市辖区	火电	2	40	新开工
66	江苏扬州燃机扩建项目	江苏省扬州市邗江区	火电	2	95	新开工
67	江苏昆山燃机热电联产项目	江苏省苏州市昆山市	火电	2	80	新开工
68	江苏苏州燃机热电联产项目	江苏省苏州市虎丘区	火电	2	51	
69	安徽淮北平山电厂一期工程	安徽省淮北烈山	火电	1	66	
70	安徽芜湖二期扩建工程	安徽省芜湖市三山区	火电	1	100	新开工
71	广西鹿寨热电联产项目一期工程	广西壮族自治区柳州市鹿寨县经济开发区	火电	2	70	
72	广西钦州电厂二期扩建工程	广西壮族自治区钦州市钦州港区	火电	2	200	
73	贵州黔北电厂“上大压小”新建工程	贵州省毕节地区金沙县	火电	1	66	
74	贵州织金电厂新建工程	贵州省毕节市织金县	火电	2	132	
75	陕西店塔电厂扩建项目	陕西省榆林市神木县	火电	2	132	
76	陕西延安热电项目	陕西省延安市宝塔区	火电	2	70	新开工
77	甘肃武威热电联产工程	甘肃省武威市凉州区	火电	2	70	新开工
78	甘肃常乐电厂4×1 000MW燃煤发电项目	甘肃省酒泉市瓜州县	火电	4	400	新开工
79	甘肃大唐八〇三发电厂2×300MW级扩建工程	甘肃省嘉峪关市	火电	2	66	新开工
80	青海西宁火电项目	青海省西宁市湟中县	火电	1	66	
81	青海西宁热电厂“上大压小”项目	青海省西宁市湟中县	火电	1	35	
82	中铝宁夏银星电厂2X660MW工程	宁夏回族自治区灵武市白土岗乡 海子井村	火电	2	132	

续表

序号	项目名称	建设地址	能源类型	台数（台）	容量（万千瓦）	备注
83	宁夏吴忠热电厂一期工程	宁夏回族自治区吴忠	火电	2	70	
84	宁夏枣泉电厂一期工程	宁夏回族自治区银川市灵武市	火电	2	132	新开工
85	神华国华宁东发电厂 2×660MW 扩建工程	宁夏回族自治区银川市灵武市	火电	2	132	新开工
86	宁夏大坝四期工程	宁夏回族自治区吴忠市青铜峡市	火电	2	132	新开工
87	浙能新疆阿克苏纺织工业城热电厂项目	新疆维吾尔自治区阿克苏温宿县	火电	2	70	新开工
88	新疆哈密大南湖煤电一体化项目	新疆维吾尔自治区哈密地区哈密市	火电	1	66	
89	新疆轮台热电工程	新疆维吾尔自治区巴音郭楞蒙古自治州轮台县	火电	2	70	
90	福建神华罗源湾港电一体化项目	福建省福州市连江县	火电	2	200	
91	湄州湾二期项目	福建省莆田市北岸经济开发区	火电	2	200	
92	福建邵武电厂三期扩建工程	福建省南平市邵武市	火电	2	132	
93	福建罗源电厂二期	福建省福州市罗源县	火电	2	132	
94	江西神华九江电厂新建工程	江西省九江市湖口县金砂湾工业园区	火电	2	200	
95	江西大唐抚州电厂工程	江西省抚州市临川区	火电	1	100	
96	山东神华国华寿光发电工程	山东省潍坊市寿光市	火电	2	200	
97	山东十里泉电厂“上大压小”项目	山东省枣庄市	火电	1	132	
98	山东大唐临清热电厂“上大压小”新建项目	山东省滨州市滨城区	火电	2	70	
99	山东莱芜电厂 2×1 000MW 工程	山东省莱芜市莱城区	火电	1	100	
100	山东烟台八角电厂上大压小工程	山东省烟台市福山区	火电	2	134	
101	河南大唐三门峡火电厂三期扩建工程	河南省三门峡市陕县	火电	1	100	
102	河南大唐巩义 2＊660MW 火电工程	河南省巩义市豫联工业园	火电	2	132	
103	河南渑池热电工程	河南省三门峡市渑池县	火电	2	70	
104	湖北鄂州电厂三期超超临界燃煤扩建工程	湖北省鄂州市葛店开发区	火电	2	100	
105	湖北国电汉川电厂三期扩建工程	湖北省孝感市汉川市	火电	1	100	

续表

序号	项目名称	建设地址	能源类型	台数（台）	容量（万千瓦）	备注
106	湖北江陵发电厂一期	湖北省荆州市江陵县	火电	2	132	
107	广东大埔电厂“上大压小”项目	广东省梅州市梅县	火电	1	60	
108	海南昌江核电厂	海南省昌江	核电	1	65	
109	江苏田湾核电站3、4号机组工程	江苏省连云港市连云区	核电	2	225	
110	江苏田湾核电站5、6号机组工程	江苏省连云港市连云区	核电	1	112	新开工
111	浙江三门核电一期工程	浙江省台州市三门	核电	2	250	
112	福清核电3、4号机组	福建省福州市福清市	核电	2	218	
113	福清核电5、6号机组	福建省福州市福清市	核电	2	232	新开工
114	广东台山核电站一期工程	广东省江门市台山市	核电	2	350	
115	广东阳江核电站项目	广东省阳江市阳东县	核电	4	434	
116	广西防城港核电一期工程项目	广西壮族自治区防城港市光坡镇	核电	2	217	
117	广西防城港核电二期工程项目	广西壮族自治区防城港市光坡镇	核电	2	236	新开工
118	辽宁红沿河核电厂一期工程	辽宁省大连市瓦房店	核电	1	112	
119	辽宁红沿河核电厂二期工程	辽宁省大连市瓦房店	核电	2	224	新开工
120	福建宁德核电一期工程	福建省宁德市福鼎市	核电	1	109	
121	山东海阳核电项目	山东省烟台海阳	核电	2	250	
122	山东石岛湾高温气冷堆示范工程	山东省威海市荣成市	核电	1	20	

附件 17

2015 年度国家优质工程奖电力行业工程项目名单

一、国家优质工程金质奖（5 项）

1. 江苏华电句容电厂 2×1 000MW 新建工程
2. 安徽田集电厂二期 2×660MW 扩建工程
3. 浙江浙能六横电厂 2×1 000MW 新建工程
4. 哈密—郑州 ±800kV 特高压直流工程
5. 福建仙游 4×300MW 抽水蓄能电站工程

二、国家优质工程奖（17 项）

1. 安徽马鞍山电厂 2×660MW 扩建工程
2. 重庆合川发电有限责任公司二期 2×660MW 扩建工程
3. 华能临沂热电 2×350MW 扩建工程
4. 北京京能未来科技城 255MW 燃气热电联产项目
5. 辽宁华润盘锦热电厂 2×350WM 新建工程
6. 云南澜沧江功果桥 4×225MW 水电站工程
7. 华能大理五子坡（一、二、三期）148.5MW 风电工程
8. 山西龙源神池继阳山 150MW 风电工程
9. 四川甘孜新都桥 500kV 变电站工程
10. 岱宗 500kV 变电站工程
11. 山西兴县（固贤）500kV 变电站新建工程
12. 福建园顶 500kV 变电站工程
13. 500kV 吴宁变电站工程
14. 山西兴县—吕梁 500kV 输电线路工程
15. 500kV 木棉变电站工程
16. 500kV 遵义东（诗乡）变电站新建工程
17. 云南 500kV 建塘—黄坪输电线路工程

附件 18

2015 年度中国建设工程鲁班奖电力行业工程项目名单

一、中国建设工程鲁班奖（境内工程）

1. 淮浙煤电凤台电厂二期 2×660MW 扩建工程
2. 500kV 建塘变电站工程
3. 河南濮阳东 500kV 变电站工程
4. 500kV 纵江（东纵）变电站工程

二、中国建设工程鲁班奖（境外工程）

1. 斯里兰卡普特拉姆二期 2×300MW 燃煤电站工程

附件 19

2015 年度中国安装工程优质奖电力行业工程项目名单

1. 浙江浙能六横电厂 2×1 000MW 新建工程

2. 天津华电武清燃气分布式能源站 2×200MW 级燃气—蒸汽联合循环供热机组工程

3. 华能临沂热电 2×350MW“上大压小”扩建工程

4. 华能沁北电厂三期 2×1 000MW“上大压小”扩建安装工程

5. 四川甘孜新都桥 500kV 变电站安装工程

6. 220kV 环澳（富祥）变电站工程

7. 晋中天湖 220kV 变电站安装工程

8. 聊城美林 220kV 变电站新建工程

9. 烟台芝罘 220kV 变电站整体改造变电站工程

10. 云湖 220kV 变电站工程

11. 日照双墩埠牵引站供电 220kV 线路工程

12. 220kV 岱佛线工程

13. 淄博古城变至状元变双回 220kV 输电线路工程

附件 20

2015 年度中国电力优质工程奖项目名单

一、大型工程（32 项）

1. 江苏华电句容电厂 2×1 000MW“上大压小”新建工程
2. 新疆华电喀什热电有限责任公司 2×350MW 热电联产工程
3. 大唐呼图壁热电厂 2×300MW 工程
4. 江苏华电吴江 2×180MW 燃气—蒸汽联合循环热电联产工程
5. 安徽田集电厂二期 2×660MW 扩建工程
6. 重庆合川发电有限责任公司二期 2×660MW 扩建工程
7. 华能临沂热电 2×350MW“上大压小”扩建工程
8. 北京京能未来科技城 255MW 燃气热电联产工程
9. 淮浙煤电凤台电厂二期 2×660MW 扩建工程
10. 安徽马鞍山电厂 2×660MW“上大压小”扩建工程
11. 天津华电武清燃气分布式能源站 2×200MW 级燃气—蒸汽联合循环供热机组工程
12. 浙江浙能六横电厂 2×1 000MW 新建工程
13. 辽宁华润盘锦热电厂 2×350MW“上大压小”新建工程
14. 杭州华电半山 3×415MW 天然气热电联产工程
15. 福建仙游 4×300MW 抽水蓄能电站工程
16. 云南金沙江龙开口 5×360MW 水电站工程
17. 夏县泗交镇一期 49.5MW 风电工程
18. 华能大理五子坡（一、二、三期）148.5MW 风电工程
19. 山西龙源神池继阳山 150MW 风电工程
20. 哈密南—郑州 ±800kV 特高压直流输电工程
21. ±800kV 特高压直流双龙换流站工程
22. 河南濮阳东 500kV 变电站工程
23. 四川甘孜新都桥 500kV 变电站工程
24. 岱宗 500kV 变电站工程

25. 吕梁兴县（固贤）500kV 变电站工程
26. 福建园顶 500kV 变电站工程
27. 500kV 吴宁变电站工程
28. 山西兴县—吕梁 500kV 输电线路工程
29. 云南 500kV 建塘输变电工程
30. 500kV 纵江（东纵）变电站工程
31. 500kV 木棉变电站工程
32. 500kV 遵义东（诗乡）变电站新建工程

二、中小型工程（5 项）

1. 华能沁北电厂三期 2×1 000MW“上大压小”机组安装工程
2. 珠海 220kV 环澳（富祥）变电站工程
3. 220kV 红星变电站增容改造工程
4. 220kV 广信变电站工程
5. 夏德日（泽库）110kV 变电站工程

三、中国电力优质工程境外奖（2 项）

1. 柬埔寨额勒赛下游水电站 338MW 工程
2. 斯里兰卡普特拉姆二期 2×300MW 燃煤电站工程

附件 21

2015 年全国主要发电生产企业发电装机容量及发电量

企业名称	发电装机容量（万千瓦）										发电量（亿千瓦时）									
	合计		水电		火电		核电		风电		合计		水电		火电		核电		风电	
	2015 年	2014 年	2015 年	2014 年	2015 年	2014 年	2015 年	2014 年	2015 年	2014 年	2015 年	2014 年	2015 年	2014 年	2015 年	2014 年	2015 年	2014 年	2015 年	2014 年
中国华能集团公司	16 063	15 149	2 089	2 045	12 348	11 867			1 508	1 151	6 040	6 355	743	799	5 071	5 369			212	178
中国大唐集团公司	12 717	12 048	2 290	1 979	9 171	9 001			1 190	1 006	4 788	4 968	799	637	3 793	4 146			187	177
中国华电集团公司	13 471	12 254	2 522	2 329	9 628	8 959			1 163	842	4 838	4 893	844	727	3 832	4 048			145	105
中国国电集团公司	13 500	12 520	1 645	1 297	9 478	9 177			2 303	1 976	4 837	5 014	466	423	3 985	4 247			375	333
中国电力投资集团公司	10 740	9 667	2 094	2 071	6 827	6 333	336	224	998	667	3 808	3 805	728	729	2 754	2 820	144	120	126	98
中国神华集团有限责任公司	7 851	6 685	13	13	7 242	6 122			580	538	3 172	3 229	7	7	3 057	3 122			106	98
国投电力控股股份有限公司	2 839	3 205	1 657	1 612	1 108	1 533			64	49	1 222	1 349	744	699	470	639			8	9
中国核工业（集团）总公司	1 222	919					1 152	869	61	50	764	544					755	538	9	6
中国长江三峡集团公司	5 263	5 003	4 695	4 632					426	258	1 981	2 005	1 923	1 958					43	37
华润电力控股有限公司	4 044	3 652	47	47	3 570	3 234			425	371	1 641	1 625	19	18	1 552	1 544			69	64
黄河万家寨水利枢纽有限公司	150	150	150	150							31	38	31	38						
新力能源开发有限公司	390	270			390	270					189	207			189	207				

续表

企业名称	发电装机容量（万千瓦）										发电量（亿千瓦时）									
	合计		水电		火电		核电		风电		合计		水电		火电		核电		风电	
	2015 年	2014 年	2015 年	2014 年	2015 年	2014 年	2015 年	2014 年	2015 年	2014 年	2015 年	2014 年	2015 年	2014 年	2015 年	2014 年	2015 年	2014 年	2015 年	2014 年
北京能源投资（集团）有限公司	1 774	1 732	58	56	1 455	1 480			212	165	750	731	19	16	688	676			37	34
河北省建设投资集团有限公司	862	877			694	735			165	140	372	399			340	371			31	27
山西国际电力集团有限公司	507	403	13	13	447	347			33	29	144	124	6	7	131	114			5	2
申能（集团）有限公司	753	676			733	667			20	9	247	233			243	232			4	2
江苏省国信资产管理集团有限公司	993	771	10	10	942	739			35	17	443	380	2	2	436	375			5	3
浙江省能源集团有限公司	3 067	2 727	85	85	2 981	2 641			1	1	1 089	1 148	20	20	1 068	1 128			0	0
安徽省能源集团公司	555	555			555	555					252	273			252	273				
江西省投资集团公司	150	150	10	10	140	140					70	71	3	3	67	68				
湖北能源集团股份有限公司	607	586	369	369	219	200			16	16	160	154	76	71	81	81			3	2
广东省粤电集团有限公司	2 909	2 695	218	215	2 659	2 452			23	21	1 152	1 206	87	76	1 061	1 126			3	3
中国广核集团有限公司	2 677	2 128	158	148	65	68	1 492	1 162	835	693	1 177	991	57	55	22	25	960	801	130	102
广州发展集团有限公司	323	317			319	317			3		127	137			127	137			0	

续表

企业名称	发电装机容量（万千瓦）										发电量（亿千瓦时）									
	合计		水电		火电		核电		风电		合计		水电		火电		核电		风电	
	2015 年	2014 年	2015 年	2014 年	2015 年	2014 年	2015 年	2014 年	2015 年	2014 年	2015 年	2014 年	2015 年	2014 年	2015 年	2014 年	2015 年	2014 年	2015 年	2014 年
深圳能源集团股份有限公司	623	583	14		548	541			42	37	217	242	4		204	235			6	6
甘肃省电力投资集团公司	468	462	174	174	197	197			80	80	127	151	61	67	55	73			9	10
中铝宁夏能源集团公司	264	264			132	132			115	115	91	106			69	84			19	20

附件 22

2015 年年底全国水电、火电装机容量前十位的电厂

电厂名称	省份	期末装机容量（万千瓦）
水　电		
三峡水电厂	湖北	2240
溪洛渡电站	云南、四川	1323
向家坝水电站	四川	600
华能澜沧江水电有限公司糯扎渡水电厂	云南	585
龙滩水电开发有限公司	广西	490
锦东水电站	四川	480
云南华能澜沧江水电有限公司小湾电站	云南	420
锦西电厂	四川	360
汉源瀑布沟水电站	四川	360
拉西瓦水电厂	青海	350
火　电		
大唐托克托发电公司	内蒙古	480
浙江浙能嘉华发电有限公司	浙江	458
沁北电厂	河南	440
华阳后石电厂	福建	420
华能海门电厂	广东	407
华能国际电力股份有限公司玉环电厂	浙江	400
正蓝旗上都上发电公司	内蒙古	372
新疆农六师煤电有限公司自备电厂	新疆	364
江苏常熟发电有限公司	江苏	332
华电宁夏灵武发电有限公司	宁夏	332

附件 23

2015 年各省份电力公司城市、农村供电可靠性指标

单位名称	用户供电可靠率（%）		用户平均停电时间（小时/户）		用户平均停电次数（次/户）	
	城市	农村	城市	农村	城市	农村
冀北电力有限公司	99.95	99.854	4.38	12.8	1.18	3.27
北京市电力公司	99.98	99.904	1.74	8.45	0.41	1.91
河北省电力公司	99.957	99.902	3.76	8.62	1.25	2.89
山西省电力公司	99.869	99.661	11.46	29.68	2.73	7.63
天津市电力公司	99.974	99.923	2.24	6.72	1.02	2.21
山东电力集团公司	99.961	99.911	3.38	7.79	0.64	1.67
内蒙古电力集团公司	99.851	99.784	13.06	18.95	2.59	3.59
辽宁省电力有限公司	99.96	99.842	3.51	13.81	0.77	3.93
吉林省电力有限公司	99.947	99.808	4.62	16.84	0.76	2.95
黑龙江省电力公司	99.957	99.9	3.77	8.75	0.84	1.53
蒙东电力公司	99.922	99.659	6.82	29.84	1.92	5.37
江苏省电力公司	99.973	99.928	2.37	6.29	0.87	2.25
浙江省电力公司	99.972	99.905	2.48	8.31	0.71	2.18
安徽省电力公司	99.944	99.762	4.93	20.85	2.35	7.29
上海市电力公司	99.983	99.953	1.5	4.16	0.26	0.76
福建省电力有限公司	99.949	99.841	4.49	13.95	0.97	3.26
河南省电力公司	99.96	99.898	3.49	8.94	0.74	1.6
湖北省电力公司	99.961	99.788	3.42	18.57	1.1	3.09
湖南省电力公司	99.957	99.806	3.78	16.98	0.85	3.53
江西省电力公司	99.948	99.892	4.56	9.48	1.74	4.17
四川省电力公司	99.945	99.887	4.86	9.89	0.98	1.55
重庆市电力公司	99.962	99.824	3.29	15.38	0.56	2.13
陕西省电力公司	99.945	99.871	4.78	11.34	1.12	2.89
甘肃省电力公司	99.934	99.734	5.76	23.27	1.87	4.31
青海省电力公司	99.823	99.73	15.54	23.69	1.64	3.01
宁夏电力公司	99.961	99.847	3.39	13.4	1.12	2.6
新疆电力公司	99.899	99.734	8.83	23.27	2.58	6.56
西藏电力有限公司	99.496	99.294	44.16	61.82	12.37	16.62
广东全省	99.976	99.915	2.14	7.43	0.6	1.19
广东电网公司	99.97	99.899	2.61	8.81	0.49	1.23

续表

单位名称	用户供电可靠率（%）		用户平均停电时间（小时/户）		用户平均停电次数（次/户）	
	城市	农村	城市	农村	城市	农村
广西电网公司	99.971	99.896	2.54	9.09	0.59	1.83
云南电网公司	99.951	99.855	4.33	12.69	0.97	2.42
贵州电网公司	99.916	99.778	7.37	19.47	1.69	4.41
海南电网公司	99.956	99.839	3.89	14.14	0.9	3.08
广州供电局有限公司	99.983	99.972	1.53	2.43	0.59	0.63
深圳供电局有限公司	99.991	99.983	0.84	1.5	1.11	1.36
陕西省地方电力（集团）有限公司	99.196	98.556	70.39	126.53	12.56	23.56
山西国际电力集团公司	99.828	99.684	15.04	27.67	3.36	4.88
广西水利电业集团公司	99.648	99.068	30.83	81.66	10.08	23.7

附件 24

2015 年年底累计投运的袋式除尘器机组容量情况

（按 2015 年年底累计投运的袋式除尘器机组容量大小排序）

序号	除尘产业公司名称	累计投运机组容量（MW）
1	江苏新中环保股份有限公司	30 531
2	北京国电龙源环保工程有限公司	10 800
3	中钢集团天澄环保科技股份有限公司	5 208
4	浙江菲达环保科技股份有限公司	4 040
5	福建龙净环保股份有限公司	3 890
6	同方环境股份有限公司	3 600
7	大唐环境产业集团股份有限公司	2 600
8	北京龙电宏泰环保科技有限公司	1 466
9	中电投远达环保（集团）股份有限公司	1 350
10	山川秀美生态环境工程股份有限公司	600
11	北京赫宸环境工程股份有限公司	300
12	北京国能中电节能环保技术有限责任公司	45

附件 25

2015 年年底累计投运的电袋复合式除尘器机组容量情况

(按 2015 年年底累计投运的电袋复合式除尘机组容量大小排序)

序号	除尘产业公司名称	累计投运机组容量（MW）
1	福建龙净环保股份有限公司	106 730
2	浙江菲达环保科技股份有限公司	34 065
3	同方环境股份有限公司	8 130
4	大唐环境产业集团股份有限公司	7 060
5	北京国电龙源环保工程有限公司	6 320
6	北京龙电宏泰环保科技有限公司	6 200
7	中钢集团天澄环保科技股份有限公司	6 105
8	中国华电科工集团有限公司	5 755
9	江苏新中环保股份有限公司	3 280
10	西安西热环保工程有限公司	3 120
11	中电投远达环保（集团）股份有限公司	1 265
12	江苏峰业科技环保集团股份有限公司	660
13	武汉凯迪电力环保有限公司	430

附件 26

2015 年新投运的烟气脱硫机组容量情况

（按 2015 年投运的烟气脱硫机组容量大小排序）

序号	脱硫公司名称	投运容量（MW）	采用的脱硫方法及所占比例（%）
1	北京清新环技术股份有限公司	3 420	石灰石—石膏湿法 100
2	浙江天地环保工程有限公司	3 320	石灰石—石膏湿法 100
3	浙江菲达环保科技股份有限公司	3 171	石灰石—石膏湿法 100
4	中电投远达环保（集团）股份有限公司	2 330	石灰石—石膏湿法 100
5	北京博奇电力科技有限公司	2 000	石灰石—石膏湿法 100
6	福建龙净环保股份有限公司	1 864	石灰石—石膏湿法 100
7	浙江蓝天求是环保股份有限公司	700	石灰石—石膏湿法 100
8	中国华电科工集团有限公司	700	石灰石—石膏湿法 100
9	北京国电龙源环保工程有限公司	660	海水法 100
10	北京国能中电节能环保技术有限责任公司	65	石灰石—石膏湿法 100

附件 27

2015 年年底累计投运的烟气脱硫机组容量情况

（按 2015 年年底累计投运的烟气脱硫机组容量大小排序）

序号	脱硫公司名称	累计投运容量（MW）	采用的脱硫方法及所占比例（%）
1	北京国电龙源环保工程有限公司	100 590	石灰石—石膏湿法 87. 74 海水法 11. 27 有机胺法 0. 60 氨法 0. 27 烟气循环流化床 0. 12
2	北京博奇电力科技有限公司	58 236	石灰石—石膏湿法 100
3	福建龙净环保股份有限公司	53 898	石灰石—石膏湿法 81. 83 烟气循环流化床 18. 17
4	中电投远达环保（集团）股份有限公司	50 218	石灰石—石膏湿法 97. 81 烟气循环流化床 0. 92 干法 1. 27
5	浙江浙大网新机电工程有限公司	48 005	石灰石—石膏湿法 100
6	武汉凯迪电力环保有限公司	43 970	石灰石—石膏湿法 90. 36 氨法 0. 94 半干法 0. 94 烟气循环流化床法 7. 76
7	中国华电科工集团有限公司	39 082	石灰石—石膏湿法 100
8	山东三融环保工程有限公司	31 470	石灰石—石膏湿法 97. 00 烟气循环流化床 3. 00
9	浙江天地环保工程有限公司	30 390	石灰石—石膏湿法 99. 46 海水法 0. 54
10	同方环境股份有限公司	26 512	石灰石—石膏湿法 100
11	大唐环境产业集团股份有限公司	17 720	石灰石—石膏湿法 100
12	北京清新环境技术股份有限公司	16 650	石灰石—石膏湿法 100
13	浙江菲达环保科技股份有限公司	14 789	石灰石—石膏湿法 80. 70 半干法 19. 30
14	浙江蓝天求是环保股份有限公司	9 605	石灰石—石膏湿法 88. 34 烟气循环流化床 11. 66
15	永清环保股份有限公司	7 585	石灰石—石膏湿法 100
16	江苏新世纪江南环保股份有限公司	6 631	氨法 100
17	广州市天赐三和环保工程有限公司	5 228	石灰石—石膏湿法 47. 93 双碱法 26. 40 喷雾干燥法 22. 36 氧化镁法 3. 31

续表

序号	脱硫公司名称	累计投运容量（MW）	采用的脱硫方法及所占比例（%）
18	湖南麓南脱硫脱硝科技有限公司	2 251	石灰石—石膏湿法 94. 31 双碱法 5. 69
19	中钢集团天澄环保科技股份有限公司	1 285	石灰石—石膏湿法 100
20	江苏新中环保股份有限公司	1 012	石灰石—石膏湿法 76. 29 烟气循环流化床 12. 25 氧化镁法 11. 46
21	江苏科行环保科技有限公司	605	石灰石—石膏湿法 90. 08 烟气循环流化床 9. 92
22	浙江德创环保科技股份有限公司	135	石灰石—石膏湿法 100

附件 28

2015 年年底累计签订合同的火电厂烟气脱硫特许经营机组容量情况

（按 2015 年年底累计签订烟气脱硫特许经营合同的机组容量大小排序）

序号	环保公司名称	签订的特许经营合同容量（MW）	采用的脱硫方法及所占比例（%）
1	大唐环境产业集团股份有限公司	28 700	石灰石—石膏湿法 95. 33 海水法 4. 67
2	北京清新环境技术股份有限公司	22 260	石灰石—石膏湿法 100
3	北京国电龙源环保工程有限公司	15 220	石灰石—石膏湿法 92. 95 有机胺法 3. 99 海水法 2. 17 氨法 0. 89
4	重庆远达烟气治理特许经营有限公司	11 540	石灰石—石膏湿法 100
5	江苏峰业科技环保集团股份有限公司	8 580	石灰石—石膏法 93. 01 海水法 6. 99
6	武汉光谷环保科技股份有限公司	7 480	石灰石—石膏湿法 100
7	浙江天地环保工程有限公司	6 920	石灰石—石膏湿法 100
8	山东三融环保工程有限公司	5 130	石灰石—石膏湿法 100
9	北京博奇电力科技有限公司	3 720	石灰石—石膏湿法 100
10	浙江浙大网新机电工程有限公司	3 245	石灰石—石膏湿法 100
11	中国华电科工集团有限公司	2 660	石灰石—石膏湿法 100
12	福建龙净环保股份有限公司	2 060	石灰石—石膏湿法 100
13	浙江天蓝环保技术股份有限公司	330	石灰石—石膏湿法 100

附件 29

2015 年新投运的火电厂烟气脱硝机组容量情况

（按 2015 年投运的烟气脱硝机组容量大小排序）

序号	脱硝公司名称	投运容量（MW）	采用的脱硝方法及所占比例（%）
1	浙江德创环保科技股份有限公司	11 215	SCR 100
2	浙江天地环保工程有限公司	10 770	SCR 100
3	中电投远达环保（集团）股份有限公司	6 110	SCR 100
4	大唐环境产业集团股份有限公司	5 355	SCR 86. 65 SNCR 13. 35
5	福建龙净环保股份有限公司	4 345	SCR 97. 70 SNCR 2. 30
6	中国华电科工集团有限公司	4 277	SCR 74. 35 SNCR 22. 49 SNCR +SCR 3. 16
7	东方电气集团东方锅炉股份有限公司	3 940	SCR 100
8	北京国电龙源环保工程有限公司	3 595	SCR 71. 77 SNCR 28. 23
9	西安西热锅炉环保工程有限公司	3 540	SCR 64. 69 SNCR 1. 41 SNCR +SCR 33. 90
10	北京博奇电力科技有限公司	1 000	SCR 40 SNCR 60
11	浙江菲达环保科技股份有限公司	965	SCR 93. 78 SNCR 2. 49 SNCR +SCR 3. 73
12	永清环保股份有限公司	600	SCR 100
13	广州市天赐三和环保工程有限公司	405	SCR 100
14	中钢集团天澄环保科技股份有限公司	100	SCR 100
15	浙江天蓝环保技术股份有限公司	32	SCR 15. 62 SNCR 46. 88 SNCR +SCR 37. 5

注：SCR 指选择性催化还原法；SNCR 指选择性非催化还原法；SNCR +SCR 指选择性催化还原法与选择性非催化还原法联合。下同。

附件 30

2015 年年底累计投运的火电厂烟气脱硝机组容量情况

（按 2015 年年底累计投运的烟气脱硝机组容量大小排序）

序号	脱硝公司名称	2015 年年底前累计投运容量（MW）	采用的脱硝方法及所占比例（%）
1	北京国电龙源环保工程有限公司	97 697	SCR 95. 36 SNCR 4. 33 SNCR＋SCR 0. 31
2	中国华电科工集团有限公司	64 077	SCR 95. 53 SNCR 3. 21 SNCR＋SCR 1. 26
3	大唐环境产业集团股份有限公司	53 770	SCR 95. 26 SNCR 4. 74
4	中电投远达环保（集团）股份有限公司	43 050	SCR 97. 51 SNCR 2. 49
5	浙江天地环保工程有限公司	40 315	SCR 100
6	东方电气集团东方锅炉股份有限公司	30 198	SCR 98. 01 SNCR 1. 99
7	江苏科行环保科技有限公司	22 135	SCR 86. 17 SNCR 3. 05 SNCR＋SCR 10. 78
8	福建龙净环保股份有限公司	25 015	SCR 100
9	同方环境股份有限公司	19 756	SCR 95. 60 SNCR 4. 28 SNCR＋SCR 0. 12
10	西安西热锅炉环保工程有限公司	15 800	SCR 90. 19 SNCR 2. 22 SNCR＋SCR 7. 59
11	北京博奇电力科技有限公司	12 520	SCR 100
12	浙江德创环保科技股份有限公司	10 270	SCR 100
13	山东三融环保工程有限公司	9 330	SCR 100
14	浙江浙大网新机电工程有限公司	7 725	SCR 100
15	浙江蓝天求是环保股份有限公司	6 975	SCR 96. 42 SNCR 3. 58
16	浙江菲达环保科技股份有限公司	3 837	SCR 90. 83 SNCR 9. 17
17	北京国能中电节能环保技术有限责任公司	3 655	SCR 98. 50 SNCR 0. 82 SNCR＋SCR 0. 68

续表

序号	脱硝公司名称	2015 年年底前累计投运容量（MW）	采用的脱硝方法及所占比例（%）
18	北京清新环境技术股份有限公司	3 300	SCR 69. 70 SNCR 30. 3
19	浙江天蓝环保技术股份有限公司	2 674	SCR 98. 99 SNCR 0. 56 SNCR +SCR 0. 45
20	北京龙电宏泰环保科技有限公司	1 280	SCR 49. 22 SNCR 46. 88 SNCR +SCR 3. 9
21	江苏峰业科技环保集团股份有限公司	1 360	SCR 100
22	广州市天赐三和环保工程有限公司	1 105	SCR 90. 95 SNCR +SCR 9. 05
23	中钢集团天澄环保科技股份有限公司	640	SCR 100
24	武汉凯迪电力环保有限公司	600	SCR 100
25	永清环保股份有限公司	600	SCR 100
26	江苏新世纪江南环保股份有限公司	345	SCR 52. 17 SNCR 47. 83
27	湖南麓南脱硫脱硝科技有限公司	250	SNCR 100
28	江苏新中环保股份有限公司	200	SNCR 100

附件 31

2015 年年底累计签订合同的火电厂烟气脱硝特许经营机组容量情况

（按 2015 年年底累计签订烟气脱硝特许经营合同的机组容量大小排序）

序号	环保公司名称	签订的特许经营合同容量（MW）	采用的脱硝方法及所占比例（%）
1	大唐环境产业集团股份有限公司	26 100	SCR 100
2	重庆远达烟气治理特许经营有限公司	14 990	SCR 100
3	北京清新环境技术股份有限公司	10 640	SCR 77. 44 SNCR 22. 56
4	北京国电龙源环保工程有限公司	7 900	SCR 100
5	中国华电科工集团有限公司	4 500	SCR 100
6	浙江天地环保工程有限公司	2 400	SCR 100
7	北京博奇电力科技有限公司	1 200	SCR 100
8	永清环保股份有限公司	600	SCR 100

附件 32

2015 年度全国火电 100 万千瓦级超超临界机组能效指标

序号	电厂简称	机组编号	容量（万千瓦）	汽机编号	锅炉厂家	投产日期（年－月－日）	供电煤耗（克/千瓦时）	厂用电率（%）	耗水率（千克/千瓦时）	油耗（吨/年）	备注
湿冷机组											
1	华电山东莱州	2	105	F1000A	东锅	2012－12－06	279. 18	3. 62	0. 17	61. 30	
2	华电山东莱州	1	105	F1000A	东锅	2012－11－04	279. 95	3. 70	0. 17	78. 14	
3	华能广东海门	4	100	D1000A	东锅	2013－03－19	280. 28	2. 64	0. 10	66. 08	
4	华电山东邹县	8	100	D1000A	东锅	2007－07－05	281. 17	4. 16	1. 00	60. 00	
5	华能广东海门	2	100	D1000A	东锅	2009－09－27	283. 74	3. 76	0. 10	18. 10	
6	华能广东海门	3	100	D1000A	东锅	2013－03－19	284. 28	3. 15	0. 10	39. 08	
7	华能广东海门	1	100	D1000A	东锅	2009－06－30	284. 80	3. 87	0. 10	100. 53	
8	华电山东邹县	7	100	D1000A	东锅	2006－12－04	284. 90	4. 20	1. 00	80. 00	
9	浙能浙江六横	1	100		北京巴威	2014－07－10	287. 84	4. 48	0. 31	352. 49	
10	浙能浙江六横	2	100		北京巴威	2014－09－17	288. 98	4. 26	0. 31	262. 79	
11	华润浙江温州	2	100	D1000A－000106BSM	东锅	2014－05－31	291. 74	3. 79	0. 27	217. 05	
12	华润浙江温州	1	100	D1000A－000106BSM	东锅	2014－01－24	292. 91	3. 76	0. 27	54. 01	
13	神华辽宁绥中	3	100	D1000A	东锅	2010－02－12	295. 22	5. 13	0. 25	187. 00	
14	神华辽宁绥中	4	100	D1000A	东锅	2010－05－18	296. 59	5. 38	0. 28	249. 00	
15	神华福建鸿山	3	100		东锅	2015－03－20	300. 70	4. 08	0. 16		
16	神华福建鸿山	4	100		东锅	2015－04－24	302. 75	3. 80	0. 16		
总平均值							288. 44	3. 99	0. 30	130. 40	

续表

序号	电厂简称	机组编号	容量（万千瓦）	汽机编号	锅炉厂家	投产日期（年－月－日）	供电煤耗（克/千瓦时）	厂用电率（%）	耗水率（千克/千瓦时）	油耗（吨/年）	备注
空冷机组											
17	华电宁夏灵武	4	100	HD211－2－12	东锅	2011－05－01	298. 05	5. 44	0. 38	23. 50	
18	华电宁夏灵武	3	100	HD211－1－12	东锅	2011－01－01	298. 09	5. 43	0. 38	11. 14	
	总平均值						298. 07	5. 44	0. 38	17. 32	
19	华能河南沁北	6	100	CCH02	东锅	2013－03－06	283. 45	3. 13	1. 75	323. 90	
20	华能河南沁北	5	100	CCH02	东锅	2012－03－06	284. 82	3. 28	1. 75	238. 14	
21	国电江苏泰州	2	100	CCH02	哈锅	2008－03－31	286. 44	3. 52	0. 42	0	
22	国电江苏泰州	1	100	CCH02	哈锅	2007－12－04	286. 45	3. 35	0. 42	0	
23	国家电投河南鲁阳	2	100	CCH02	东锅	2010－12－08	287. 24	3. 66	1. 62	105. 02	
24	国家电投河南鲁阳	1	100	CCH02	东锅	2010－11－23	287. 63	3. 65	1. 62	215. 12	
25	大唐广东三百门	3	100	CCH02	哈锅	2010－07－22	290. 17	4. 41	0. 06	0	
26	大唐广东三百门	4	100	CCH02	哈锅	2010－07－22	293. 05	4. 65	0. 06	0	
	总平均值						287. 41	3. 71	0. 96	110. 27	
27	江苏南通发电	1	105	196－24－45	上锅	2015－01－10	279. 95	2. 72	0. 24	68. 84	
28	江苏南通发电	2	105	196－24－46	上锅	2015－02－26	282. 06	2. 74	0. 24	103. 70	
29	皖能安徽铜陵	5	105	196. 00	上锅	2011－05－06	284. 72	3. 79	1. 71	31. 40	
30	华能南京金陵	1	100	196	哈锅	2009－12－23	276. 45	3. 84	0. 21	5. 87	
31	国电浙江北仑	6	100	196－7－11	东锅	2008－12－20	278. 80	3. 37	0. 30	389. 00	
32	华能南京金陵	2	100	196	哈锅	2012－08－21	278. 87	4. 04	0. 21	5. 62	
33	国电江苏谏壁	13	100	196. 00	上锅	2011－05－22	279. 15	3. 15	0. 23	127. 67	
34	国电江苏谏壁	14	100	196. 00	上锅	2012－06－24	279. 55	3. 26	0. 23	216. 06	
35	国电浙江北仑	7	100	196－7－12	东锅	2009－06－02	280. 50	3. 33	0. 30	195. 00	

续表

序号	电厂简称	机组编号	容量（万千瓦）	汽机编号	锅炉厂家	投产日期（年－月－日）	供电煤耗（克/千瓦时）	厂用电率（%）	耗水率（千克/千瓦时）	油耗（吨/年）	备注
36	华能浙江玉环	3	100	196	哈锅	2007－11－11	280.51	2.93	0.25	18.72	
37	国家电投上海漕泾	1	100	196	上锅	2010－01－20	281.13	4.38	0.43	105.64	
38	华润徐州彭城	5	100	196.00	上锅	2010－06－23	281.36	4.18	2.22	73.71	
39	国电湖北汉川	5	100	196	东锅	2012－12－21	282.04	3.23	1.38	156.00	
40	华能浙江玉环	4	100	196	哈锅	2007－11－25	282.52	2.89	0.25	20.16	
41	国投天津津能	1	100	196.00	上锅	2009－09－24	282.68	4.77	0.19	109.80	供热机组
42	国家电投上海漕泾	2	100	196	上锅	2010－04－06	283.44	4.62	0.48	121.50	
43	华能浙江玉环	1	100	196	哈锅	2006－11－28	285.08	4.10	0.25	17.28	
44	华能浙江玉环	2	100	196	哈锅	2006－12－30	285.23	3.89	0.25	14.40	
45	国家电投江苏常熟	6	100	196	上锅	2013－12－14	285.99	4.31	0.35	151.00	
46	神华江苏徐州	1	100	196.00	上锅	2011－12－20	287.05	4.50	1.99	438.80	
47	神华江苏徐州	2	100	196.00	上锅	2011－12－31	287.23	4.57	2.01	202.60	
48	国投天津津能	2	100	196.00	上锅	2009－11－30	287.58	4.65	0.19	178.30	供热机组
49	浙能浙江嘉兴二	7	100	196.00	哈锅	2011－06－23	287.92	4.92	0.33	169.66	
50	国信江苏新海	1	100	196	上锅	2012－11－21	287.94	4.37	1.93	236.68	
51	国家电投江苏常熟	5	100	196	上锅	2013－01－03	287.98	4.24	0.35	156.00	
52	神华浙江宁海	6	100	196	上锅	2009－09－21	288.13	5.15	0.20	120.79	
53	浙能浙江嘉兴二	8	100	196.00	哈锅	2011－10－18	288.14	4.88	0.33	149.87	
54	神华浙江宁海	5	100	196	上锅	2009－10－14	289.91	5.37	0.20	179.06	
55	华润徐州彭城	6	100	196.00	上锅	2010－07－07	291.42	4.16	2.22	245.51	
56	神华广东台山	6	100	196－11－19	上锅	2011－03－31	297.14	5.19	0.17	115.29	
57	神华广东台山	7	100	196－11－20	上锅	2011－11－30	298.23	5.27	0.17	87.85	
纯凝式湿冷机组平均值							284.77	4.05	0.67	135.3	
总平均值							284.8	4.09	0.64	135.86	

附件 33

2015 年度全国火电 60 万千瓦级超超临界机组能效指标

序号	电厂简称	机组编号	容量（万千瓦）	汽机编号	锅炉厂家	投产日期（年-月-日）	供电煤耗（克/千瓦时）	厂用电率（%）	耗水率（千克/千瓦时）	油耗（吨/年）
东方汽轮机厂										
1	华电安徽芜湖	1	66	D600B	哈锅	2008-06-24	286.09	4.33	0.42	120.00
2	国家电投安徽芜湖	2	66	D660B16	北京巴威	2011-12-12	287.29	4.91	0.38	93.00
3	华电安徽芜湖	2	66	D600B	哈锅	2008-12-20	290.93	4.33	0.42	85.00
4	大唐福建宁德	2	66	D600B	东锅	2008-12-31	291.99	4.31	0.20	0
5	国家电投安徽芜湖	1	66	D660B12	北京巴威	2010-12-24	292.05	4.85	0.38	74.00
6	华润山东菏泽	1	64.5	N600B-N8	北京巴威	2011-03-17	293.75	4.71	1.98	28.10
7	大唐福建宁德	1	66	D600B	东锅	2009-06-27	294.96	4.34	0.20	0
8	华能江西井冈山	4	66	D600B	东锅	2009-12-25	295.73	4.36	1.98	0.10
9	华能江西井冈山	3	66	D600B	东锅	2009-11-19	295.75	4.39	1.98	3.89
10	国家电投江西新昌	1	66	D600B	东锅	2009-12-14	296.06	3.50	1.66	25.66
11	国家电投江西景德镇	2	66	D660B	哈锅	2011-05-18	298.75	3.65	1.66	95.26
12	国家电投江西新昌	2	66	D600B	东锅	2010-02-14	298.79	3.49	1.65	31.90
13	华润山东菏泽	2	64.5	N600B-N18	北京巴威	2011-10-01	298.80	4.77	1.97	34.90
14	国家电投江西景德镇	1	66	D660B	哈锅	2010-12-31	299.30	3.66	1.66	32.94
15	粤电广东红海湾	4	66	D600B	东锅	2011-10-01	313.59	5.39	0.28	91.00
16	粤电广东红海湾	3	66	D600B	东锅	2011-10-01	314.40	5.68	0.28	88.00
	平均值						296.76	4.42	1.07	50.23

续表

序号	电厂简称	机组编号	容量（万千瓦）	汽机编号	锅炉厂家	投产日期（年－月－日）	供电煤耗（克/千瓦时）	厂用电率（%）	耗水率（千克/千瓦时）	油耗（吨/年）
哈尔滨汽轮机厂										
17	大唐江苏吕四港	1	66	CCH01A	哈锅	2010－03－14	286.18	4.15	0.19	93.40
18	大唐江苏吕四港	3	66	CCH01A	哈锅	2010－03－31	288.26	4.28	0.19	100.50
19	大唐江苏吕四港	4	66	CCH01A	哈锅	2010－06－06	288.50	4.20	0.19	113.47
20	华电辽宁铁岭	5	60	CCH01	哈锅	2008－07－04	289.42	6.45	2.12	36.00
21	华电辽宁铁岭	6	60	CCH01	哈锅	2008－12－22	289.83	6.50	2.08	41.00
22	大唐河南华豫	4	66	CCH01A	东锅	2009－10－15	291.00	4.09	1.34	196.00
23	大唐江苏吕四港	2	66	CCH01A	哈锅	2010－03－06	291.12	4.31	0.19	125.40
24	大唐河南华豫	3	66	CCH01A	东锅	2009－03－23	291.94	3.98	1.41	130.70
25	大唐河南禹州	3	66	CCH01A	上锅	2009－06－30	292.25	3.96	1.76	154.20
26	华能湖南岳阳	5	60	CCH01A	哈锅	2011－01－06	292.35	4.08	0.18	175.00
27	华能湖南岳阳	6	60	CCH01A	哈锅	2012－08－20	292.35	4.08	0.18	334.00
28	大唐河南禹州	4	66	CCH01A	上锅	2009－12－29	294.63	4.23	1.76	105.64
29	华能辽宁营口	4	60	107004	哈锅	2007－10－14	295.98	3.97	0.41	86.45
30	华能辽宁营口	3	60	107003	哈锅	2007－08－31	297.95	4.03	0.42	53.00
31	国家电投江苏阚山	1	60	CCH01A	哈锅	2007－10－22	300.25	4.25	1.35	41.02
32	国家电投江苏阚山	2	60	CCH01A	哈锅	2008－01－23	302.31	4.28	1.35	64.44
平均值							292.77	4.43	0.95	115.64
上海汽轮机厂										
湿冷机组										
33	国家电投安徽田集二	3	66	E195－01	上锅	2013－12－22	278.94	3.65	1.21	.
34	国家电投安徽田集二	4	66	E195－02	上锅	2014－04－29	281.33	3.79	1.21	.

续表

序号	电厂简称	机组编号	容量（万千瓦）	汽机编号	锅炉厂家	投产日期（年－月－日）	供电煤耗（克/千瓦时）	厂用电率（%）	耗水率（千克/千瓦时）	油耗（吨/年）
35	华能山东威海	5	68	195. 00	哈锅	2010－12－01	281. 46	3. 48	0. 12	101. 29
36	浙能安徽凤台	3	66	D195	上锅	2013－12－09	281. 84	3. 14	2. 09	95. 80
37	浙能安徽凤台	4	66	D195	上锅	2013－12－23	282. 05	3. 07	2. 09	128. 40
38	华电安徽六安	4	66	195－15－28	上锅	2014－07－31	283. 23	4. 38	1. 67	.
39	华能浙江长兴	1	66	F195－01－1	哈锅	2014－12－17	283. 26	3. 44	1. 92	40. 01
40	华能上海石洞口二	4	66	195	上锅	2009－12－15	283. 27	4. 17	0. 39	115. 47
41	华电江苏望亭	3	66	195	上锅	2009－6－27	283. 40	4. 37	1. 95	00. 28
42	华能浙江长兴	2	66	F195－01－2	哈锅	2014－12－29	283. 87	3. 55	1. 92	91. 85
43	浙能浙江乐清	4	66	195. 00	上锅	2010－07－25	284. 26	4. 40	0. 24	96. 10
44	神华江苏陈家港	2	66	195－6－11	上锅	2012－08－20	285. 35	3. 75	0. 25	0. 5
45	浙能浙江乐清	3	66	195. 00	上锅	2010－03－30	285. 55	4. 40	0. 24	85. 39
46	华能山东威海	6	68	195. 00	哈锅	2011－01－01	286. 28	4. 01	0. 12	82. 24
47	华能福建福州	6	66	195	哈锅	2010－11－15	286. 29	4. 42	0. 41	178. 63
48	华电江苏望亭	4	66	195	上锅	2011－07－12	287. 31	4. 41	2. 25	0. 21
49	大唐江苏南京	2	66	196	哈锅	2010－12－15	287. 58	4. 05	0. 12	.
50	华能上海石洞口二	3	66	195	上锅	2009－11－16	287. 58	4. 54	0. 39	80. 00
51	华电安徽六安	3	66	195－13－25	上锅	2014－05－17	287. 90	4. 65	1. 67	.
52	神华江苏陈家港	1	66	195－6－11	上锅	2012－08－20	288. 99	3. 92	0. 25	0. 85
53	华能福建福州	5	66	195	哈锅	2010－07－22	289. 95	4. 41	0. 42	178. 41
54	国电江西九江	157	66	D195－1	上锅	2013－01－01	290. 93	3. 46	2. 30	148. 00
55	大唐江苏南京	1	66	195	哈锅	2010－08－05	292. 46	4. 04	0. 12	.
56	国信靖江	1	66	195－4－7	哈锅	2015－02－10	296. 92	4. 86		137. 00

续表

序号	电厂简称	机组编号	容量（万千瓦）	汽机编号	锅炉厂家	投产日期（年－月－日）	供电煤耗（克/千瓦时）	厂用电率（%）	耗水率（千克/千瓦时）	油耗（吨/年）
57	国信靖江	2	66	195－4－7	哈锅	2015－02－10	301.31	4.86		262.00
	湿冷机组平均值						286.45	4.05	1.02	72.90
	空冷机组									
58	国电内蒙布连	2	66		北京巴威	2013－06－27	296.84	3.49	0.30	.
59	国电内蒙布连	1	66		北京巴威	2013－03－09	300.22	3.78	0.30	.
	空冷机组平均值						298.53	3.64	0.30	0

附件 34

2015 年全国火电 60 万千瓦级超临界湿冷机组能效指标

序号	电厂简称	机组编号	容量（万千瓦）	汽机编号	锅炉厂家	投产日期（年－月－日）	供电煤耗（克/千瓦时）	厂用电率（%）	耗水率（千克/千瓦时）	油耗（吨/年）	备注
1	国电湖北荆门	6	64	D600E	东锅	2006－12－29	297.98	4.42	1.95	15.50	
2	国电湖北荆门	7	64	D600E	东锅	2007－06－06	300.88	4.75	1.95	18.60	
3	华润安徽阜阳	2	64	D600CNO5	哈锅	2006－06－20	305.44	4.55	2.28	177.90	
4	华润安徽阜阳	1	64	D600CNO4	哈锅	2006－03－30	308.59	4.79	2.28	149.10	
5	国电河南荥阳	2	63	D630E－NO.33	北京巴威	2010－11－29	298.54	3.75	1.26	207.70	
6	国电河南荥阳	1	63	D630E－NO.32	北京巴威	2010－11－13	299.41	3.86	1.26	144.09	
7	华润河南首阳山	1	63	D600C	哈锅	2006－05－05	300.10	4.76	1.79	193.28	
8	华润河南首阳山	2	63	D600C	哈锅	2006－10－06	300.30	4.76	1.79	154.45	
9	皖能安徽合肥	5	63	D600E	东锅	2009－01－08	301.07	4.19	1.34	0	
10	国信江苏扬州	4	63	C600C	哈锅	2007－01－26	303.58	4.90	0.34	97.00	
11	国电河南民权	1	63	D600E	东锅	2008－08－23	303.76	4.45	0.81	61.10	
12	国电河南民权	2	63	D600E	东锅	2008－11－6	304.18	4.51	0.81	54.20	
13	国信江苏扬州	3	63	C600C	哈锅	2006－10－27	305.89	4.96	0.35	58.00	
14	浙能安徽凤台	1	63	D600E	东锅	2008－08－06	306.52	5.10	2.09	0	
15	浙能安徽凤台	2	63	D600E	东锅	2008－09－29	307.59	5.24	2.09	48.00	
16	国投广西钦州	1	63	D600E	东锅	2007－07－05	307.79	6.18	0.19	0	
17	国投广西钦州	2	63	D600E	东锅	2007－11－2	310.47	6.56	0.20	0	
18	福能福建鸿山	2	60	D600P－2	哈锅	2011－01－31	271.56	4.30	0.42	0	供热机组
19	福能福建鸿山	1	60	D600P－1	哈锅	2011－01－10	274.15	4.28	0.43	0	供热机组

续表

序号	电厂简称	机组编号	容量（万千瓦）	汽机编号	锅炉厂家	投产日期（年-月-日）	供电煤耗（克/千瓦时）	厂用电率（%）	耗水率（千克/千瓦时）	油耗（吨/年）	备注
20	华润江苏南热	1	60	D600NN1	哈锅	2010-01-21	296.85	4.52	0.42	199.12	供热机组
21	省投河南鸭河口	3	60	D600E	东锅	2007-12-18	297.20	5.40	1.73	207.00	
22	华润河南登封	3	60	D600E-N37	哈锅	2011-11-12	298.06	4.72	1.81	109.19	
23	华润河南登封	4	60	D600E-N37	哈锅	2012-09-10	298.29	4.89	1.81	100.87	
24	华润江苏南热	2	60	D600NN2	哈锅	2010-08-18	298.72	4.55	0.42	65.78	供热机组
25	浙能浙江兰溪	3	60	D600E	北京巴威	2006-12-28	300.71	4.69	2.49	0	
26	省投河南鸭河口	4	60	D600E	东锅	2008-04-24	300.90	5.23	1.77	310.59	
27	国家电投四川福溪	2	60	D600E	东锅	2012-05-15	302.30	6.82	2.45		
28	浙能浙江兰溪	4	60	D600E	北京巴威	2007-05-22	303.80	4.97	2.49	195.00	
29	国家电投四川福溪	1	60	D600E	东锅	2011-11-01	304.70	6.83	2.33		
30	浙能浙江兰溪	2	60	D600E	北京巴威	2006-08-23	304.83	5.03	2.49	0	
31	浙能浙江兰溪	1	60	D600E	北京巴威	2006-04-19	306.81	5.48	2.49	1.00	
32	国家电投河南开封	2	60	D600E-29	东锅	2009-2-27	306.88	3.86	1.91	253.16	
33	国家电投河南开封	1	60	D600E-28	东锅	2008-12-18	307.15	4.10	1.91	267.79	
34	粤电广东红海湾	1	60	D600E	东锅	2008-01-27	314.07	5.32	0.28	69.40	
35	粤电广东红海湾	2	60	D600E	东锅	2008-02-11	314.35	5.40	0.28	81.00	
纯凝式机组平均值							303.94	4.98	1.58	102.55	
总平均值							301.81	4.92	1.45	98.15	
36	华能吉林九台	1	67	197044.00	哈锅	2009-10-26	292.45	4.47	1.87	104.05	供热机组
37	国电福建泉州	4	67		哈锅	2012-04-25	294.31	3.79	0.26	0	
38	国电福建泉州	3	67		哈锅	2011-12-22	294.88	3.73	0.26	0	
39	华能吉林九台	2	67	197045.00	哈锅	2009-12-06	301.30	4.81	1.89	117.93	
40	大唐安徽马鞍山	2	66	CH01B	上锅	2008-12-30	299.35	3.56	0.17	0	

续表

序号	电厂简称	机组编号	容量（万千瓦）	汽机编号	锅炉厂家	投产日期（年－月－日）	供电煤耗（克/千瓦时）	厂用电率（%）	耗水率（千克/千瓦时）	油耗（吨/年）	备注
41	国电湖南宝庆	4302102	66		东锅	2012－04－28	303.89	4.93	1.90	37.10	
42	神华河北沧东	4	66	CH01B	上锅	2009－11－27	304.98	4.20	0.22	86.00	
43	大唐安徽马鞍山	1	66	CH01B	上锅	2008－12－15	305.12	3.50	0.17	19.00	供热机组
44	国电湖南宝庆	4302101	66		东锅	2011－12－09	305.46	5.07	1.90	60.40	
45	神华河北沧东	3	66	CH01B	上锅	2009－03－27	306.11	4.10	0.23	275.00	
46	大唐吉林长山	1	66		哈锅	2011－03－15	329.26	6.69	1.70	298.00	
47	华能江苏太仓	4	63	CH01	东锅	2006－02－22	298.62	4.18	0.38	29.50	
48	华能江苏太仓	3	63	CH01	东锅	2006－01－19	303.17	4.30	0.38	51.50	
49	国家电投河南姚孟	5	63	CH01	东锅	2007－10－26	303.5	4.81	2.33	129.00	
50	国家电投河南姚孟	6	63	CH01	东锅	2007－12－29	306.68	4.43	2.33	163.00	
51	大唐浙江乌沙山	4	60	CH01－10	哈锅	2006－11－08	296.47	3.54	0.09	3.50	
52	华能安徽巢湖	2	60	CH01	哈锅	2008－11－24	296.48	3.83	1.61	19.50	
53	国电辽宁庄河	2	60	CH01	哈锅	2007－11－05	296.5	3.31	0.33	12.80	
54	大唐河南三门峡	3	60	CH01	哈锅	2006－06－29	297.63	3.93	1.59	168.30	
55	大唐浙江乌沙山	3	60	CH01－10	哈锅	2006－09－30	298.62	3.50	0.09	1.50	
56	大唐河南三门峡	4	60	CH01	哈锅	2006－08－27	299.61	4.05	1.59	166.60	
57	华能内蒙伊敏	6	60	197067	哈锅	2010－12－03	300.03	4.25	1.88	264.77	
58	华能内蒙伊敏	5	60	197066	哈锅	2011－01－13	300.43	4.43	1.88	265.50	
59	华能安徽巢湖	1	60	CH01	哈锅	2008－08－09	300.55	4.21	1.73	10.18	
60	国电辽宁庄河	1	60	CH01	哈锅	2007－08－06	300.63	3.41	0.33	45.10	
61	华能湖北阳逻	5	60	CH01	东锅	2006－10－23	300.76	4.46	0.34	267.80	
62	华能湖北阳逻	6	60	CH01	东锅	2006－12－12	301.04	4.47	0.34	274.30	
63	大唐浙江乌沙山	2	60	CH01－10	哈锅	2006－07－09	301.23	3.31	0.09	8.70	

续表

序号	电厂简称	机组编号	容量（万千瓦）	汽机编号	锅炉厂家	投产日期（年－月－日）	供电煤耗（克/千瓦时）	厂用电率（%）	耗水率（千克/千瓦时）	油耗（吨/年）	备注
64	大唐浙江乌沙山	1	60	CH01－10	哈锅	2006－04－01	301.42	3.31	0.09	4.80	
65	大唐福建宁德	4	60	CH01	哈锅	2006－09－08	301.99	4.36	0.20	0	
66	华能广东汕头	3	60		东锅	2005－10－20	303.15	3.82	0.25	73.00	
67	华能河南沁北	2	60	CH01	东锅	2004－12－13	303.42	3.97	1.75	233.88	
68	国电辽宁康平	2	60	CH01	哈锅	2009－08－15	304.43	5.00	2.20	0	
69	国电辽宁康平	1	60	CH01	哈锅	2008－12－8	305.38	4.72	2.20	0	
70	华能河南沁北	1	60	CH01	东锅	2004－11－23	305.82	4.27	1.75	190.63	
71	华能河南沁北	3	60	CH01	东锅	2007－11－20	306.91	5.05	1.75	258.16	
72	华能河南沁北	4	60	CH01	东锅	2007－12－12	307.68	5.12	1.75	154.03	
73	大唐福建宁德	3	60	CH01	哈锅	2006－06－06	308.50	4.32	0.20	0	
74	国电龙江双鸭山	5	60		哈锅	2007－12－24	309.20	5.28	2.60	109.00	
75	国电龙江双鸭山	6	60		哈锅	2008－1－27	310.65	5.37	2.60	110.00	
76	河北省投河北西柏坡	5	60	CH01	北京巴威	2006－08－19	311.20	4.97	2.20	47.89	
77	河北省投河北西柏坡	6	60	CH01	北京巴威	2006－11－24	311.50	4.95	2.20	11.35	
78	大唐广东三百门	1	60	CH01	哈锅	2006－05－22	312.26	4.92	0.06	0	
79	大唐广东三百门	2	60	CH01	哈锅	2006－07－25	313.22	4.91	0.06	0	
80	国家电投辽宁清河	1	60	CH01	哈锅	2011－11－15	314.98	6.42	2.02	165.00	
81	国家电投辽宁清河	9	60	CH01	哈锅	2010－03－16	315.04	6.42	2.02	198.00	
纯凝式机组平均值							304.28	4.47	1.18	97.99	
总平均值							304.04	4.44	1.17	96.41	
82	江西省投丰城	6	70	192	上锅	2007－05－13	306.09	4.62	3.33	2.04	
83	江西省投丰城	5	70	192	上锅	2007－01－16	307.94	4.62	3.33	5.82	
84	华能山东日照	4	68	192	上锅	2008－12－19	294.02	4.28	0.18	37.45	

续表

序号	电厂简称	机组编号	容量（万千瓦）	汽机编号	锅炉厂家	投产日期（年－月－日）	供电煤耗（克/千瓦时）	厂用电率（%）	耗水率（千克/千瓦时）	油耗（吨/年）	备注
85	华能山东日照	3	68	192	上锅	2008－12－07	298.66	4.54	0.18	96.79	
86	华电山东潍坊	4	67	192	上锅	2007－06－09	297.80	5.22	2.15	213.00	
87	华电山东潍坊	3	67	192	上锅	2006－10－24	297.87	5.28	2.15	315.00	
88	大唐山东黄岛	6	67	192	上锅	2007－11－14	301.16	4.05	0.18	36.00	
89	大唐山东黄岛	5	67	192	上锅	2006－11－08	303.67	4.30	0.18	11.00	
90	浙能浙江乐清	1	66	191.00	上锅	2008－09－09	293.37	4.74	0.24	135.40	
91	浙能浙江乐清	2	66	191.00	上锅	2008－09－10	296.64	5.05	0.24	86.20	
92	华电河南新乡	1	66	192.00	东锅	2007－04－19	301.55	5.14	1.99	212.29	
93	安徽皖能马鞍山	1	66	192	上锅	2012－03－27	302.5	4.03	0.35	0	
94	安徽皖能马鞍山	2	66	192	上锅	2012－06－03	303.31	3.92	0.35	0	
95	华电河南新乡	2	66	192.00	东锅	2007－08－22	303.88	5.30	1.99	151.74	
96	大唐安徽淮北	2	66	192.00	东锅	2013－10－26	306.98	4.85	0.50	99.00	
97	大唐安徽淮北	1	66	192.00	东锅	2013－09－27	307.15	5.14	0.50	74.00	
98	国电山东费县	1	65	191.00	哈锅	2007－02－02	296.31	4.05	1.75	0	
99	国电山东费县	2	65	191.00	哈锅	2007－08－05	297.86	4.09	1.76	0	
100	国电江西黄金埠	2401	65		上锅	2007－03－15	307.42	4.30	2.19	0	
101	国电江西黄金埠	2402	65		上锅	2007－07－31	308.41	4.27	2.19	0	
102	华电安徽宿州	2	63	191	东锅	2007－11－10	293.64	4.90	1.95	50.00	
103	华电安徽宿州	1	63	191	东锅	2007－09－02	294.01	4.91	1.95	116.90	
104	新力江苏利港	5	63	190.00	上锅	2006－12－09	295.4	3.74	0.29	33.99	供热机组
105	新力江苏利港	7	63	190.00	上锅	2007－07－12	295.45	3.7	0.29	33.48	供热机组
106	国电江苏常州	1	63	191－3	哈锅	2006－05－23	298.15	4.87	0.39	.	
107	国电安徽蚌埠	1	63	191	哈锅	2008－12－30	298.35	4.02	1.51	.	

续表

序号	电厂简称	机组编号	容量（万千瓦）	汽机编号	锅炉厂家	投产日期（年－月－日）	供电煤耗（克/千瓦时）	厂用电率（%）	耗水率（千克/千瓦时）	油耗（吨/年）	备注
108	国电安徽铜陵	2	63	191	东锅	2008－09－28	298.67	3.99	0.39	.	
109	新力江苏利港	6	63	190.00	上锅	2006－12－22	298.91	3.84	0.29	27.77	供热机组
110	国电江苏常州	2	63	191－4	哈锅	2006－11－30	300.05	4.48	0.39	.	
111	国家电投安徽田集	2	63	191	上锅	2007－10－15	300.31	4.69	1.21	.	
112	国电安徽蚌埠	2	63	191	哈锅	2009－04－20	300.64	4.11	1.57	0	
113	神华江苏太仓	8	63	191	上锅	2005－11－08	300.89	4.76	0.15	65.18	
114	国电安徽铜陵	1	63	191	东锅	2008－07－28	301.48	4.01	0.39	0	
115	国家电投安徽田集	1	63	191	上锅	2007－07－26	302.75	4.91	1.21	124.00	
116	新力江苏利港	8	63	190.00	上锅	2008－01－21	302.86	3.94	0.29	18.03	
117	神华江苏太仓	7	63	191	上锅	2006－01－20	304.97	4.59	0.14	61.10	
118	华电湖北襄阳	6	60	B191	上锅	2007－05－23	295.01	4.56	0.29	66.30	
119	华电福建可门	1	60	B191	上锅	2006－08－03	296.10	4.50	0.08	119.00	
120	华电湖北襄阳	5	60	B191	上锅	2007－01－25	297.58	4.53	0.29	50.00	
121	华电福建可门	2	60	B191	上锅	2006－12－08	298.00	4.67	0.08	284.00	
122	国电福建江阴	1	60	B191	哈锅	2007－07－26	298.45	4.33	0.33	0	
123	国电福建江阴	2	60	B191	哈锅	2007－10－14	298.47	4.30	0.33	0	
124	国电山东聊城	3	60	191	东锅	2009－02－27	298.57	4.83	1.98	57.20	
125	国电山东聊城	4	60	191	东锅	2009－08－31	298.81	4.80	2.02	67.70	
126	大唐湖南湘潭	4	60	191－7－14	东锅	2006－11－13	302.98	5.79	0.20	28.03	
127	皖能安徽合肥	6	60	C191	东锅	2013－06－30	304.63	4.24	1.34	0	
128	大唐湖南湘潭	3	60	191－7－13	东锅	2006－03－30	305.02	5.95	0.20	44.80	
129	华电福建可门	3	60	B191	上锅	2008－08－23	305.43	4.50	0.08	288.00	
130	华电福建可门	4	60	B191	上锅	2008－12－18	305.99	4.80	0.08	161.00	

续表

序号	电厂简称	机组编号	容量（万千瓦）	汽机编号	锅炉厂家	投产日期（年－月－日）	供电煤耗（克/千瓦时）	厂用电率（%）	耗水率（千克/千瓦时）	油耗（吨/年）	备注
131	粤电广东金湾	4	60	B191	上锅	2007－02－10	313.27	5.71	0.25	347.04	
132	粤电广东金湾	3	60	B191	上锅	2007－02－17	314.05	5.94	0.25	212.82	
133	广东佛山恒益	1	60	B191－16－29	上锅	2011－06－27	316.36	6.18	2.10	108.79	
134	广东佛山恒益	2	60	B191－16－30	上锅	2011－10－07	319.65	6.24	2.10	131.77	
	纯凝式机组平均值						301.95	4.72	0.99	77.55	
	总平均值						301.65	4.66	0.95	74.96	
	其他汽轮机厂										
135	国家电投湖北黄冈	1	64	DKY4	哈锅	2008－05－24	297.09	3.97	1.82	108.48	
136	国家电投湖北黄冈	2	64	DKY4	哈锅	2008－09－27	297.10	3.62	1.82	64.59	
137	申能上海外二	6	90	HMNN	德国阿尔斯	2004－09－22	295.71	4.07	0.42	237.25	
138	神华山西王曲	1	60	TC4F	英国三井巴	2006－08－09	305.60	4.89	2.53	134.17	
139	神华山西王曲	2	60	TC4F	英国三井巴	2006－08－31	306.65	4.92	2.50	192.12	
140	华能上海石洞口二	1	60	TC4F	美国GE.瑞	1992－06－12	305.32	4.39	0.38	56.35	
141	华能上海石洞口二	2	60	TC4F	美国GE.瑞	1992－12－26	310.93	4.26	0.38	109.88	
142	国家电投江西贵溪	1	64	DKY4－80302.00	哈锅	2012－12－11	298.39	3.11	1.51	1.30	
143	国家电投江西贵溪	2	64	DKY4－80302.00	哈锅	2011－07－15	299.31	3.17	1.51	7.10	
144	申能上海外二	5	90	HMNN	德国阿尔斯	2004－04－20	297.39	4.15	0.42	545.76	
	总平均值						301.35	4.06	1.33	145.70	

附件 35

2015 年全国火电 60 万千瓦级超临界空冷机组能效指标

序号	电厂简称	机组编号	容量（万千瓦）	汽机编号	锅炉厂家	投产日期（年－月－日）	供电煤耗（克/千瓦时）	厂用电率（%）	耗水率（千克/千瓦时）	油耗（吨/年）	备注
东方汽轮机厂											
1	华能山西左权	1	67.3	D600H	东锅	2012－12－15	312.61	5.39	0.30	226.08	
2	华能山西左权	2	67.3	D600H	东锅	2012－01－21	317.11	5.27	0.30	344.10	
3	陕西华电榆横	1	66	D600HN11	东锅	2013－11－30	309.88	8.99	0.25	40.67	
4	陕西华电榆横	2	66		东锅	2014－07－07	310.41	8.88	0.25	18.83	
5	华能内蒙上都	6	66	D600H	哈锅	2011－11－20	314.69	5.13	0.32	295.72	
6	神华宁夏鸳鸯湖	2	66	D600H	上锅	2011－06－23	314.78	8.97	0.31	0	
7	华能内蒙上都	5	66	D600H	哈锅	2011－09－20	314.99	5.13	0.32	363.52	
8	华能陕西秦岭	7	66	D600H	东锅	2011－12－26	315.16	4.51	0.3	115.12	
9	华能陕西秦岭	8	66	D600H	东锅	2014－07－07	315.22	4.93	0.3	145.54	
10	神华宁夏鸳鸯湖	1	66	D600H	上锅	2010－12－30	315.58	8.97	0.31	0	
11	华电陕西蒲城	6	66	D600H	东锅	2008－12－29	321.19	8.93	0.3	37.83	
12	华电陕西蒲城	5	66	D600H	东锅	2008－12－05	323.40	8.70	0.4	31.04	
13	大唐陕西彬长	2	63	D600H	上锅	2009－08－24	314.05	4.96	0.34	50.28	
14	大唐陕西彬长	1	63	D600H	上锅	2009－09－10	317.33	5.02	0.34	35.32	
15	华能河北上安	5	60	D600H	东锅	2008－06－01	314.74	4.81	0.31	63.74	
16	河北省投河北沙河	1	60	N600H N23	北京巴威	2013－03－30	318.28	5.69	0.41	96.00	

续表

序号	电厂简称	机组编号	容量（万千瓦）	汽机编号	锅炉厂家	投产日期（年－月－日）	供电煤耗（克/千瓦时）	厂用电率（%）	耗水率（千克/千瓦时）	油耗（吨/年）	备注
17	华能河北上安	6	60	D600H	东锅	2008－07－16	318.58	5.29	0.31	139.16	
18	省投河北沙河	2	60	N600H N24	北京巴威	2013－04－29	319.56	6.04	0.41	167.00	
19	国电山西霍州	2	60	D600H－N22	东锅	2012－09－05	321.21	4.79	0.43	0	
20	神华山西河曲	3	60	D600H	哈锅	2012－12－18	322.22	5.56	0.46	0	
21	神华山西河曲	4	60	D600H	哈锅	2012－12－18	322.92	5.64	0.44	0	
22	国电山西霍州	1	60	D600H－N18	东锅	2012－04－29	325.69	4.58	0.43	0	
	总平均值						317.25	6.19	0.34	98.63	
哈尔滨汽轮机厂											
23	国电山西大同	10	66	187031	东锅	2009－10－22	293.76	5.33	0.40	16.00	供热机组
24	国电山西大同	9	66	187030	东锅	2009－05－27	298.05	5.56	0.40	16.00	供热机组
25	神华河北定州	3	66	CHKA	上锅	2009－09－03	314.80	8.24	0.340	0	
26	中电建甘肃崇信	1	66	187034	哈锅	2011－01－08	315.20	8.13	0.28	0	
27	中电建甘肃崇信	2	66	187035	哈锅	2010－12－23	315.70	8.42	0.28	0	
28	神华河北定州	4	66	CHKA	上锅	2009－12－22	319.67	8.42	0.36	8.47	
29	同煤山西同华	2	66	CHKA	东锅	2010－07－03	322.38	7.85	0.26	0	
30	京能宁夏宁东	1	66	187050.00	哈锅	2011－03－28	322.68	4.70	0.25	9.32	
31	京能宁夏宁东	2	66	187051.00	哈锅	2011－06－20	323.33	4.89	0.25	38.92	
32	国家电投吉林白城	1	66	CHKA	哈锅	2010－09－24	325.43	8.99	0.66	175.05	
33	同煤山西同华	1	66	CHKA	东锅	2010－06－19	325.63	8.76	0.26	0	

续表

序号	电厂简称	机组编号	容量（万千瓦）	汽机编号	锅炉厂家	投产日期（年-月-日）	供电煤耗（克/千瓦时）	厂用电率（%）	耗水率（千克/千瓦时）	油耗（吨/年）	备注
34	国家电投吉林白城	2	66	CHKA	哈锅	2010-11-01	325.66	9.21	0.34	96.40	
35	国家电投辽宁燕山湖	1	60		哈锅	2012-03-21	301.15	8.59	0.16	201.00	供热机组
36	国家电投辽宁燕山湖	2	60		哈锅	2012-01-01	305.72	9.30	0.16	186.00	供热机组
纯凝机组平均值							321.05	7.76	0.33	32.82	
总平均值							314.94	7.60	0.31	53.37	
上海汽轮机厂											
37	国电陕西宝鸡二	6	66	193.00	上锅	2014-12-20	315.6	4.79	0.45	27.15	
38	国电陕西宝鸡二	5	66	193.00	上锅	2011-01-12	319.23	5.08	0.45	77.14	
总平均值							317.42	4.94	0.45	52.15	
其他汽轮机厂											
39	国家电投山西神头一	1	60		北京巴威	2013-06-18	317.90	4.82	2.66	107.60	
40	国家电投山西神头一	2	60		北京巴威	2013-09-21	318.63	4.65	2.66	123.60	
41	华能甘肃平凉	6	60		哈锅	2010-03-21	312.21	4.60	0.37	25.67	
42	华能甘肃平凉	5	60		哈锅	2010-02-07	312.82	4.70	0.37	22.26	
总平均值							315.39	4.69	1.52	69.78	

附件 36

2015 年度全国火电 60 万千瓦级亚临界湿冷机组能效指标

序号	电厂简称	机组编号	容量（万千瓦）	汽机编号	锅炉厂家	投产日期（年－月－日）	供电煤耗（克/千瓦时）	厂用电率（%）	耗水率（千克/千瓦时）	油耗（吨/年）	备注
东方汽轮机厂											
1	浙能浙江嘉兴二	4	66	D600B	北京巴威	2004－12－22	312. 05	4. 70	0. 33	163. 48	
2	浙能浙江嘉兴二	3	66	D600B	北京巴威	2004－07－08	315. 19	4. 84	0. 33	232. 39	
3	大唐内蒙托克托	4	60	D600B	北京巴威	2004－09－14	308. 42	5. 15	1. 54	74. 56	
4	华电四川广安	62	60	12－600－30－2	东锅	2007－06－30	312. 09	6. 06	2. 87	400. 66	
5	大唐内蒙托克托	3	60	D600B	北京巴威	2004－07－14	312. 11	4. 99	1. 54	4. 66	
6	神华山西河曲	1	60	D600B	哈锅	2004－10－26	315. 43	6. 02	1. 76	0	
7	神华山西河曲	2	60	D600B	哈锅	2005－01－12	316. 11	5. 97	1. 73	0	
8	华电四川广安	61	60	12－600－30－1	东锅	2006－12－13	316. 70	6. 09	2. 87	486. 50	
9	华能云南滇东二	1	60	D600F	北京巴威	2009－07－11	317. 28	5. 62	2. 02	107. 94	
10	国电四川金堂	62	60	D600F	东锅	2007－10－27	317. 78	5. 06	1. 98	72. 34	
11	华能云南滇东	1	60	D600F	北京巴威	2006－02－23	319. 05	5. 88	2. 01	108. 59	
12	华能云南滇东	4	60	D600F	北京巴威	2007－05－16	319. 78	5. 59	1. 98	237. 01	
13	华能云南滇东	3	60	D600F	北京巴威	2006－11－17	319. 88	5. 58	1. 98	314. 52	
14	华能云南滇东	2	60	D600F	北京巴威	2006－07－17	320. 50	5. 63	1. 99	261. 29	
15	国电四川金堂	61	60	D600F	东锅	2007－05－23	320. 66	5. 29	1. 98	131. 35	
16	国家电投贵州黔东	1	60	D600B NO. 16	东锅	2008－08－30	321. 26	6. 60	1. 66	247. 38	
17	华能云南滇东二	2	60	D600F	北京巴威	2010－02－09	321. 38	5. 64	2. 02	535. 29	
18	国家电投贵州黔东	2	60	D600B NO. 18	东锅	2009－01－13	324. 48	6. 59	1. 68	742. 43	
	平均值						317. 23	5. 63	1. 79	228. 91	

续表

序号	电厂简称	机组编号	容量（万千瓦）	汽机编号	锅炉厂家	投产日期（年－月－日）	供电煤耗（克/千瓦时）	厂用电率（%）	耗水率（千克/千瓦时）	油耗（吨/年）	备注
哈尔滨汽轮机厂											
19	华电龙江哈三	3	60	75	哈锅	1996－01－27	295. 42	4. 75	2. 07	107. 00	供热
20	华电龙江哈三	4	60	75	哈锅	1999－11－30	296. 72	5. 29	2. 08	75. 00	供热
21	华电内蒙包头	1	60	75D	上锅	2006－11－10	299. 11	4. 82	1. 72	0	供热
22	华电内蒙包头	2	60	75D	上锅	2006－12－16	300. 39	4. 86	1. 72	0	供热
23	大唐龙江七台河	3	60	75D	哈锅	2008－08－24	304. 92	4. 28	1. 40	98. 30	供热
24	大唐龙江七台河	4	60	75D	哈锅	2008－12－19	316. 48	4. 29	1. 42	66. 60	供热
25	大唐河北王滩	1	60	117006	哈锅	2005－12－07	308. 42	5. 70	0. 21	0	
26	大唐河北王滩	2	60	117007	哈锅	2005－12－28	311. 02	5. 98	0. 21	0	
27	大唐天津盘山	4	60	75A No. 2	哈锅	2002－06－05	312. 90	5. 33	2. 05	0	
28	华能内蒙伊敏	4	60	117020	哈锅	2007－06－19	314. 84	5. 09	1. 88	109. 59	
29	华能内蒙伊敏	3	60	117019	哈锅	2007－12－05	315. 55	4. 97	1. 88	140. 49	
30	大唐天津盘山	3	60	75A No. 1	哈锅	2001－12－31	316. 25	5. 91	2. 05	0	
31	华能重庆珞璜	5	60	75D	东锅	2006－12－08	320. 53	6. 25	2. 03	753. 99	
32	华能重庆珞璜	6	60	75D	东锅	2007－01－26	320. 92	6. 11	2. 10	523. 55	
33	国家电投内蒙元宝山	3	60	75	哈锅	1998－12－08	320. 98	7. 33	2. 10	227. 01	
34	国家电投内蒙元宝山	4	60	75	哈锅	2007－09－06	321. 55	7. 32	2. 10	169. 30	
纯凝式湿冷机组平均值							316. 30	6. 00	1. 66	192. 39	
总平均值							311. 00	5. 52	1. 69	141. 93	
上海汽轮机厂											
35	浙能浙江嘉兴二	5	66	157. 00	上锅	2005－05－13	316. 57	5. 66	0. 33	127. 49	
36	神华河北沧东	2	60	B157	上锅	2006－12－16	308. 19	4. 87	0. 22	58. 00	
37	京能内蒙岱海	2	60	157	北京巴威	2006－1－21	308. 25	6. 08	0. 20	57. 56	

续表

序号	电厂简称	机组编号	容量（万千瓦）	汽机编号	锅炉厂家	投产日期（年－月－日）	供电煤耗（克/千瓦时）	厂用电率（%）	耗水率（千克/千瓦时）	油耗（吨/年）	备注
38	京能内蒙岱海	1	60	157	北京巴威	2005－10－19	308. 62	5. 78	0. 20	89. 16	
39	神华河北沧东	1	60	B157	上锅	2006－06－28	311. 00	5. 42	0. 25	68. 00	
40	神华浙江宁海	3	60	157	上锅	2006－05－31	313. 17	5. 04	0. 42	25. 86	
41	神华浙江宁海	4	60	157	上锅	2006－11－20	313. 17	4. 68	0. 42	94. 68	
42	国电山东聊城	1	60	157	英国三井巴	2002－09－11	314. 46	5. 01	2. 00	115. 70	
43	神华浙江宁海	1	60	157	上锅	2006－08－21	314. 83	5. 53	0. 42	20. 42	
44	大唐贵州发耳	4	60	BO600SH07091	上锅	2010－06－10	314. 99	5. 63	2. 02	138. 55	
45	国电山东聊城	2	60	157	英国三井巴	2003－08－02	315. 27	5. 00	2. 01	151. 30	
46	神华浙江宁海	2	60	157	上锅	2005－12－31	315. 74	4. 99	0. 42	43. 38	
47	神华河北定州	1	60	157. 00	上锅	2004－04－26	316. 11	5. 22	2. 08	157. 53	
48	大唐贵州发耳	3	60	BO600SH06082	上锅	2009－11－10	316. 61	5. 61	2. 01	110. 59	
49	大唐贵州发耳	1	60	BO600SH05063	上锅	2008－06－21	316. 64	5. 95	2. 02	160. 98	
50	大唐贵州发耳	2	60	BO600SH06073	上锅	2008－11－26	316. 91	5. 76	2. 01	180. 96	
51	神华河北定州	2	60	157. 00	上锅	2004－09－10	317. 59	5. 39	2. 36	156. 42	
52	浙能浙江嘉兴二	6	60	157. 00	上锅	2005－10－18	321. 96	5. 15	0. 33	34. 11	
53	神华广东台山	3	60	157－7－11	上锅	2006－01－21	322. 70	6. 59	0. 18	104. 91	
54	神华广东台山	4	60	157－7－12	上锅	2006－01－27	326. 48	7. 05	0. 18	227. 64	
55	神华广东台山	1	60	157－5－7	上锅	2003－12－09	329. 97	6. 38	0. 18	53. 41	
56	神华广东台山	5	60	157－10－17	上锅	2006－11－28	330. 30	6. 44	0. 18	232. 98	
57	申能上海吴泾	2	60	157	上锅	2001－05－06	331. 42	5. 79	3. 00	38. 00	
58	神华广东台山	2	60	157－5－8	上锅	2004－04－09	331. 72	6. 18	0. 18	48. 30	
59	申能上海吴泾	1	60	157	上锅	2000－07－10	333. 62	5. 78	3. 00	61. 00	
	平均值						318. 65	5. 64	1. 06	102. 28	

续表

序号	电厂简称	机组编号	容量（万千瓦）	汽机编号	锅炉厂家	投产日期（年－月－日）	供电煤耗（克/千瓦时）	厂用电率（%）	耗水率（千克/千瓦时）	油耗（吨/年）	备注
进口汽轮机厂											
60	国电浙江北仑	3	66	XCH03	日本石川岛	2000－09－28	317.78	5.60	0.30	374.31	
61	国家电投内蒙元宝山	2	60		德国斯坦缪	1985－12－15	318.94	6.81	2.08	176.85	
62	国电浙江北仑	2	60	TC4F－UNI002983	加拿大巴布	1994－11－18	320.65	4.33	0.30	308.00	
63	华能山东德州	6	70	TC4F	德国巴布科	2002－10－13	307.45	5.07	2.08	286.00	
64	华能山东德州	5	70	TC4F	德国巴布科	2002－06－29	311.30	5.10	2.08	162.00	
65	国信江苏扬州	1	63	TC4F	美国巴威	1998－08－19	313.61	5.21	0.42	123.00	
66	国信江苏扬州	2	63	TC4F	美国巴威	1999－04－09	313.63	4.95	0.41	90.00	
67	国电浙江北仑	5	66	TC4F－XCH05	日本石川岛	2000－07－28	309.89	4.75	0.30	111.00	
68	国电浙江北仑	4	66	TC4F－XCH04	日本石川岛	2000－07－08	313.55	5.11	0.30	311.26	
69	大唐陕西韩城二	2	60	TC4F	哈锅	2005－11－18	318.77	6.84	1.64	18.90	
70	大唐陕西韩城二	1	60	TC4F	哈锅	2005－08－15	320.04	6.88	1.64	4.400	
71	国电浙江北仑	1	60	TC4F－XCH01	美国燃烧工	1991－10－30	321.29	5.12	0.30	192.00	
72	华电山东邹县	5	60	TC4F	美国福斯	1997－01－17	308.46	4.81	0.98	110.00	
73	华电山东邹县	6	60	TC4F	美国福斯	1997－11－05	310.90	4.60	0.98	100.00	
74	大唐内蒙托克托	2	60	TC4F	哈锅	2003－07－29	310.93	4.92	1.54	8.61	
75	大唐内蒙托克托	1	60	TC4F	哈锅	2003－06－09	314.03	5.02	1.54	55.16	
76	粤电广东珠海	2	70	TC4F	日本三菱	2000－04－03	316.10	5.46	0.33	962.86	
77	粤电广东珠海	1	70	TC4F	日本三菱	2001－02－05	317.36	5.58	0.33	932.62	
78	粤电广东沙角 C	3	66	T2A	美国	1996－06－06	311.10	7.34	0.31	199.34	
79	粤电广东沙角 C	1	66	T2A	美国	1996－06－24	315.15	7.34	0.31	283.38	
80	粤电广东沙角 C	2	66	T2A	美国	1996－06－28	315.33	7.51	0.31	424.53	
81	华能河北邯峰	2	66	HMN	美国福斯	2001－09－01	313.86	5.16	1.56	807.00	
82	华能河北邯峰	1	66	HMN	美国福斯	2001－03－26	316.52	5.20	1.56	989.00	
纯凝式湿冷机组平均值							314.49	5.60	0.97	302.54	
总平均值							314.64	5.60	0.94	305.66	

附件 37

2015 年度全国火电 60 万千瓦级亚临界空冷机组能效指标

序号	电厂简称	机组编号	容量（万千瓦）	汽机编号	锅炉厂家	投产日期（年－月－日）	供电煤耗（克/千瓦时）	厂用电率（%）	耗水率（千克/千瓦时）	油耗（吨/年）	备注
东方汽轮机厂											
1	华能内蒙上都	3	60	D600D	哈锅	2007－08－31	324. 35	7. 47	0. 32	80. 13	
2	神华陕西府谷	1	60	D600D	哈锅	2008－07－28	325. 72	7. 05	0. 18	0	
3	大唐内蒙托克托	7	60	D600D	东锅	2006－06－19	326. 67	5. 10	0. 40	36. 22	
4	华能陕西铜川	2	60	D600D	哈锅	2007－12－12	326. 73	5. 92	0. 20	24. 23	
5	大唐内蒙托克托	6	60	D600D	东锅	2005－11－22	327. 20	5. 45	0. 40	11. 38	
6	神华陕西府谷	2	60	D600D	哈锅	2008－11－01	328. 98	7. 41	0. 18	0	
7	华能陕西铜川	1	60	D600D	哈锅	2007－11－08	329. 97	5. 72	0. 24	13. 83	
8	大唐内蒙托克托	8	60	D600D	东锅	2006－08－22	331. 22	5. 09	0. 40	29. 57	
9	华能内蒙上都	4	60	D600D	哈锅	2007－11－09	332. 55	7. 78	0. 32	114. 58	
10	大唐内蒙托克托	5	60	D600D	东锅	2005－09－28	333. 47	5. 50	0. 40	57. 49	
11	华能内蒙上都	1	60	D600D	哈锅	2006－08－03	334. 00	7. 85	0. 32	315. 49	
12	华能内蒙上都	2	60	D600D	哈锅	2006－08－25	335. 61	7. 94	0. 32	434. 79	
13	大唐陕西韩城二	4	60	D600D	东锅	2008－08－07	337. 09	6. 55	0. 35	11. 60	
14	大唐陕西韩城二	3	60	D600D	东锅	2008－06－27	339. 25	6. 94	0. 35	28. 60	
	总平均值						330. 92	6. 56	0. 31	82. 71	
上海汽轮机厂											
15	神华陕西锦界	3	60	C157	上锅	2007－12－22	323. 71	7. 74	0. 18	0	

续表

序号	电厂简称	机组编号	容量（万千瓦）	汽机编号	锅炉厂家	投产日期（年－月－日）	供电煤耗（克/千瓦时）	厂用电率（%）	耗水率（千克/千瓦时）	油耗（吨/年）	备注
16	神华陕西锦界	2	60	C157	上锅	2007－05－01	324.30	7.91	0.18	0	
17	神华陕西锦界	1	60	C157	上锅	2006－09－30	324.73	7.94	0.18	0	
18	华电宁夏灵武	1	60	C157	上锅	2007－06－08	325.71	9.68	0.38	0	
19	华电宁夏灵武	2	60	C157	上锅	2007－09－22	325.79	9.26	0.38	0	
20	京能山西漳山	4	60		上锅	2008－05－31	326.51	8.11	0.43	12.72	
21	京能内蒙岱海	3	60	C157	上锅	2007－10－04	327.16	7.91	0.20	81.85	
22	京能内蒙岱海	4	60	C157	上锅	2007－11－23	328.63	8.28	0.20	97.61	
23	山西格盟华光	4	60	157	上锅	2008－02－07	332.13	8.62	0.29	296.54	
24	山西格盟华光	3	60	157	上锅	2007－12－30	333.58	8.65	0.29	397.79	
25	华能内蒙达拉特	7	60		上锅	2006－12－17	335.56	7.38	0.32	135.60	
26	内蒙古京隆	2	60	C157－D000SH04030	上锅	2008－02－28	335.84	7.66	0.17	11.23	
27	内蒙古京隆	1	60	C157－D000SH04030	上锅	2008－04－19	336.50	7.89	0.17	19.59	
28	华能内蒙达拉特	8	60		上锅	2007－06－16	336.51	7.32	0.32	122.97	
29	京能山西漳山	3	60		上锅	2008－04－21	337.73	8.32	0.43	109.94	
总平均值							330.29	8.18	0.27	85.72	
哈尔滨汽轮机厂											
30	国电山西大同	7	60	K01A－187001	东锅	2005－04－21	316.16	8.07	0.39	17.50	供热
31	国家电投内蒙通辽二	5	60		哈锅	2007－07－11	319.68	7.60	0.23	90.00	供热
32	国电山西大同	8	60	K01A－187002	东锅	2005－07－22	320.38	8.14	0.39	17.50	供热
33	国家电投内蒙霍林河	1	60	K01A	哈锅	2008－07－18	324.45	7.69	0.24	99.32	

续表

序号	电厂简称	机组编号	容量（万千瓦）	汽机编号	锅炉厂家	投产日期（年－月－日）	供电煤耗（克/千瓦时）	厂用电率（%）	耗水率（千克/千瓦时）	油耗（吨/年）	备注
34	华电内蒙白音华	1	60	K01B	北京巴威	2010－08－08	325.07	7.79	0.31	85.10	
35	国家电投内蒙霍林河	2	60	K01A	哈锅	2008－07－23	325.19	7.71	0.24	70.06	
36	华电内蒙白音华	2	60	K01B	北京巴威	2010－09－01	325.87	7.42	0.31	103.04	
37	山西漳电塔山	2	60	K01B	哈锅	2008－10－05	326.19	7.77	0.22	23.09	
38	山西漳电塔山	1	60	K01B	哈锅	2008－07－05	327.54	7.62	0.22	33.84	
39	大唐山西阳城二	7	60	187007	东锅	2007－09－20	329.77	7.34	0.19	149.95	
40	国家电投内蒙大板	2	60		北京巴威	2013－07－26	332.79	8.04	0.24	128.91	
41	国家电投内蒙大板	1	60		北京巴威	2013－07－26	332.82	8.28	0.24	93.81	
42	大唐山西运城	2	60	K01A	哈锅	2007－11－14	335.45	5.26	0.48	79.40	
43	大唐山西运城	1	60	K01A	哈锅	2007－09－28	335.86	4.96	0.48	39.00	
44	大唐山西阳城二	8	60	187008	东锅	2007－08－30	337.95	7.37	0.19	109.93	
45	神华陕西锦界	4	60	C157	上锅	2008－05－16	323.27	7.59	0.18	0	
	纯凝式湿冷机组平均值						329.40	7.30	0.27	78.11	
	总平均值						327.40	7.42	0.28	71.28	
北京重型电机厂											
46	国电河北龙山	1	60	T2A－GM2355	北京巴威	2007－01－16	329.29	8.24	0.52	311.11	
47	国电河北龙山	2	60	T2A－GM2356	北京巴威	2007－07－24	330.56	8.15	0.58	372.56	
	总平均值						329.93	8.20	0.55	341.84	

附件 38

2015 年全国火电 60 万千瓦级俄（东欧）制机组能效指标

序号	电厂简称	机组编号	容量（万千瓦）	汽机编号	锅炉厂家	投产日期（年－月－日）	供电煤耗（克/千瓦时）	厂用电率（%）	耗水率（千克/千瓦时）	油耗（吨/年）	备注
1	神华辽宁绥中	2	80	K－800	俄罗斯	2000－10－19	319.43	6.55	0.31	168.00	
2	神华辽宁绥中	1	80	K－800	俄罗斯	2000－07－06	324.82	6.50	0.31	121.00	
3	神华天津盘山	1	53	K－500	俄罗斯	1995－12－30	311.17	5.56	1.81	30.00	供热机组
4	神华天津盘山	2	53	K－500	俄罗斯	1996－05－01	313.96	5.67	1.81	20.00	
5	华能内蒙伊敏	2	50	K－500	俄罗斯	1999－11－09	308.73	5.17	1.89	219.91	供热机组
6	华能内蒙伊敏	1	50	K－500	俄罗斯	1998－09－14	318.72	5.33	1.89	322.00	供热机组
平均值							316.14	5.80	1.34	146.82	

附件 39

2015 年度国家科学技术进步奖名单（电力部分）

序号	奖项级别	项目名称
1	二等奖	电网雷击防护关键技术与应用
2	二等奖	特大型水轮机控制系统关键技术、成套装备与产业化
3	二等奖	预防交直流混联电网大面积停电的快速防控与故障隔离技术及应用
4	二等奖	青藏电力联网工程
5	二等奖	大功率特种电源的多时间尺度精确控制技术及其系列产品开发

附件 40

2015 年度中国电力科学技术奖名单（一、二等奖）

序号	奖项级别	项目名称
1	一等奖	超 300m 高拱坝混凝土优质快速施工关键技术研究及应用
2	一等奖	电网大面积污闪事故防治关键技术及工程应用
3	一等奖	大型互联电网联络线安全运行与控制关键技术及应用
4	一等奖	600MW 超临界循环流化床锅炉技术开发与工程示范
5	一等奖	电网信息安全主动防御关键技术与自主可控装备
6	一等奖	250MW 级整体煤气化联合循环发电（IGCC）关键技术及工程应用
7	一等奖	新能源发电优化调度关键技术及应用
8	一等奖	基于多维信息交互的电网保护与控制关键技术研究与示范
9	二等奖	串补输电及采用阻塞滤波器抑制严重次同步谐振技术研发与应用
10	二等奖	数字化电能计量量值溯源技术研究及标准装置研制
11	二等奖	提升系统稳定运行能力的直流级控层优化控制技术研究与应用
12	二等奖	±800 千伏特高压直流路线带电作业关键技术研究与工具研制及应用
13	二等奖	超－特高压交直流同塔多回输电线路杆塔荷载及结构研究
14	二等奖	特高压直流输电线路宽频域电晕电流测量技术研究及工程应用
15	二等奖	面向智慧城市的智能电网综合优化关键技术研究与示范应用
16	二等奖	城市电网储能电站关键技术研究与应用
17	二等奖	计量集约化生产运行关键技术研究、设备研制及推广应用
18	二等奖	集中式 95598 一体化服务平台关键技术及应用
19	二等奖	电力系统云仿真技术研究及系统开发
20	二等奖	超长输水发电系统水力特性及巨型差动式调压室关键技术
21	二等奖	600m 级高陡边开挖加固技术与安全控制
22	二等奖	复杂环境高坝大功率泄洪新型消能技术研究与应用
23	二等奖	工业污泥在燃煤电站中无害化和资源化处置关键技术研究及应用
24	二等奖	“W”火焰锅炉低 NOx 煤粉燃烧技术
25	二等奖	反渗透专用阻垢剂性能评定方法及装置的研究和应用
26	二等奖	600MW 超临界汽轮机控制和保护系统关键技术及应用
27	二等奖	多维度全流程火力发电节能关键技术研究与应用
28	二等奖	适应无旁路脱硫和低氮燃烧的燃煤机组 RB 及协调控制关键技术研究
29	二等奖	国产 1000MW 超超临界燃煤发电机组 CFB 功能研究及应用
30	二等奖	基于 C&S 技术的集团级发电设备故障预警与优化系统的研究应用
31	二等奖	准东煤锅炉结渣、沾污防控技术研究及应用
32	二等奖	复杂地基地震安全分析关键技术研究与工程应用
33	二等奖	分布式电源灵活友好并网关键技术研究与工程示范
34	二等奖	风电场、光伏电站集群控制系统研究与开发

附件 41

2015 年度电力行业信息化优秀成果奖名单（一等奖）

序号	奖项级别	项目名称
1	一等奖	下一代互联网技术在智能电网应用关键技术研究与示范工程
2	一等奖	输变电设备运维智能化调控平台关键技术研究与应用
3	一等奖	面向企业级数据中心的服务器虚拟化软件的研究与实现
4	一等奖	中国南方电网企业架构设计与应用
5	一等奖	基于智能配用电的光纤复合相线光缆关键技术研究与应用
6	一等奖	互联网 +充电桩
7	一等奖	华中电网保护及安控通道可靠性评估管理系统关键技术研究与应用
8	一等奖	省级电网企业综合信息安全技术研究与应用
9	一等奖	密集带电线路封网跨越方案设计软件及其仿真研究与应用
10	一等奖	金沙江下游梯级水电站水文泥沙数据库及信息管理分析系统
11	一等奖	结合“互联网 +”的电动汽车运营服务信息化系统研究及示范应用
12	一等奖	国网北京市电力公司一体化电量与线损管理系统
13	一等奖	火电企业运行信息化管理的探索与应用
14	一等奖	三维虚拟信息化管理应用
15	一等奖	电网资产管理分析体系建设与应用
16	一等奖	电力大数据技术研究与应用
17	一等奖	财务公司 ERP 系统（SAP）设计与实践
18	一等奖	发电企业资金调度中心信息系统构建实践研究
19	一等奖	山西电力资源三维信息系统
20	一等奖	设计一体化平台建设
21	一等奖	基于移动互联网的电力营销综合服务平台关键技术研究及应用
22	一等奖	国家电网公司统一车辆管理平台
23	一等奖	南方电网公司营销管理系统 V1.0
24	一等奖	大型信息化项目建设管控体系研究与系统实践
25	一等奖	基于全省发电数据中心的节能减排智能化决策支持系统的研究与应用
26	一等奖	核电设计生产管理平台
27	一等奖	基于综合能源集团一体化管理的供热生产经营管理系统建设
28	一等奖	以战略为导向构建电网企业新型能力的两化融合管理技术支撑系统
29	一等奖	海上风电远程实时监测系统的研究与应用
30	一等奖	核电厂化学管理系统
31	一等奖	电网企业创新型班组建设“四大体系”构建、技术集成及推广应用
32	一等奖	智能配用电信息支撑技术研究及其示范工程
33	一等奖	企业级移动安全接入关键技术研究与应用
34	一等奖	基于多方式多终端的一体化企业 IT 运维系统
35	一等奖	输变电设备风险联动闭环管控信息化建设及应用
36	一等奖	智能电网体系架构及关键技术研究与应用
37	一等奖	电力施工企业工程成本管理与应用
38	一等奖	南方电网公司信息运维服务体系研究与应用
39	一等奖	电力行业大坝运行安全监管信息系统

附件 42

2015 年年底全国各省电力供应企业和发电企业单位数

单位：家

地区	合计	其中							
		电网企业	发电企业	其中					
				火电	水电	核电	风电	太阳能	其他
总　计	5 581	1 483	4 098	1 260	1 397	12	801	323	305
北　京	22	6	16	12	3		1		
天　津	35	9	26	18			3	1	4
河　北	261	117	144	65	2		55	10	12
山　西	128	8	120	71	3		39	2	5
内蒙古	371	88	283	80	4		160	26	13
辽　宁	116	2	114	44	7	1	47		15
吉　林	129	40	89	24	17		24	2	22
黑龙江	179	70	109	39	5		53		12
上　海	24	2	22	18			2		2
江　苏	208	5	203	136	2	1	16	25	23
浙　江	278	63	215	110	58	3	14	4	26
安　徽	164	67	97	50	14		12	5	16
福　建	254	83	171	23	112	2	19	2	13
江　西	156	99	57	15	33		2	1	6
山　东	365	121	244	137	1		60	9	37
河　南	232	131	101	65	10		8	4	14
湖　北	155	9	146	28	76		14	3	25
湖　南	282	56	226	17	181		13	1	14
广　东	302	61	241	80	110	4	28	1	18
广　西	198	89	109	18	85		4		2
海　南	35	18	17	6	4	1	5		1
重　庆	81	29	52	18	30		2		2
四　川	415	93	322	21	285		5	1	10
贵　州	181	86	95	21	61		11		2
云　南	318	110	208	13	146		38	9	2
西　藏	8		8		5			2	1
陕　西	110	4	106	57	33		9	6	1
甘　肃	191	1	190	17	65		48	59	1
青　海	72	1	71	3	13		3	51	1
宁　夏	85	1	84	15	2		31	35	1
新　疆	226	14	212	39	30		75	64	4

附件 43

2015 年年底 15 家电力企业八类优秀人才数情况

单位：人

序号	单位名称	中国科学院院士	中国工程院院士	有突出贡献的中青年科学、技术专家	享受国务院政府特殊津贴的科学、技术专家	新世纪“百千万人才工程”国家级人选	“中华技能大奖”获得者	全国技术能手	全国青年岗位能手
1	国家电网公司	1	6	2	42	6	3	57	70
2	中国南方电网有限责任公司		1		23			3	1
3	中国华能集团公司		1	7	45	8		29	17
4	中国大唐集团公司				28	1	1	8	1
5	中国华电集团公司				67			13	
6	中国国电集团公司			1	16	3	1	20	9
7	国家电力投资集团公司		1	6	23	3		2	7
8	中国长江三峡集团公司		2	4	100	3		5	
9	中国广核集团有限公司		2	1	38	5		5	4
10	中国电力建设集团有限公司		1	2	37	5		40	8
11	中国能源建设集团有限公司			3	24	4		23	6
12	广东省粤电集团有限公司				9			5	
13	内蒙古电力（集团）有限责任公司							2	
14	北京能源集团有限责任公司			3				1	
15	陕西省地方电力（集团）有限公司								
合计		1	14	29	452	38	5	213	123

附件 44

2015 年年底 15 家电力企业职工人员分类结构情况

序号	单位名称	职工总数（人）	企业各类人员占公司职工总数的比重（%）			
			管理人员	专业技术人员	技能人员	其他人员
1	国家电网公司	816 468	18.25	10.13	58.35	13.27
2	中国南方电网有限责任公司	296 525	9.42	16.96	57.76	15.86
3	中国华能集团公司	145 115	8.31	21.16	67.71	2.83
4	中国大唐集团公司	97 905	17.63	17.73	55.91	8.72
5	中国华电集团公司	106 854	22.60	11.07	56.64	9.70
6	中国国电集团公司	124 992	18.37	9.37	46.58	25.68
7	国家电力投资集团公司	107 341	19.36	23.08	56.35	1.21
8	中国长江三峡集团公司	18 552	25.09	35.21	39.70	0.00
9	中国广核集团有限公司	27 089	8.70	65.19	15.52	10.59
10	中国电力建设集团有限公司	192 494	26.59	32.36	29.07	11.98
11	中国能源建设集团有限公司	140 548	23.89	30.43	30.16	15.52
12	广东省粤电集团有限公司	14 538	25.70	26.01	43.86	4.43
13	内蒙古电力（集团）有限责任公司	25 013	12.61	14.90	65.67	6.82
14	北京能源集团有限责任公司	10 918	37.99	20.88	32.60	8.53
15	陕西省地方电力（集团）有限公司	12 183	22.09	27.01	50.90	0.00
合　计		2 136 535	17.77	17.40	52.53	12.77

附件 45

2015 年年底 15 家电力企业职工人员分类结构与上年比较变化情况

序号	单位名称	职工总数同比（%）	企业各类人员占公司职工总数的比重较上年变化的百分点			
			管理人员	专业技术人员	技能人员	其他人员
1	国家电网公司	4.01	0.3	-0.07	0.36	-0.59
2	中国南方电网有限责任公司	5.02	0.31	0.39	-0.02	-0.67
3	中国华能集团公司	3.75	-3.95	5.33	-0.45	-0.92
4	中国大唐集团公司	-5.72	1.24	1.15	-0.36	-2.03
5	中国华电集团公司	2.13	-0.16	1.03	-0.62	-0.24
6	中国国电集团公司	-2.58	0.12	0.40	0.73	-1.24
7	国家电力投资集团公司					
8	中国长江三峡集团公司					
9	中国广核集团有限公司	-9.05	1.01	7.24	-2.98	-5.28
10	中国电力建设集团有限公司	2.10	1.29	0.17	-2.42	0.96
11	中国能源建设集团有限公司	-2.09	1.15	-1.05	-5.13	5.03
12	广东省粤电集团有限公司	5.86	-1.79	-3.62	5.34	0.07
13	内蒙古电力（集团）有限责任公司	42.43	1.24	-0.48	4.45	-5.22
14	北京能源集团有限责任公司	-4.23	1.03	3.30	-3.6	-0.73
15	陕西省地方电力（集团）有限公司	-1.46	-4.71	5.18	-0.47	0

附件 46

2015 年年底 15 家电力企业管理人员年龄结构和职称结构情况

序号	单位名称	管理人员人数（人）	管理人员中各年龄段人数比重（%）				管理人员中各职称等级人数比重（%）				
			35 岁及以下	36～45 岁	46～55 岁	56 岁及以上	教授级	高级	中级	初级	其他级别
1	国家电网公司	149 019	19. 10	38. 98	35. 96	5. 96	0. 34	24. 72	33. 31	27. 87	13. 77
2	中国南方电网有限责任公司	27 929	17. 33	48. 53	29. 34	4. 81	0. 66	18. 19	27. 97	33. 13	20. 05
3	中国华能集团公司	12 060	9. 58	41. 21	43. 87	5. 34	1. 24	29. 95	32. 60	15. 17	21. 04
4	中国大唐集团公司	17 265	24. 44	37. 32	34. 40	3. 84	0. 24	25. 42	31. 48	25. 62	17. 23
5	中国华电集团公司	24 146	25. 23	39. 73	30. 41	4. 63	0. 96	12. 74	21. 85	17. 86	46. 60
6	中国国电集团公司	22 965	30. 02	34. 42	31. 08	4. 49	0. 20	16. 09	26. 34	22. 77	34. 60
7	国家电力投资集团公司	20 786	24. 84	37. 25	33. 32	4. 59	0. 92	17. 98	32. 89	24. 36	23. 85
8	中国长江三峡集团公司	4 654	34. 51	32. 75	26. 51	6. 23	3. 55	13. 82	19. 25	9. 48	53. 91
9	中国广核集团有限公司	2 356	32. 60	43. 38	22. 11	1. 91	3. 78	33. 45	30. 22	8. 53	24. 02
10	中国电力建设集团有限公司	51 185	40. 09	30. 19	25. 61	4. 11	2. 35	13. 96	24. 09	30. 74	28. 85
11	中国能源建设集团有限公司	33 573	31. 25	32. 67	31. 14	4. 94	2. 35	14. 74	22. 22	26. 53	34. 16
12	广东省粤电集团有限公司	3 736	26. 66	40. 47	29. 47	3. 40	0. 54	26. 61	43. 42	19. 43	10. 01
13	内蒙古电力（集团）有限责任公司	3 154	24. 95	40. 49	30. 75	3. 80	0. 32	29. 99	27. 20	22. 67	19. 82
14	北京能源集团有限责任公司	4 148	47. 71	31. 41	18. 95	1. 93	0. 14	14. 01	21. 50	15. 41	48. 94
15	陕西省地方电力（集团）有限公司	2 691	26. 05	41. 36	25. 08	7. 51	0. 00	9. 62	17. 91	24. 19	48. 27
合　计		379 667	24. 94	37. 52	32. 47	5. 07	0. 96	20. 21	29. 03	26. 25	23. 55

附件 47

2015 年年底 15 家电力企业专业技术人员年龄结构和职称结构情况

序号	单位名称	专业技术人员人数（人）	专业技术人员中各年龄段人数比重（%）				专业技术人员中各职称级别人数比重（%）				
			35 岁及以下	36 ~45 岁	46 ~55 岁	56 岁及以上	教授级	高级	中级	初级	其他级别
1	国家电网公司	82 685	31. 56	34. 84	29. 03	4. 57	0. 19	17. 02	31. 71	32. 43	18. 65
2	中国南方电网有限责任公司	50 298	41. 84	33. 78	20. 37	4. 02	0. 10	5. 89	21. 67	37. 00	35. 34
3	中国华能集团公司	30 703	45. 21	32. 50	18. 95	3. 34	0. 07	8. 55	20. 77	20. 34	50. 28
4	中国大唐集团公司	17 359	39. 10	33. 37	23. 44	4. 09	0. 02	7. 32	26. 02	40. 39	26. 25
5	中国华电集团公司	11 827	30. 35	41. 26	23. 69	4. 69	0. 62	13. 18	34. 57	45. 62	6. 01
6	中国国电集团公司	11 711	31. 53	37. 35	27. 91	3. 21	0. 56	17. 97	35. 31	34. 17	11. 98
7	国家电力投资集团公司	24 773	48. 54	30. 38	18. 65	2. 42	0. 67	8. 39	30. 27	43. 85	16. 82
8	中国长江三峡集团公司	6 533	64. 63	22. 07	11. 53	1. 78	0. 99	22. 49	36. 26	38. 65	1. 61
9	中国广核集团有限公司	17 658	78. 80	14. 75	5. 81	0. 65	0. 39	10. 97	35. 18	34. 52	18. 94
10	中国电力建设集团有限公司	62 287	61. 45	20. 49	15. 61	2. 46	3. 72	12. 09	24. 69	36. 79	22. 71
11	中国能源建设集团有限公司	42 762	46. 81	28. 21	21. 81	3. 17	2. 56	17. 82	24. 10	33. 67	21. 85
12	广东省粤电集团有限公司	3 781	52. 79	35. 55	10. 50	1. 16	0. 00	4. 63	39. 94	55. 44	0. 00
13	内蒙古电力（集团）有限责任公司	3 728	40. 34	33. 83	21. 97	3. 86	0. 05	12. 74	20. 47	25. 54	41. 20
14	北京能源集团有限责任公司	2 280	70. 35	19. 39	9. 30	0. 96	0. 00	1. 97	13. 46	23. 77	60. 79
15	陕西省地方电力（集团）有限公司	3 291	24. 70	49. 16	20. 72	5. 41	0. 03	2. 89	17. 05	37. 77	42. 27
	合 计	371 676	45. 59	30. 10	20. 92	3. 38	1. 10	12. 38	27. 21	34. 90	24. 41

附件 48

2015 年年底 15 家电力企业技能人员年龄结构和技能等级结构情况

序号	单位名称	技能人员人数（人）	技能人员中各年龄段人数比重（%）				技能人员中各技能等级人数比重（%）					
			35 岁及以下	36 ~ 45 岁	46 ~ 55 岁	56 岁及以上	高级技师	技师	高级工	中级工	初级工	其他
1	国家电网公司	476 389	28. 02	33. 11	31. 01	7. 87	12. 58	26. 87	28. 96	8. 98	3. 76	18. 84
2	中国南方电网有限责任公司	171 266	36. 25	33. 42	24. 72	5. 61	0. 58	5. 31	38. 78	19. 64	8. 47	27. 22
3	中国华能集团公司	98 252	39. 52	33. 31	23. 82	3. 35	1. 05	5. 06	19. 17	13. 13	4. 85	56. 73
4	中国大唐集团公司	54 740	41. 41	29. 24	24. 70	4. 65	0. 82	4. 73	36. 40	22. 25	3. 22	32. 58
5	中国华电集团公司	60 518	35. 32	39. 91	20. 68	4. 09	1. 49	8. 16	29. 08	18. 13	7. 01	36. 13
6	中国国电集团公司	58 221	28. 73	38. 10	28. 75	4. 42	1. 13	7. 22	29. 20	16. 53	9. 14	36. 77
7	国家电力投资集团公司	60 485	35. 74	33. 49	25. 65	5. 12	1. 76	9. 40	27. 64	12. 87	5. 91	42. 42
8	中国长江三峡集团公司	7 365	44. 63	37. 46	15. 14	2. 77	4. 28	7. 83	14. 64	14. 92	5. 88	52. 45
9	中国广核集团有限公司	4 205	75. 77	17. 19	6. 44	0. 59	0. 69	2. 90	8. 30	16. 31	7. 42	64. 38
10	中国电力建设集团有限公司	55 966	20. 89	37. 14	37. 58	4. 39	3. 07	13. 23	30. 66	16. 34	8. 37	28. 33
11	中国能源建设集团有限公司	42 394	20. 54	39. 56	34. 19	5. 71	3. 42	13. 78	37. 30	13. 26	5. 30	26. 93
12	广东省粤电集团有限公司	6 377	23. 40	34. 86	37. 64	4. 11	3. 34	20. 50	37. 49	18. 69	6. 01	13. 97
13	内蒙古电力（集团）有限责任公司	16 426	51. 12	28. 68	17. 62	2. 58	2. 23	4. 27	21. 33	19. 37	13. 44	39. 36
14	北京能源集团有限责任公司	3 559	61. 14	24. 39	13. 18	1. 29	0. 06	1. 99	14. 58	22. 03	8. 20	53. 13
15	陕西省地方电力（集团）有限公司	6 201	27. 19	43. 19	24. 66	4. 97	0. 40	12. 90	53. 38	31. 59	1. 73	0. 00
	合　计	1 122 364	31. 85	34. 02	28. 15	5. 99	6. 16	15. 71	30. 17	13. 68	5. 59	28. 69

附件 49

2015 年年底 15 家电力企业职工分省分布情况

地区	供电（%）	发电（%）			电力建设（%）	
		火电	水电	风电	除水电建设外的电力建设	水电建设
全国	100	100	100	100	100	100
北京	0.45	4.05	1.23	4.61	2.37	1.06
天津	1.10	1.13	0.36	0.23	3.08	3.69
河北	7.16	7.00	1.25	5.37	3.17	1.38
山西	2.11	3.80	0.13	5.17	7.61	0.01
内蒙古	3.58	15.01	0.13	17.88	0.00	0.29
辽宁	4.27	5.25	3.28	7.73	6.92	5.22
吉林	2.21	4.59	5.93	3.50	1.81	3.20
黑龙江	2.23	2.96	1.52	4.71	3.01	0.18
上海	1.13	2.66	0.00	0.96	3.74	0.00
江苏	3.79	3.44	0.19	3.73	4.08	0.13
浙江	3.56	1.23	3.27	1.23	3.33	2.20
安徽	2.90	3.88	1.57	1.40	3.80	0.01
福建	1.93	0.61	9.75	1.70	1.11	0.06
江西	3.61	2.28	4.16	1.85	1.53	0.13
山东	6.90	9.52	0.32	5.07	5.36	3.05
河南	1.65	6.35	0.31	1.52	0.98	4.12
湖北	3.92	1.01	8.87	0.75	17.64	9.38
湖南	3.55	3.50	6.90	1.71	3.07	12.67
广东	11.42	5.77	3.96	3.28	5.90	0.22
广西	4.51	0.73	5.37	1.24	1.28	2.78
海南	0.68	0.76	0.75	0.27	0.19	0.03
重庆	2.34	0.87	2.44	0.26	1.28	0.40
四川	5.82	0.90	14.12	0.90	2.12	21.42
贵州	4.00	2.48	5.11	1.72	4.95	4.22
云南	6.80	0.59	10.75	4.80	1.05	11.11
陕西	3.39	4.16	1.26	2.03	5.19	9.72
甘肃	1.97	2.76	3.21	5.53	2.24	1.05
青海	0.45	0.26	1.99	0.44	0.68	1.96
宁夏	0.71	1.59	0.52	2.77	1.26	0.00
新疆	1.89	0.86	1.33	7.64	1.23	0.31

附件 50

2015 年电网企业生产经营数据

指标名称		单位	国家电网公司		中国南方电网有限责任公司		内蒙古电力公司		陕西省地方电力（集团）有限公司	
			2014 年	2015 年	2014 年	2015 年	2014 年	2015 年	2014 年	2015 年
资产总额		亿元	28 929	31 074	6 170	6 400	757	792	218	233
主营业务收入		亿元	20 733	20 523	4 609	4 557	576	590	175	184
电网建设完成投资		亿元			658	674	108	118	32	23
主营业务利润总额		亿元	1 119	1 106	150	194	12	1	8	18
公司合并净利润		亿元	624	672	109	145	15	6	5	17
上缴税金		亿元	1 348	1 364	352	364	23	23	9	9
所有者权益		亿元	12 700	13 900	2 234	2 464	338	347	69	103
资产负债率		%	56. 10	55. 30	63. 80	61. 49	52. 92	56. 22	68. 25	55. 81
资本保值增值率		%	105. 33	105. 58	105. 73	106. 05	105. 65	101. 90	106. 50	120. 60
全员劳动生产率		万元/（人＊年）			48. 39	50. 74	59. 99	44. 57	29. 31	33. 74
可控发电装机容量		万千瓦							633	692
其中	1. 水电	万千瓦			420	452			44	49
	其中：抽水蓄能	万千瓦			420	452				
	2. 火电	万千瓦							400	411
	其中：生物质能发电	万千瓦								
	3. 风电	万千瓦							50	55
	4. 太阳能发电	万千瓦							21	45
可控发电装机的发电量		亿千瓦时							299	327
年售电量		亿千瓦时	34 694	34 506	7 859	7 822	1 458	1 370	344	
综合电压合格率	城市	%	99. 982	99. 989	99. 60	98. 82	98. 37	98. 63	96. 910	96. 930
	农村	%	98. 808	99. 065			97	95	97. 050	97. 120
供电线路损失率		%	6. 81	6. 78	6. 94	6. 72	4. 29	4. 42	6. 38	6. 26
供电可靠率（RS－1）	城市	%	99. 967	99. 957	99. 982	99. 963	99. 820	99. 850	99. 955	99. 956
	农村	%	99. 878	99. 850	99. 937	99. 873	99. 540	99. 780	99. 820	99. 830

附件 51

2015 年部分大型发电企业生产经营数据

单位名称	主要指标	总资产	收入		利润总额			公司合并净利润	上缴税金	所有者权益	所有者权益收益率	资产负债率	资本保值增值率	全员劳动生产率
			综合业务收入	电力业务收入	综合利润总额	电力业务利润总额	火电业务利润总额							
		亿元	亿元	亿元	亿元	亿元	亿元	亿元	亿元	亿元	%	%	%	万元/（人＊年）
中国华能集团公司	2014 年	9 282	2 921	2 309	268	264	193	172	332	1 634	11. 00	82. 39	117. 50	
	2015 年	9 719	2 682	2 130	306	280	224	206	357	1 696	12. 39	82. 55	106. 80	
中国大唐集团公司	2014 年	7 204	1 861	1 632	121	202	150	63	221	1 200	0. 23	83. 34	100. 55	70. 15
	2015 年	7 358	1 689	1 494	171	229	162	99	251	1 290	2. 72	82. 46	102. 73	80. 56
中国华电集团公司	2014 年	7 266	2 125	1 617	206	271	210	156	217	1 222	16. 42	83. 18	126. 15	69. 30
	2015 年	7 613	1 976	1 561	255	325	253	189	248	1 403	15. 84	81. 57	117. 61	79. 20
中国国电集团公司	2014 年	7 866	2 134	1 670	195	208	129	138	255	1 322	10. 51	83. 19	110. 95	64. 80
	2015 年	7 863	1 918	1 604	227	268	199	150	282	1 423	10. 93	81. 90	111. 19	68. 20
国家电力投资集团公司	2014 年	6 804	1 823	1 172	100	157	81	58	186	1 075	5. 69	84. 21	105. 53	49. 44
	2015 年	7 738	1 924	1 199	140	161	104	85	221	1 362	6. 97	82. 39	106. 45	58. 34
中国核工业集团公司	2014 年	3 917	603	191	89	62		74	82	997	7. 82	74. 55	111. 71	35. 65
	2015 年	4 444	746	267	120	83		102	90	1 283	8. 91	71. 13	128. 72	36. 45
中国三峡集团公司	2014 年	4 755	630	509	309	236	0	260	161	2 751	9. 06	42. 14	110. 06	294. 17
	2015 年	5 634	635	510	345	247	1	288	198	3 094	9. 19	45. 08	108. 62	312. 89
神华集团有限责任公司	2014 年	9 286	4 249	1 094	640	241	218	484	581	5 273	9. 50	43. 20	108. 60	68. 00
	2015 年	9 314	2 364	1 038	319	230	206	200	504	4 946	2. 72	46. 90	99. 25	37. 80

续表

单位名称	主要指标	总资产	收入		利润总额			公司合并净利润	上缴税金	所有者权益	所有者权益收益率	资产负债率	资本保值增值率	全员劳动生产率
			综合业务收入	电力业务收入	综合利润总额	电力业务利润总额	火电业务利润总额							
		亿元	亿元	亿元	亿元	亿元	亿元	亿元	亿元	亿元	%	%	%	万元/(人＊年)
中国广核集团有限公司	2014 年	3 889	452	338	95	74	6	81	67	1 187	7.90	69.50	111.20	95.60
	2015 年	4 327	506	361	112	87	3	91	59	1 292	7.40	70.10	106.30	102.20
广东省粤电集团有限公司	2014 年	1 309	510	487					78	645	10.22	50.70	107.84	385.00
	2015 年	1 291	467	435					77	667	11.09	48.32	108.08	332.21
浙江省能源集团有限公司	2014 年	1 826	712	442	111	85	51	91	70	872	10.39	52.23	121.89	313.55
	2015 年	1 796	680	388	146	70	66	115	76	949	12.10	47.17	108.75	306.55
国投华靖电力控股股份有限公司	2014 年	1 781	331	321	110	107	26	102	3	436	23.34	75.49	129.57	359.98
	2015 年	1 876	325	321	110	108	19	102	8	523	19.41	72.11	123.27	344.00
华润电力控股有限公司	2014 年	1 805	565	545	89	154	140	74	92	686	10.81	61.98	101.00	132.81
	2015 年	1 748	600	564	137	198	182	84	104	703	11.83	59.76	98.00	151.04
北京能源投资（集团）有限公司	2014 年	1 732	348	261	64	64	58	51	40	506	6.44	62.33	122.44	35.47
	2015 年	2 344	598	269	72	72	45	59	59	931	4.08	60.30	106.63	47.92
河北省建设投资集团有限责任公司	2014 年	1 187	239	161	54	38	37	45	20	477	9.83	59.78	112.88	
	2015 年	1 241	209	159	51	50	44	42	26	522	8.38	58.10	110.00	
申能股份有限公司	2014 年	425	254	72	33	14	8	21	15	232	—	29.60	—	—
	2015 年													
甘肃省电力投资集团公司	2014 年	630	48	42	2	1	−1	2	5	287	0.79	54.41	129.09	41.00
	2015 年	688	43	37	−5	−4	−2	−5	5	309	−1.66	55.07	118.90	35.00

附件 52

2015 年电力辅业集团生产经营数据

指标名称		单位	中国电力建设集团有限公司		中国能源建设集团有限公司	
			2014 年	2015 年	2014 年	2015 年
总资产规模		亿元	4 145	5 026	2 280	2 717
总营业收入		亿元	2 658	2 866	1 868	2 088
其中	国内业务营业收入	亿元	1 979	2 096	1 635	1 785
	国际业务营业收入	亿元	679	771	233	303
当年签订的合同额		亿元	3 931	4 450	2 966	3 527
年底合同存量		亿元	6 765	8 193	4 834	6 548
总利润		亿元	110	116	61	80
其中	国内业务利润	亿元	65	83	46	55
	国际业务利润	亿元	45	33	14	26
公司合并净利润		亿元	87	92	44	61
上缴税金		亿元	129	153	81	104
所有者权益		亿元	762	917	485	623
所有者权益收益率		%	13.32	12.98	11.36	11.42
资产负债率		%	81.63	81.75	78.75	77.06
资本保值增值率		%	112.1	113.37	116.38	109.4
全员劳动生产率		万元/（人＊年）	128.00	151.90	23.13	25.07
控股发电装机容量		万千瓦	835	1 065	116	128
其中	水电	万千瓦	481	555	82	82
	火电	万千瓦	161	161	30	32
	风电	万千瓦	174	308	5	14
	太阳能发电	万千瓦	19	41		
控股发电装机的发电量		亿千瓦时	256	295	39	39
权益发电装机容量		万千瓦	763	841	179	184
其中	水电	万千瓦	332	402	109	105
	火电	万千瓦	143	143	68	70
	风电	万千瓦	173	260	2	9
	太阳能发电	万千瓦	18	36		
权益发电装机的发电量		亿千瓦时	196		53	51

附件 53

2015 年电力企业融资情况一览

代码	证券简称	发行日期	募集资金（亿元）	利率（%）	主承销商	期限（年）
601985. SH	中国核电	2015 -06 -10	131. 9		中信证券等	
	首次非公开发行合计		131. 9			
000939. SZ	凯迪生态	2015 -08 -03	13. 9		兴业证券等	
600027. SH	华电国际	2015 -09 -08	71. 5		中信证券等	
600116. SH	三峡水利	2015 -02 -04	8. 6		中信证券	
600236. SH	桂冠电力	2015 -12 -10	168. 7		中信证券	
600396. SH	金山股份	2015 -12 -26	28. 6		中信证券	
600744. SH	华银电力	2015 -09 -26	9. 4		中信建投	
600758. SH	红阳能源	2015 -12 -15	19. 8		招商证券	
	定向增发合计		320. 5			
	股权融资合计		452. 4			
101560077. IB	15 桂投资 MTN001	2015 -12 -29	10. 0	4. 80	兴业银行等	5. 0
101554096. IB	15 保山电力 MTN001	2015 -12 -22	3. 0	4. 50	建设银行	5. 0
101558059. IB	15 大唐集 MTN001	2015 -12 -17	70. 0	3. 85	招商银行等	3. 0
101572006. IB	15 甘电投 MTN002	2015 -12 -16	20. 0	4. 04	浙商银行等	7. 0
101551102. IB	15 盘江投资 MTN001	2015 -12 -02	7. 0	6. 00	工商银行等	3. 0
101551101. IB	15 深能源 MTN001	2015 -11 -27	60. 0	3. 90	工商银行等	5. 0
101551098. IB	15 龙源电力 MTN001	2015 -11 -24	30. 0	4. 44	工商银行等	5. 0
101551097. IB	15 华能集 MTN003	2015 -11 -23	15. 0	4. 39	工商银行等	15. 0
101551091. IB	15 川能投 MTN001	2015 -11 -16	20. 0	5. 18	工商银行等	5. 0
101553042. IB	15 内蒙华电 MTN003	2015 -11 -11	6. 0	3. 85	中国银行等	3. 0
101551087. IB	15 核风电 MTN002	2015 -11 -09	9. 0	3. 98	工商银行等	5. 0
101564056. IB	15 京能 MTN001	2015 -10 -23	25. 0	3. 66	上海浦东发展银行	3. 0
101561029. IB	15 乌江电力 MTN001	2015 -10 -21	4. 0	4. 90	光大银行	3. 0
101564050. IB	15 北电 MTN001	2015 -10 -20	10. 0	4. 00	上海浦东发展银行等	5. 0
101553031. IB	15 中广核 MTN001	2015 -09 -25	5. 0	4. 00	中国银行等	5. 0
101554062. IB	15 长电 MTN001	2015 -09 -10	30. 0	4. 50	建设银行等	10. 0
101551069. IB	15 宝新 MTN002	2015 -09 -08	3. 5	6. 00	工商银行	5. 0
101561024. IB	15 中电投 MTN004	2015 -09 -06	50. 0	4. 39	光大银行	7. 0
101552031. IB	15 三峡 MTN003	2015 -08 -25	50. 0	4. 28	农业银行等	7. 0
101553023. IB	15 内蒙华电 MTN002	2015 -08 -25	6. 0	4. 15	中国银行等	3. 0

续表

代码	证券简称	发行日期	募集资金（亿元）	利率（%）	主承销商	期限（年）
101551063. IB	15 南电 MTN002	2015 -08 -20	50. 0	4. 07	工商银行等	5. 0
101553020. IB	15 内蒙华电 MTN001	2015 -07 -15	6. 0	4. 68	中国银行等	5. 0
101553015. IB	15 协鑫发电 MTN001	2015 -07 -10	2. 0	6. 80	中国银行等	3. 0
101566007. IB	15 中电投 MTN003	2015 -07 -06	25. 0	5. 10	平安银行等	5. 0
101562019. IB	15 京能洁能 MTN001	2015 -06 -18	15. 0	5. 15	民生银行等	3. 0
101551039. IB	15 宝新 MTN001	2015 -06 -16	6. 0	6. 50	工商银行	5. 0
101564021. IB	15 华能集 MTN002	2015 -06 -09	25. 0	4. 30	上海浦东发展银行等	10. 0
101556024. IB	15 格盟 MTN001	2015 -06 -08	15. 0	4. 90	国家开发银行等	3. 0
101559031. IB	15 利港 MTN002	2015 -06 -04	3. 0	4. 70	中信银行等	3. 0
101561009. IB	15 中电投 MTN002	2015 -05 -18	40. 0	4. 32	光大银行	7. 0
101559020. IB	15 利港 MTN001	2015 -05 -15	2. 0	4. 50	中信银行等	3. 0
101551023. IB	15 核风电 MTN001	2015 -05 -12	5. 0	4. 33	工商银行等	5. 0
101554028. IB	15 华能集 MTN001	2015 -05 -12	25. 0	4. 48	建设银行等	15. 0
101569006. IB	15 国家核电 MTN001	2015 -05 -12	10. 0	4. 28	北京银行	5. 0
101552011. IB	15 三峡 MTN002	2015 -04 -27	50. 0	4. 40	中信证券等	5. 0
101561007. IB	15 福新能源 MTN001	2015 -04 -21	20. 0	5. 75	光大银行	5. 0
101560010. IB	15 川水电 MTN001	2015 -04 -02	5. 0	5. 70	兴业银行	5. 0
101566001. IB	15 中电投 MTN001	2015 -03 -31	40. 0	5. 75	平安银行等	5. 0
101552006. IB	15 三峡 MTN001	2015 -03 -18	50. 0	4. 88	农业银行等	10. 0
101551010. IB	15 电网 MTN001	2015 -03 -16	100. 0	4. 49	工商银行等	3. 0
101553004. IB	15 甘电投 MTN001	2015 -03 -16	5. 0	5. 45	中国银行	7. 0
101551007. IB	15 国电集 MTN002	2015 -03 -02	30. 0	4. 33	工商银行等	5. 0
101552003. IB	15 南电 MTN001	2015 -02 -09	50. 0	4. 28	农业银行等	3. 0
101551003. IB	15 国电集 MTN001	2015 -02 -02	35. 0	4. 63	工商银行等	5. 0
	中期票据合计		1 047. 5			
127326. SH	15 国网 05	2015 -11 -10	80. 0	3. 58	中信证券等	3. 0
127327. SH	15 国网 06	2015 -11 -10	20. 0	3. 75	中信证券等	5. 0
1580253. IB	15 国网债 05	2015 -11 -10	80. 0	3. 58	英大证券等	3. 0
1580254. IB	15 国网债 06	2015 -11 -10	20. 0	3. 75	英大证券等	5. 0
127292. SH	15 国网 03	2015 -10 -21	50. 0	3. 50	招商证券等	3. 0
127293. SH	15 国网 04	2015 -10 -21	50. 0	3. 79	招商证券等	5. 0
1580235. IB	15 国网债 03	2015 -10 -21	50. 0	3. 50	英大证券等	3. 0
1580236. IB	15 国网债 04	2015 -10 -21	50. 0	3. 79	招商证券等	5. 0

续表

代码	证券简称	发行日期	募集资金（亿元）	利率（%）	主承销商	期限（年）
127253. SH	15 粤电 01	2015－08－19	15. 0	4. 54	国际金融等	10. 0
1580206. IB	15 粤电集团债	2015－08－19	15. 0	4. 54	国际金融等	10. 0
123026. SH	15 中电续	2015－06－05	30. 0	5. 70	海通证券	3. 0
1580164. IB	15 中电投可续期债	2015－06－05	30. 0	5. 70	海通证券	3. 0
127208. SH	15 国网 01	2015－04－08	80. 0	4. 90	中信证券等	7. 0
127209. SH	15 国网 02	2015－04－08	20. 0	4. 95	中信证券等	15. 0
1580093. IB	15 国网债 01	2015－04－08	80. 0	4. 90	中信证券等	7. 0
1580094. IB	15 国网债 02	2015－04－08	20. 0	4. 95	中信证券等	15. 0
	企业债合计		690. 0			
041561061. IB	15 金元 CP003	2015－12－29	12. 0	3. 99	光大银行等	1. 0
041560117. IB	15 内蒙电投 CP001	2015－12－25	15. 0	3. 80	兴业银行等	1. 0
011598139. IB	15 中广核 SCP004	2015－12－23	10. 0	2. 87	国家开发银行等	0. 7
011519010. IB	15 国电 SCP010	2015－12－22	20. 0	2. 86	建设银行等	0. 7
011598132. IB	15 浙能源 SCP004	2015－12－18	10. 0	3. 02	工商银行等	0. 5
041561059. IB	15 五凌 CP002	2015－12－15	2. 0	3. 32	光大银行等	1. 0
041552050. IB	15 京能投 CP001	2015－12－14	20. 0	3. 08	农业银行等	1. 0
011598106. IB	15 大渡河 SCP003	2015－12－11	20. 0	3. 18	农业银行等	0. 7
041553096. IB	15 澜沧江 CP003	2015－12－10	10. 0	3. 07	中国银行	1. 0
011599983. IB	15 龙源电力 SCP014	2015－12－09	30. 0	3. 10	工商银行等	0. 7
041551066. IB	15 三峡 CP001	2015－12－03	40. 0	3. 05	工商银行等	1. 0
011517019. IB	15 华电 SCP019	2015－11－26	30. 0	3. 00	中信银行等	0. 7
011519009. IB	15 国电 SCP009	2015－11－24	20. 0	3. 10	招商银行等	0. 7
011599894. IB	15 大渡河 SCP002	2015－11－24	20. 0	3. 29	工商银行等	0. 7
011599927. IB	15 桂投资 SCP006	2015－11－24	5. 0	3. 53	国家开发银行	0. 7
011517018. IB	15 华电 SCP018	2015－11－20	40. 0	3. 10	光大银行等	0. 7
011510012. IB	15 中电投 SCP012	2015－11－19	55. 0	3. 10	工商银行等	0. 7
011511008. IB	15 大唐集 SCP008	2015－11－19	50. 0	3. 10	建设银行等	0. 7
011508004. IB	15 华能集 SCP004	2015－11－17	40. 0	3. 05	招商银行等	0. 7
011599901. IB	15 川水电 SCP002	2015－11－17	10. 0	3. 78	光大银行	0. 7
011599895. IB	15 国电江苏 SCP001	2015－11－16	15. 0	3. 40	招商银行等	0. 7
011599885. IB	15 桂水电 SCP003	2015－11－12	2. 0	3. 98	民生银行	0. 7
041561051. IB	15 五凌 CP001	2015－11－10	3. 0	3. 79	光大银行等	1. 0
011599849. IB	15 皖能源 SCP002	2015－11－03	10. 0	3. 30	建设银行等	0. 7

续表

代码	证券简称	发行日期	募集资金（亿元）	利率（%）	主承销商	期限（年）
011599852. IB	15 西江 SCP002	2015 -11 -03	5. 0	3. 52	中国银行等	0. 7
011599856. IB	15 三峡 SCP002	2015 -11 -03	50. 0	2. 99	中国银行等	0. 7
011517016. IB	15 华电 SCP016	2015 -10 -27	50. 0	2. 95	国家开发银行等	0. 7
011599808. IB	15 桂水电 SCP002	2015 -10 -22	3. 0	3. 78	民生银行	0. 7
041556043. IB	15 冀新能源 CP001	2015 -10 -22	5. 0	4. 00	国家开发银行股份等	1. 0
041561046. IB	15 金元 CP002	2015 -10 -22	5. 0	3. 83	光大银行等	1. 0
011510011. IB	15 中电投 SCP011	2015 -10 -21	25. 0	3. 10	农业银行等	0. 7
041554070. IB	15 电建水电 CP002	2015 -10 -21	5. 0	3. 54	建设银行等	1. 0
041570004. IB	15 国电集 CP004	2015 -10 -21	36. 0	3. 07	上海银行等	1. 0
011519008. IB	15 国电 SCP008	2015 -10 -20	20. 0	3. 10	中信银行	0. 7
011591005. IB	15 京能投 SCP005	2015 -10 -20	10. 0	3. 15	光大银行	0. 7
011599785. IB	15 粤电发 SCP001	2015 -10 -20	15. 0	3. 29	工商银行等	0. 7
011599792. IB	15 核风电 SCP001	2015 -10 -20	10. 0	3. 30	工商银行等	0. 7
041558094. IB	15 国电福建 CP001	2015 -10 -20	2. 0	3. 41	招商银行	1. 0
011599780. IB	15 大渡河 SCP001	2015 -10 -19	10. 0	3. 25	中信银行等	0. 7
011599774. IB	15 金元 SCP009	2015 -10 -15	5. 0	3. 92	光大银行	0. 7
041551055. IB	15 桂投资 CP001	2015 -10 -15	10. 0	3. 40	工商银行等	1. 0
041561042. IB	15 粤南海 CP001	2015 -10 -15	3. 0	3. 40	光大银行	1. 0
041564079. IB	15 青岛能源 CP002	2015 -10 -12	3. 0	3. 74	上海浦东发展银行	1. 0
011599740. IB	15 福新能源 SCP002	2015 -10 -10	15. 0	3. 29	农业银行等	0. 7
011569007. IB	15 沪电力 SCP007	2015 -10 -09	20. 0	3. 10	中国银行等	0. 7
011599735. IB	15 澜沧江 SCP004	2015 -10 -09	20. 0	3. 16	农业银行等	0. 7
041552040. IB	15 平海发电 CP001	2015 -10 -08	1. 0	3. 80	农业银行	1. 0
041552041. IB	15 平海发电 CP002	2015 -10 -08	1. 0	3. 80	农业银行	1. 0
011517015. IB	15 华电 SCP015	2015 -09 -28	20. 0	3. 22	建设银行等	0. 7
011599732. IB	15 金元 SCP008	2015 -09 -28	5. 0	3. 84	光大银行等	0. 7
041561041. IB	15 金元 CP001	2015 -09 -25	5. 0	3. 75	光大银行等	1. 0
011511007. IB	15 大唐集 SCP007	2015 -09 -24	50. 0	3. 05	上海浦东发展银行等	0. 7
011517014. IB	15 华电 SCP014	2015 -09 -23	20. 0	3. 10	农业银行等	0. 7
011599706. IB	15 桂水电 SCP001	2015 -09 -22	4. 0	3. 83	民生银行	0. 7
011599698. IB	15 桂投资 SCP005	2015 -09 -21	10. 0	3. 69	建设银行	0. 7
041559063. IB	15 北电 CP001	2015 -09 -21	10. 0	3. 40	中信银行等	1. 0
041553076. IB	15 华能集 CP003	2015 -09 -14	40. 0	3. 05	中国银行等	1. 0

续表

代码	证券简称	发行日期	募集资金（亿元）	利率（%）	主承销商	期限（年）
041558082. IB	15 华电江苏 CP003	2015－09－11	5. 0	3. 40	招商银行等	1. 0
041558081. IB	15 华电江苏 CP002	2015－09－10	5. 0	3. 45	招商银行等	1. 0
041556033. IB	15 漳电 CP002	2015－09－09	10. 0	3. 55	国家开发银行等	1. 0
041554053. IB	15 恒运 CP001	2015－08－28	4. 5	3. 78	建设银行	1. 0
041561037. IB	15 金山能源 CP001	2015－08－28	2. 0	3. 95	光大银行等	1. 0
041559058. IB	15 天富 CP001	2015－08－24	6. 0	3. 95	中信银行	1. 0
041554052. IB	15 华能集 CP002	2015－08－21	40. 0	3. 05	建设银行等	1. 0
041559057. IB	15 明珠集团 CP001	2015－08－21	1. 0	4. 90	中信银行	1. 0
041553061. IB	15 金中水电 CP001	2015－08－19	7. 0	3. 58	中国银行	1. 0
041553058. IB	15 华能 CP002	2015－08－18	30. 0	3. 17	中国银行	1. 0
041553059. IB	15 澜沧江 CP001	2015－08－18	10. 0	3. 34	中国银行	1. 0
041553060. IB	15 澜沧江 CP002	2015－08－18	20. 0	3. 34	中国银行等	1. 0
041551036. IB	15 华电股 CP002	2015－08－14	20. 0	3. 18	工商银行	1. 0
041551037. IB	15 华电股 CP003	2015－08－14	15. 0	3. 18	工商银行等	1. 0
041554049. IB	15 大唐冀 CP001	2015－08－12	3. 0	3. 80	建设银行	1. 0
041560068. IB	15 钱江水利 CP001	2015－08－10	2. 0	3. 75	兴业银行	1. 0
041564057. IB	15 京能电力 CP001	2015－08－04	10. 0	3. 18	上海浦东发展银行等	1. 0
041556029. IB	15 国电集 CP003	2015－08－03	82. 0	3. 05	国家开发银行等	1. 0
041558063. IB	15 华电江苏 CP001	2015－07－21	4. 0	3. 50	招商银行等	1. 0
041558064. IB	15 京能洁能 CP002	2015－07－20	20. 0	3. 30	招商银行等	1. 0
041577004. IB	15 华能新能 CP003	2015－07－17	10. 0	3. 45	华泰证券等	1. 0
041552026. IB	15 鄂能源股 CP002	2015－07－14	7. 0	3. 53	农业银行	1. 0
041553044. IB	15 广核电力 CP001	2015－07－10	10. 0	3. 20	中国银行等	1. 0
041554043. IB	15 长电 CP001	2015－07－09	30. 0	3. 10	建设银行等	1. 0
041559048. IB	15 京热力 CP001	2015－07－08	10. 0	3. 34	中信银行等	1. 0
041562033. IB	15 协鑫发电 CP001	2015－07－06	6. 5	5. 30	民生银行	1. 0
041551027. IB	15 深能源 CP001	2015－06－18	35. 0	3. 88	工商银行等	1. 0
041554039. IB	15 秦二核 CP001	2015－06－16	5. 0	4. 09	建设银行等	1. 0
	短期融资券合计		1 392. 0			
	债务融资合计		3 129. 5			

附件 54

2015 年部分大型电力企业发生的重大并购（出售）活动项目统计

序号	单 位	项目名称	项目状况	交易性质	交易金额（亿元）	装机容量（万千瓦）	占项目的股权比例（%）
一、境内并购（出售）							
1	南方电网公司	云南华联马关电力有限责任公司	已投产	收购	2.53		100
2	南方电网公司	云南麻栗波县电力有限责任公司	已投产	收购	0.81		100
3	中国华能集团公司	华能国际电力开发有限公司	已投产	收购	119.1		27.25
4	中国华能集团公司	北方联合电力有限责任公司	已投产	收购	19.95		19
5	中国大唐集团公司	华银电力资产重组：将湘潭发电公司、张家界水电公司、耒阳发电厂等并入华银电力	已投产	增资扩股	28.22	291.4	
6	中国大唐集团公司	桂冠电力资产重组：龙滩公司并入桂冠电力	已投产	增资扩股	168.72	490	100
7	中国国电集团公司	国电清远能源开发有限公司		出售	0.6		52
8	中国国电集团公司	利川峡口塘水电开发有限公司		出售	0.9		100
9	中国国电集团公司	江苏保龙设备制造有限公司		出售	0.81		51
10	中国国电集团公司	荔波长源水电发展有限责任公司		出售	0.02		100
11	中国国电集团公司	菏泽市恒达热力有限公司		出售	0.73		60
12	中国国电集团公司	陕西国电置业有限公司		出售	0.97		100
11	中国国电集团公司	国电电力吴忠热电有限责任公司		出售	3.04		95
12	国家电力投资集团公司	云南国际所属滇能集团收购新桥河电站		收购	0.195	0.39	100
13	国家电力投资集团公司	河南商丘民生热电公司		收购	1.15		100

续表

序号	单　位	项目名称	项目状况	交易性质	交易金额（亿元）	装机容量（万千瓦）	占项目的股权比例（%）
14	中国长江三峡集团公司	湖北能源		收购	50	612	39. 31
15	广东省粤电集团有限公司	对粤黔电力 4 个小股东收购			10. 17	0. 24	97
16	广东省粤电集团有限公司	对广东粤联投资开发有限公司和广州长合实业有限公司分别所持茂名臻能电力公司 6. 41% 和 1. 93% 股份收购		收购	0. 919	0. 11	88. 1
17	申能股份有限公司	申能新能源投资有限公司	已投产	收购	8. 1	43. 64	100
18	申能股份有限公司	吴忠热电		收购	3. 04		95
二、境外并购（出售）							
1	国家电网公司	巴西 ACTE 输变电项目	已投产	收购	0. 43		100
2	国家电网公司	巴西 LTMC 输变电项目	已投产	收购	2. 4		100
3	中国华电集团公司	华电科工收购越南沿海项目	在建	收购	0. 66 亿美元		51
4	中国长江三峡集团公司	巴西朱比亚、伊利亚水电站特许经营权		收购	228. 9	499. 5	100
5	中国长江三峡集团公司	巴西 TPI 水电项目		收购	22. 6	30. 8	100
6	中国广东核电集团有限公司	马来西亚埃德拉全球能源公司下属电力项目公司的股权及项目开发权		收购	154	662	100
7	甘肃省电力投资集团公司	武威热电联产项目		出售			30
三、其他方面的并购							
1	中国华能集团公司	山西石港煤业有限责任公司	已投产	出售	0. 46		39. 2
2	国家电力投资集团公司	江苏紫光吉地达环境科技有限公司		收购	0. 5		51

附件 55

2015 年部分大型发电企业煤炭、煤化工、运输物流等在建项目统计

序号	单　位	领域	总产能（万吨/年、亿立方米/年）	项目总投资（万元）	完成投资（亿元）	
					累计完成	当年完成
1	中国华能集团公司	煤炭	1 990	3 364 678	1 658 371	174 550
2	中国华能集团公司	运输物流	6 550	1 384 185	1 035 369	191 990
3	中国大唐集团公司	煤炭	1 700	862 458	189 377	31 611
4	中国华电集团公司	煤炭	2 580	1 986 887	1 564 843	176 000
5	中国华电集团公司	运输物流	5 000	653 887	167 403	99 049
6	中国国电集团公司	煤炭	90	108 361	74 506	14 981
7	国家电力投资集团公司	煤炭	645	731 580	351 079	21 808
8	国家电力投资集团公司	运输物流		1 933 341	1 427 360	220 437
9	国家电力投资集团公司	电解铝	200	227 860	142 686	16 638
10	广东省粤电集团有限公司	运输物流	1 600	293 308	93 328	31 653
11	浙江省能源集团有限公司	煤化工	20	1 639 334	1 370 829	172 448
12	甘肃省电力投资集团公司	煤炭	45	40 780	40 780	2 398
13	北京能源投资（集团）有限公司	煤炭	1 400	147	439 397	235 059
14	北京能源投资（集团）有限公司	煤化工	40		380 720	28 508

附件 56

2015 年电力板块上市公司基本情况一览

证券代码	证券简称	总股本（亿股）	总市值（亿元）	A 股流通市值（不含限售股）（亿元）	类型
000027. SZ	深圳能源	39. 64	388. 92	141. 02	火电
000037. SZ	＊ST 南电 A	6. 03	77. 94	43. 82	火电
000301. SZ	东方市场	12. 18	78. 33	78. 33	火电
000531. SZ	穗恒运 A	6. 85	84. 61	84. 61	火电
000539. SZ	粤电力 A	52. 50	385. 90	187. 71	火电
000543. SZ	皖能电力	17. 90	151. 65	147. 61	火电
000600. SZ	建投能源	17. 92	182. 31	110. 92	火电
000601. SZ	韶能股份	10. 81	118. 97	109. 44	水电
000690. SZ	宝新能源	17. 27	164. 11	163. 32	火电
000720. SZ	新能泰山	8. 63	83. 06	83. 06	火电
000722. SZ	湖南发展	4. 64	86. 47	86. 47	水电
000767. SZ	漳泽电力	22. 54	130. 04	90. 80	火电
000791. SZ	甘肃电投	7. 22	103. 05	103. 05	水电
000875. SZ	吉电股份	14. 61	134. 23	102. 01	火电
000883. SZ	湖北能源	65. 07	399. 56	328. 25	火电
000899. SZ	赣能股份	6. 47	71. 40	61. 30	火电
000939. SZ	凯迪生态	15. 07	217. 05	135. 51	其他发电
000958. SZ	东方能源	4. 83	124. 33	64. 42	火电
000966. SZ	长源电力	5. 54	83. 62	83. 62	火电
000993. SZ	闽东电力	3. 73	39. 99	39. 99	水电
001896. SZ	豫能控股	8. 55	103. 57	80. 16	火电
002039. SZ	黔源电力	3. 05	58. 86	58. 86	水电
600011. SH	华能国际	152. 00	1 326. 99	916. 65	火电
600021. SH	上海电力	21. 40	314. 97	314. 97	火电
600023. SH	浙能电力	136. 01	1 018. 69	223. 77	火电
600027. SH	华电国际	98. 63	670. 68	403. 92	火电
600098. SH	广州发展	27. 26	344. 32	344. 32	火电
600101. SH	明星电力	3. 24	46. 39	46. 39	电网
600116. SH	三峡水利	3. 31	23. 82	19. 25	电网
600131. SH	岷江水电	5. 04	49. 81	39. 26	电网

续表

证券代码	证券简称	总股本（亿股）	总市值（亿元）	A 股流通市值（不含限售股）（亿元）	类型
600236. SH	桂冠电力	60. 63	453. 54	84. 41	水电
600310. SH	桂东电力	8. 28	77. 92	77. 92	电网
600396. SH	金山股份	14. 73	103. 97	57. 38	火电
600452. SH	涪陵电力	1. 60	52. 62	52. 62	电网
600483. SH	福能股份	12. 58	216. 31	49. 59	火电
600505. SH	西昌电力	3. 65	39. 99	39. 99	水电
600509. SH	天富能源	9. 06	88. 85	82. 28	火电
600578. SH	京能电力	46. 17	280. 27	280. 27	火电
600642. SH	申能股份	45. 52	343. 68	343. 68	火电
600644. SH	乐山电力	5. 38	49. 10	29. 77	电网
600674. SH	川投能源	44. 02	473. 67	473. 67	水电
600719. SH	大连热电	4. 05	32. 00	32. 00	火电
600726. SH	华电能源	19. 67	137. 08	106. 97	火电
600744. SH	华银电力	17. 81	152. 11	40. 51	火电
600758. SH	红阳能源	13. 41	174. 18	14. 95	火电
600780. SH	通宝能源	11. 47	81. 29	81. 29	火电
600795. SH	国电电力	196. 50	772. 26	700. 15	火电
600863. SH	内蒙华电	58. 08	259. 61	259. 61	火电
600868. SH	梅雁吉祥	18. 98	118. 44	118. 44	水电
600886. SH	国投电力	67. 86	566. 63	566. 63	火电
600900. SH	长江电力	165. 00	2 237. 40	1 321. 55	水电
600969. SH	郴电国际	2. 64	49. 75	49. 75	电网
600979. SH	广安爱众	7. 18	55. 13	55. 13	电网
600982. SH	宁波热电	7. 47	55. 57	50. 31	火电
600995. SH	文山电力	4. 79	43. 80	43. 80	电网
601016. SH	节能风电	20. 78	326. 56	128. 53	其他发电
601985. SH	中国核电	155. 65	1 484. 94	371. 20	其他发电
601991. SH	大唐发电	133. 10	684. 14	513. 71	火电
	板块合计		16 474. 48	10 718. 95	
	市场合计		554 977. 66	397 546. 26	
	板块占比		2. 97%	2. 70%	

资料来源：Wind 资讯、中信证券研究部。

后　记

在《中国电力行业年度发展报告2016》的编撰过程中，国家政府相关部门给予了大力支持和帮助，国家电网公司、中国南方电网有限责任公司、中国华能集团公司、中国大唐集团公司、中国华电集团公司、中国国电集团公司、国家电力投资集团公司、中国长江三峡集团公司、中国神华集团股份公司、中国核工业集团公司、中国广核集团有限公司、中国电力建设集团公司、中国能源建设集团公司、广东省粤电集团有限公司、浙江省能源集团有限公司、内蒙古电力（集团）有限责任公司、北京能源投资（集团）有限公司、申能股份有限公司、陕西省地方电力（集团）有限公司、河北建设投资集团有限责任公司、华润电力控股有限公司、国投华靖电力控股股份有限公司、甘肃省电力投资集团公司等理事单位为报告提供了翔实的资料，中信证券崔霖同志整理并提供了上市公司数据。孙蕾、任欣怡、冯晔、朱虹、吴海明、吴冬、陈丽、陈建峰、邹江、张明霞、乔婵、杨光军、杨小红、周德发、郑海茹、要建华、高坚、胡啸宇、梁建红、程岭、雷新娥、潘洁、魏华山等中电联相关理事单位的同志为本单位有关资料整理和汇总做了大量的协调工作，冉莹、王信茂、胡兆光、雷晓蒙等资深电力专家认真审阅报告，提出了很好的意见，在此一并表示衷心感谢！

中电联本部丁瑞明、王洪奎、王鹏、王艳波、尹琳琳、孙昶辉、孙世杰、许光滨、李霞、李建峰、李书鹏、伊永权、汪萍、石丽娜、刘伟涛、刘志强、周宏、杨娟、杨帆、吴立强、吴华旻、张卫东、荣月敏、郑媛媛、范幼林、陈勇、陈瑞卿、盛建华、侯勇、姜锐、徐纯毅、郭培堂、周慧、叶春等同志分别承担了相关章节的撰稿或文稿资料整理任务；中电联规划发展部牵头负责报告的组织编写、统稿、审议等工作。

受编撰时间、资料收集和编者水平所限，报告难免存在疏漏，恳请读者谅解并批评指正。我们将不断总结经验，进一步提高编撰质量，使《中国电力行业年度发展报告》成为研究、了解、记录电力行业发展的工具，在立足行业、服务企业、联系政府、沟通社会中发挥更大的作用。